阿豆佐和気命神社
境内祭祀遺跡

2005

國學院大學海洋信仰研究会

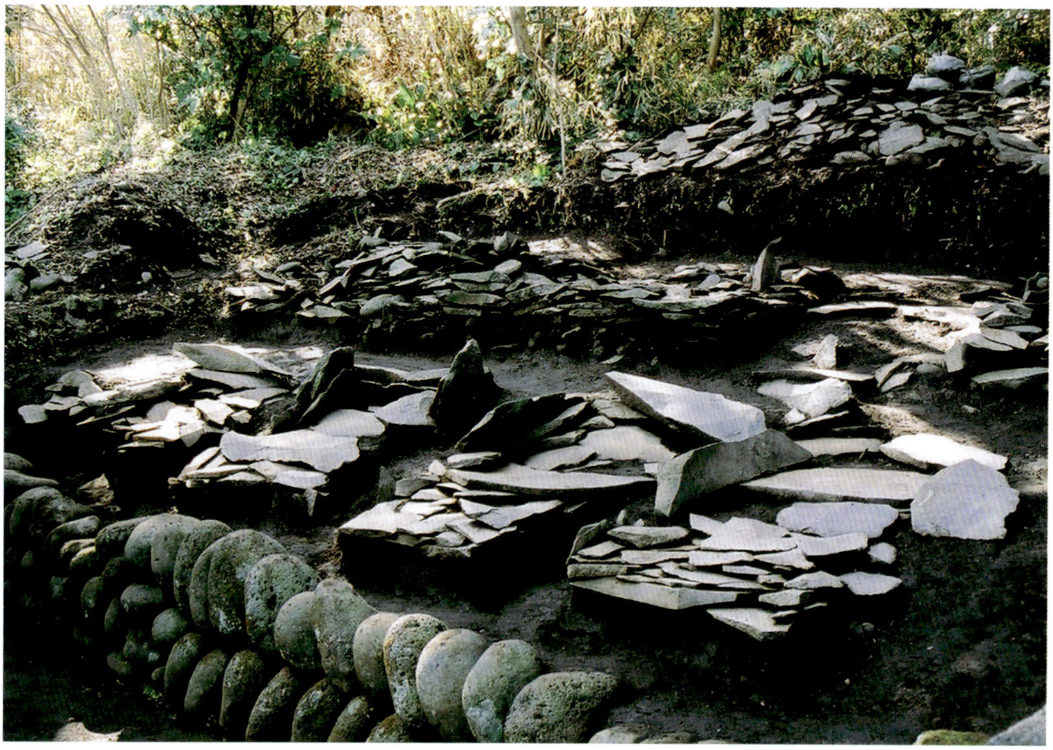

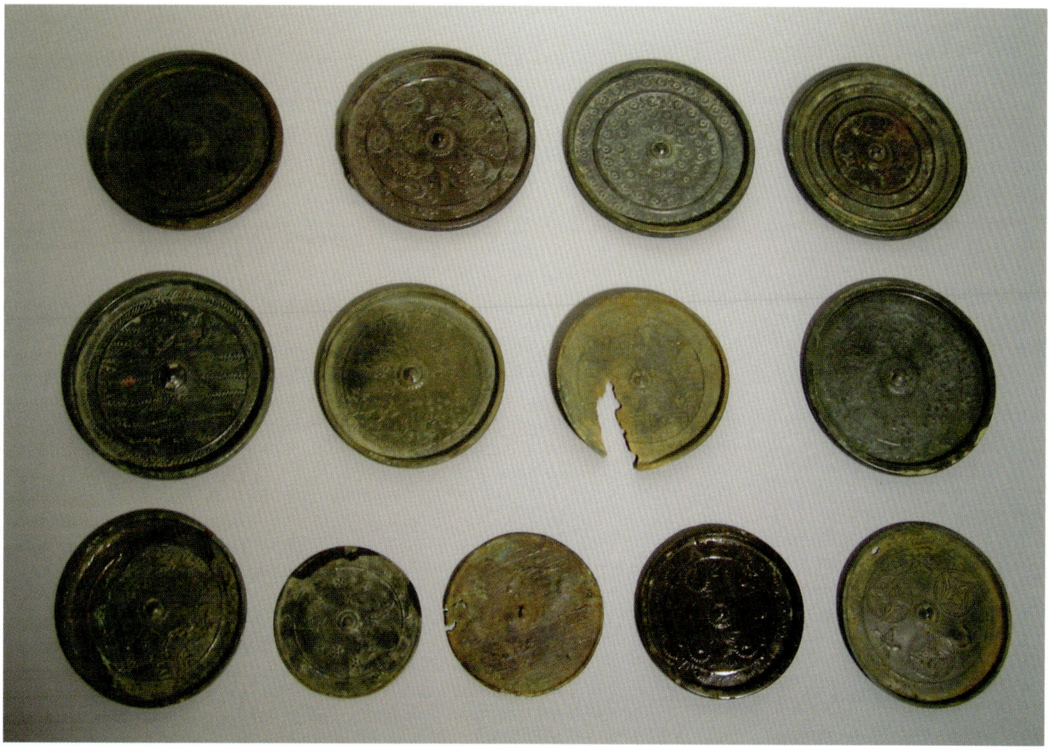

上段　小祠群近景
下段　和鏡

発刊の辞

國學院大學文学部教授
博士（歴史学）　青木　豊

　本書で報告する阿豆佐和気命神社境内祭祀遺跡は、1998年から2003年までの6ヶ年間に亙り発掘調査を実施したものである。ただし、6ヶ年間と言っても、夏期・春期休暇中の一週間程度の断続的な調査であった。この点は、予算的問題もさることながら、基本的には保存を目的とする学術調査であったことと、さらには遺構の面積約40㎡と極めて狭小であるうえに、遺物量が通常の遺跡での予想をはるかに凌駕する濃密状態であったことに起因する。

　またこの間、ひたすら調査・調査結果をひた隠しにして来た理由は、本文で明示するように他遺跡では類例を見ない金属製品を多量に伴う遺物層までの深度が、地表面より約10㎝と極めて浅いところから、三重の朝熊山経塚の如く心ない人達に荒らされるのを警戒したからであった。その甲斐もあってか幸いにも盗掘や、最も恐れた積石遺構の破壊は免れる事ができたのである。

　検出遺構は、板状の積石による5基並列する基壇状小祠遺構と、これに並行するかたちで同じく積石による大型基壇2基を基本とし、これらに加えて両遺構の間隙は基より、その上面まで累々たる集石遺構を築営したものであった。

　また、本遺跡出土遺物の特性は、祭祀を目的とした供献物であるところから、まず基本的に完形品であること、さらには沖ノ島は別格として国内では類例を見ないといっても過言ではないほどの金属製品が圧倒的であり、しかも多種多量である点があげられよう。

　所属時期は、概ね12世紀から18世紀に亙り連綿と形成され続けた和鏡を伴う伊豆島嶼部の祭祀遺構であることが判明した。これにより、総数170面を凌駕する出土中世和鏡が遺存する伊豆諸島域の和鏡を伴う祭祀の実相を明確化し得たところに、本遺跡の学術的価値が確認されよう。

　それ故に、当該遺跡は伊豆諸島域の中世祭祀の標準遺跡として指定保存がなされ、今後活用されることが望まれる。

　本遺跡の調査に当たっては、前田清一元教育長、本堂元規教育長、入　恵子氏をはじめ、地権者であられた阿豆佐和気命神社宮司石村善一氏より深いご理解とご協力を賜りましたことを銘記し、厚く御礼申し上げます。

　さらにまた、調査から報告書刊行に至るまで、内川隆志副団長の全面的な支えと牽引を賜ったことと、須藤友章・原あゆみ主任調査員の全面的協力により本遺跡の調査と報告書刊行の実現があり得たことをここに記し、深く謝意を表します。

平成17年3月22日

序　文

　伊豆諸島の三宅島、御蔵島、大島、新島、式根島には平安末期から室町時代にかけての中世銅鏡が遺存していることは広く周知されており、とくに三宅島と利島において数多く発見されています。祭祀に用いられたと考えらますが、何故、この小さい利島から調査のたびに多くの銅鏡が出土するのか注目されるところです。

　利島では昭和32年、東京都教育委員会文化財調査により銅鏡18面が確認され、これらは昭和33年に東京都文化財に指定されました。その後、堂ノ山神社に隣接する道路工事の折に更に10面が出土し、同じく東京都文化財に指定されています。

　そして平成3・4年、堂ノ山神社境内祭祀遺跡の調査が行われ銅鏡5面が出土、平成6年には八幡神社社殿改築工事に際して基礎部分より銅鏡4面が出土し、更に平成10年には民家の宅地造成工事中に銅鏡1面が出土しています。

　今回は、阿豆佐和気命神社における境内祭祀遺跡範囲確認調査として、平成10～15年にかけて実施しました。その結果、中世所産銅鏡34面をはじめとして、祭祀遺構、それに関連する貴重な遺物が多数検出され、伊豆諸島における海洋信仰および祭祀形態を知る上で貴重な遺跡であり、学術的にも高く評価されるものと考えます。

　この阿豆佐和気命神社境内祭祀遺跡範囲確認調査においては、阿豆佐和気命神社宮司、石村善一氏をはじめ各役員の皆さんにたいへんなご理解を賜りました。篤く御礼を申し上げます。

　調査の実施に際しては、國學院大學の青木豊教授、内川隆志先生をはじめ、格段のご尽力をいただいた國學院大學の学生の皆さんに感謝の意を表します。

　さらに、調査を実施するに当たり多岐にわたりご指導・ご支援をいただいた東京都文化財担当者ならびに関係各位に篤く御礼申し上げる次第です。

　平成17年3月

利島村教育委員会

教育長　本堂　元規

例　言

1. 本書は、東京都利島村阿豆佐和気命神社に所在する阿豆佐和気命神社境内祭祀遺跡の発掘調査報告書である。
2. 発掘調査は、國學院大學海洋信仰研究会が主催する伊豆諸島に於ける和鏡の集成及び発掘調査の一環であり、学術調査として実施されたものである。
3. 発掘調査は1998年度から2003年度まで（断続調査）、出土品整理及び報告書作成は1998年度から2004年度まで、國學院大學海洋信仰研究会が実施した。
4. 発掘調査に関して、調査費用の一部に國學院大學文学部研究費を充当している。
5. 阿豆佐和気命神社境内祭祀遺跡の略号は、「ＴＡ」（Toshima Azusawakenomikotojinjya Keidai Saisi Iseki）である。
6. 本書の執筆・編集は、内川隆志・須藤友章が主に担当し、各文末には執筆者名を記した。
7. 写真撮影は内川隆志が主に担当した。
8. 発掘調査及び出土品整理にあたっては、次の諸氏・諸機関の御指導、御協力を賜った。記して謝意を表したい。（五十音順・敬称略）
    天野賢一（かながわ考古学財団）・池谷康男・石村善一（阿豆佐和気命神社宮司）・市村ゆみ子（國學院大學職員）・入　恵子（利島村教育委員会）・岩崎厚志（國學院大學文学部助手）・岩崎　薫（大島町教育委員会）・植松正光（新島村郷土博物館学芸員）・梅田　勝（利島建設代表取締役社長）・落合知子（國學院大學非常勤講師）・粕谷　崇（渋谷区教育委員会）・加藤有次（國學院大學名誉教授　故人）・栗木　崇（熱海市教育委員会）・小林達雄（國學院大學文学部教授）・惟村忠志・杉山林継（國學院大學文学部教授）・出川直樹（古陶磁研究家）・中村　大（國學院大學非常勤講師）・中村真弥（千葉大学非常勤講師）・長谷川雄一郎・伴場　聡（今市市教育委員会）・藤本　強（國學院大學文学部教授）・本堂元規（利島村教育委員会教育長）・前田清一（元利島村教育委員会教育長）・松﨑　相（國學院大學文学部助手）・丸山憲子（杉野服飾大学非常勤講師）・宮﨑南海子（元國學院大學考古学資料館嘱託）・吉田恵二（國學院大學文学部教授）・David Guilfoyle（古陶磁研究家）
9. 本調査の調査成果の概要は、『國學院大學考古学資料館紀要』第18輯などで一部公表されているが、本書をもって正式報告とする。

凡　例

遺構

遺構名　阿豆佐和気命神社境内祭祀遺跡の調査区は3区に亘る。本文中では、主調査地点の名称を積石遺構調査区、本殿前のトレンチを第1トレンチ調査区、拝殿北側のトレンチを第2トレンチ調査区と各々呼称する。

方位　遺構実測図中の方位は、その都度示す。地形図などでは真北を示す。

縮尺　遺構実測図の縮尺はその都度挿図中に示したが、原則として次の通りである。

	遺構平面図・遺物分布図＝1/30　遺構図＝1/25　トレンチ平面図＝1/80
標高	遺構実測図中の水糸高は、海抜高度（m）を示す。
土層	土層説明は、調査時に実施した土層観察を元に、色調・含有物・粘性（強い/やや強い/やや弱い/弱い）・締り（強い/やや強い/やや弱い/弱い）の順に記述した。
遺物	遺構挿図版中に於けるドットは遺物出土位置を示し、その番号は遺物挿図版中の遺物番号と一致する。ドットに関しては、土製品を●、金属製品を▲で示した。尚、煩雑さを避けるため、各遺構図（1/25）に番号を振った遺物に関しては、遺物分布図（1/30）には番号を振っていない。ただし、鏡及び接合関係を有する遺物に関しては、遺構図・遺物分布図共に番号を振っている。
遺物	
縮尺	遺物実測図の縮尺はその都度挿図中に示したが、原則として次の通りである。

　　　土製品　（甕＝1/8　壺・鉢＝1/5　甕・壺・鉢以外の器類＝1/4）
　　　金属製品（鏡・懐刀・刀子・小柄金具・笄・鎌・釘・鈴・錠・不明鉄製品・古豆板銀＝
　　　　　　　　1/2　鉄鍋・五徳・鰐口・錺金具・仏飯具＝1/4　双孔儀鏡＝1/3）
　　　貝製品　（碁石＝1/2）

釉薬	釉薬に関しては施釉範囲をトーンで表現している。透明釉に関してはトーンを貼付しない。
銭貨	銭貨に関しては出土したものの多くが脆弱化しており、全点の拓本掲載には至らなかった。そのため、第V章第2節（6）「銭貨」にて各銭貨の代表例のみを抽出し拓本で示すこととした。縮尺は2/3である。

調査組織

阿豆佐和気命神社境内祭祀遺跡調査団

団　　　長	青木　豊	（國學院大學文学部教授）
副　団　長	内川隆志	（國學院大學考古学資料館学芸員）
事　務　局	渡邊久美子	（國學院大學考古学資料館職員）
主任調査員	須藤友章	（國學院大學考古学資料館嘱託）
	原　あゆみ	（國學院大學考古学資料館嘱託）

調査・整理作業参加者
　　　　原　京子　　（國學院大學考古学資料館嘱託）
　　　　山本哲也（新潟県立歴史博物館）・中野知幸（元國學院大學文学部助手）
　　　　荒井祐介・磯矢治彦・加藤泰代・北村一穂・敷島志保・中村由布子
　　　　仁科和弥・原口重治・梁　桂月・横田真吾（國學院大學卒業生）
　　　　五十嵐睦・石崎悠文・今井　俊・大塚絵美子・黒澤佳代・中村耕作
　　　　村松洋介（國學院大學大学院）
　　　　大角謙一・川畑理絵・倉橋慎伍・嶋津まい子・高嶋華子・高橋暁彦
　　　　西谷昭彦（國學院大學学生）

目　次

発刊の辞
序文
例言／凡例／調査組織
目次
挿図／表／図版目次

第Ⅰ章　調査に至る経緯及び経過
　　第1節　調査に至る経緯 …………………………………………………………………… 1
　　第2節　調査の経過 ………………………………………………………………………… 2

第Ⅱ章　利島の地理的・歴史的環境
　　第1節　地理的環境 ………………………………………………………………………… 3
　　第2節　歴史的環境 ………………………………………………………………………… 5
　　第3節　阿豆佐和気命神社 ………………………………………………………………… 8

第Ⅲ章　基本土層 ……………………………………………………………………………… 10

第Ⅳ章　検出された遺構と遺物
　　第1節　積石遺構調査区の遺構と遺物 …………………………………………………… 11
　　　（1）積石遺構第Ⅰ期 ……………………………………………………………………… 11
　　　（2）積石遺構第Ⅱ期 ……………………………………………………………………… 38
　　　（3）積石遺構第Ⅲ期 ……………………………………………………………………… 55
　　第2節　トレンチ調査区の遺構と遺物 ……………………………………………………111
　　　（1）第1トレンチ …………………………………………………………………………111
　　　（2）第2トレンチ …………………………………………………………………………111

第Ⅴ章　まとめ
　　第1節　積石遺構の変遷 ……………………………………………………………………119
　　第2節　遺物 …………………………………………………………………………………121
　　　（1）陶磁器 …………………………………………………………………………………122
　　　（2）和鏡 ……………………………………………………………………………………124
　　　（3）双孔儀鏡 ………………………………………………………………………………126
　　　（4）刀装具（懐刀・笄・小柄金具） …………………………………………………………129
　　　（5）刀子 ……………………………………………………………………………………129
　　　（6）銭貨 ……………………………………………………………………………………130

第Ⅵ章　結語 ……………………………………………………………………………………138

附　伊豆諸島出土の中世和鏡 …………………………………………………………………141

引用・参考文献 …………………………………………………………………………………144

挿図目次

第1図	伊豆諸島の位置	4
第2図	利島の位置	4
第3図	利島遺跡分布図	4
第4図	阿豆佐和気命神社境内祭祀遺跡及び中近世祭祀遺跡群位置図	7
第5図	阿豆佐和気命神社社殿配置図及び調査区位置図	9
第6図	基本土層図	10
第7図	積石遺構第Ⅰ期平面図	15
第8図	積石遺構第Ⅰ期遺物分布図	17
第9図	第1号小祠	19
第10図	第2号小祠	20
第11図	第3号小祠	21
第12図	第4号小祠	22
第13図	第5号小祠	23
第14図	積石遺構第Ⅰ期出土遺物（1）	24
第15図	積石遺構第Ⅰ期出土遺物（2）	25
第16図	積石遺構第Ⅰ期出土遺物（3）	26
第17図	積石遺構第Ⅰ期出土遺物（4）	27
第18図	積石遺構第Ⅰ期出土遺物（5）	28
第19図	積石遺構第Ⅰ期出土遺物（6）	29
第20図	積石遺構第Ⅰ期出土遺物（7）	30
第21図	積石遺構第Ⅰ期出土遺物（8）	31
第22図	積石遺構第Ⅱ期平面図	39
第23図	積石遺構第Ⅱ期遺物分布図	41
第24図	積石遺構第Ⅱ期出土遺物（1）	43
第25図	積石遺構第Ⅱ期出土遺物（2）	44
第26図	積石遺構第Ⅱ期出土遺物（3）	45
第27図	積石遺構第Ⅱ期出土遺物（4）	46
第28図	積石遺構第Ⅱ期出土遺物（5）	47
第29図	積石遺構第Ⅲ期平面図	59
第30図	積石遺構第Ⅲ期遺物分布図	61
第31図	積石遺構第Ⅲ期積石部立面図(北西より)	63
第32図	第1号遺物集中	65
第33図	第2号遺物集中	66
第34図	積石遺構第Ⅲ期出土遺物（1）	67
第35図	積石遺構第Ⅲ期出土遺物（2）	68
第36図	積石遺構第Ⅲ期出土遺物（3）	69
第37図	積石遺構第Ⅲ期出土遺物（4）	70
第38図	積石遺構第Ⅲ期出土遺物（5）	71
第39図	積石遺構第Ⅲ期出土遺物（6）	72
第40図	積石遺構第Ⅲ期出土遺物（7）	73
第41図	積石遺構第Ⅲ期出土遺物（8）	74
第42図	積石遺構第Ⅲ期出土遺物（9）	75
第43図	積石遺構第Ⅲ期出土遺物（10）	76
第44図	積石遺構第Ⅲ期出土遺物（11）	77
第45図	積石遺構第Ⅲ期出土遺物（12）	78
第46図	積石遺構第Ⅲ期出土遺物（第1号遺物集中出土鏡）（13）	79
第47図	積石遺構第Ⅲ期出土遺物（第1号遺物集中出土鏡）（14）	80
第48図	積石遺構第Ⅲ期出土遺物（第1号遺物集中出土鏡）（15）	81
第49図	積石遺構第Ⅲ期出土遺物（第2号遺物集中出土鏡）（16）	82
第50図	積石遺構第Ⅲ期出土遺物（17）	83
第51図	積石遺構第Ⅲ期出土遺物（18）	84
第52図	積石遺構第Ⅲ期出土遺物（19）	85
第53図	積石遺構第Ⅲ期出土遺物（20）	86
第54図	積石遺構第Ⅲ期出土遺物（21）	87
第55図	積石遺構第Ⅲ期出土遺物（22）	88
第56図	積石遺構第Ⅲ期出土遺物（23）	89
第57図	積石遺構第Ⅲ期出土遺物（24）	90
第58図	第1トレンチ平面図	112
第59図	第1トレンチ出土遺物	113
第60図	第2トレンチ平面図・土層図	116
第61図	第2トレンチ出土遺物	117
第62図	双孔儀鏡形式模式図	127
第63図	銭貨拓本図（1）	136
第64図	銭貨拓本図（2）	137

表目次

第1表	積石遺構第Ⅰ期遺物組成表…………	11
第2表	積石遺構第Ⅰ期遺物観察表…………	32
第3表	積石遺構第Ⅱ期遺物組成表…………	38
第4表	積石遺構第Ⅱ期遺物観察表…………	48
第5表	積石遺構第Ⅲ期遺物組成表…………	57
第6表	積石遺構第Ⅲ期遺物観察表…………	91
第7表	第1トレンチ遺物組成表………………	111
第8表	第2トレンチ遺物組成表………………	111
第9表	第1トレンチ遺物観察表………………	114
第10表	第2トレンチ遺物観察表………………	118
第11表	阿豆佐和気命神社境内祭祀遺跡遺物組成表…………………	121
第12表	陶磁器類材質別出土点数・年代表………………	122
第13表	積石遺構第Ⅰ～Ⅲ期の陶磁器類年代表………………	123
第14表	積石遺構第Ⅰ～Ⅲ期の鏡製作年代表………………	125
第15表	双孔儀鏡形式・規格対応関係表……	127
第16表	双孔儀鏡面径別出土点数表・グラフ………………	128
第17表	刀子型式別出土点数表………………	129
第18表	阿豆佐和気命神社境内祭祀遺跡出土銭銭種別数量………………	132
第19表	阿豆佐和気命神社境内祭祀遺跡出土銭銭種別比率………………	132
第20表	銭貨組成比率の比較（15世紀前半）………………	133
第21表	銭貨組成比率の比較（15世紀後半）………………	134
第22表	銭貨組成比率の比較（16世紀前半）………………	134
第23表	日・中・利島比較表………………	135

図版目次

図版1	1．利島	
	2．村内西道（阿豆佐和気命神社前）	
図版2	1．阿豆佐和気命神社本宮	
	2．阿豆佐和気命神社本宮小祠	
図版3	1．阿豆佐和気命神社拝殿	
	2．阿豆佐和気命神社本殿及び境内社	
図版4	1．積石遺構第Ⅰ期検出状況（北東上方より）	
	2．積石遺構第Ⅰ期検出状況（北東正面より）	
図版5	1．第1号小祠（北東正面より）	
	2．第2号小祠（北東正面より）	
図版6	1．第3号小祠（北東正面より）	
	2．第4号小祠（北東正面より）	
図版7	1．第5号小祠（北東正面より）	
	2．積石部東側側面（西より）	
図版8	1．第2号小祠遺物出土状況（南西上方より）	
	2．第3号小祠遺物出土状況（北東正面より）	
図版9	1．積石部東側検出状況（南より）	
	2．積石部東播系甕出土状況	
図版10	1．積石遺構第Ⅱ期検出状況（北東上方より）	
	2．積石遺構第Ⅱ期鏡・	

		鉢出土状況（西より）	図版29	積石遺構第Ⅲ期出土遺物（2）
図版11	1．	積石遺構第Ⅲ期検出状況	図版30	積石遺構第Ⅲ期出土遺物（3）
		（北東上方より）	図版31	積石遺構第Ⅲ期出土遺物（4）
	2．	積石遺構第Ⅲ期検出状況	図版32	積石遺構第Ⅲ期出土遺物（5）
		（北上方より）	図版33	積石遺構第Ⅲ期出土遺物（6）
図版12	1．	第1号遺物集中（北より）	図版34	積石遺構第Ⅲ期出土遺物（7）
	2．	第1号遺物集中（北東より）	図版35	積石遺構第Ⅲ期出土遺物（8）
図版13	1．	第1号遺物集中（北より）	図版36	積石遺構第Ⅲ期出土遺物（9）
	2．	第1号遺物集中（北より）	図版37	積石遺構第Ⅲ期出土遺物（10）
図版14	1．	第1号遺物集中（鏡16面集中）	図版38	積石遺構第Ⅲ期出土遺物（11）
	2．	第2号遺物集中（北東より）	図版39	積石遺構第Ⅲ期出土遺物（12）
図版15	1．	第1トレンチ検出状況（南東より）	図版40	積石遺構第Ⅲ期出土遺物（13）
	2．	第1トレンチ検出状況（北東より）	図版41	積石遺構第Ⅲ期出土遺物（14）
図版16	1．	第2トレンチ検出状況（北西より）	図版42	積石遺構第Ⅲ期出土遺物（15）
	2．	調査風景	図版43	積石遺構第Ⅲ期出土遺物（16）
図版17	積石遺構第Ⅰ期出土遺物（1）		図版44	積石遺構第Ⅲ期出土遺物（17）
図版18	積石遺構第Ⅰ期出土遺物（2）		図版45	積石遺構第Ⅲ期出土遺物（18）
図版19	積石遺構第Ⅰ期出土遺物（3）		図版46	積石遺構第Ⅲ期出土遺物（19）
図版20	積石遺構第Ⅰ期出土遺物（4）		図版47	積石遺構第Ⅲ期出土遺物（20）
図版21	積石遺構第Ⅰ期出土遺物（5）		図版48	積石遺構第Ⅲ期出土遺物（21）
図版22	積石遺構第Ⅰ期出土遺物（6）		図版49	積石遺構第Ⅲ期出土遺物（22）
図版23	積石遺構第Ⅰ期出土遺物（7）		図版50	積石遺構第Ⅲ期出土遺物（23）
図版24	積石遺構第Ⅱ期出土遺物（1）		図版51	積石遺構第Ⅲ期出土遺物（24）
図版25	積石遺構第Ⅱ期出土遺物（2）		図版52	第1トレンチ・第2トレンチ
図版26	積石遺構第Ⅱ期出土遺物（3）			出土遺物（1）
図版27	積石遺構第Ⅱ期出土遺物（4）		図版53	第1トレンチ・第2トレンチ
図版28	積石遺構第Ⅲ期出土遺物（1）			出土遺物（2）

第Ⅰ章　調査に至る経緯及び経過

第1節　調査に至る経緯

　伊豆の島々には、古くから和鏡が多数伝世することが知られていたが、それらがどの様な状況で伝わったものか疑問点が多く残されていた。多くの鏡の遺存状態から土中より出土し伝世している事実は、昭和31年（1956）に後藤守一らによって三宅島坪田第三積石遺構から初めて和鏡が発見されたことによって確実なものとなった[註1]が、その後調査によって検出された例は皆無であった。我々はこれらの和鏡群について海洋信仰研究会を組織し、科学研究費（平成4年度科学研究費補助綜合研究A　代表　永峯光一）の助成を得て、全体像を把握すべく集成[註2]を行う一方で、八丈小島[註3]、三宅島[註4]、御蔵島[註5]、大島[註6]、利島[註7]に於いて発掘調査を実施し、新たな学術的所見を明らかにすることが出来たのである。

　平成10年（1998）、新たな知見を求めて利島に渡島し、島内各所の悉皆調査を実施した結果、阿豆佐和気命神社拝殿左側の境外地に於いて現主任調査員の須藤友章氏が中世陶器の破片を採集した。採集地点周辺の表土には拳大から人頭大の石が散布し陶片が散布していたため、事前確認として周囲を精査した結果、何らかの遺構が存在する事を確認した。早速利島村教育委員会と協議し、試掘調査を実施し表土から僅かに掘り下げた地点で、玄武岩（通称利島石）が高さ1m程に水平に積上げられた積石遺構が検出されたのである。そして、積石の隙間に16面もの和鏡及び古銭が供献された如く整然とした状態で発見され、更に周辺からは16世紀後半から17世紀にかけての陶磁器が多数散布していることも確認出来たのである。この時点では正式な発掘調査の手続きを踏んでいなかったため、試掘調査自体は遺物の発見と共に打ち切り、取り敢えず貴重な遺物のみを取り上げて埋め戻すことにした。以降平成15年（2003）まで継続して詳細に調査した結果、本報告に記した通り多大なる成果を得ることが出来たのである。　　　　　　　　　　　　　　　（内川隆志）

註1　後藤守一・梅沢重昭　1958「三宅島坪田における中世遺構の調査」『伊豆諸島文化財総合調査』第1分冊　東京都教育委員会
註2　海洋信仰研究会和鏡研究部　1992「伊豆諸島出土・伝世和鏡基礎集成」『國學院大學考古学資料館紀要』第8輯　國學院大學考古学資料館
　　海洋信仰研究会和鏡研究部会　1993「伊豆諸島出土・伝世和鏡基礎集成」『國學院大學考古学資料館紀要』第9輯　國學院大學考古学資料館
註3　八丈町教育委員会　1994『東京都八丈小島鳥打遺跡・宇津木遺跡調査報告書』
註4　1994年三宅村坪田に所在する坪田B遺跡の調査を実施したが、若干の積石遺構を確認出来ただけで和鏡の検出は出来なかった。未報告。
註5　海洋信仰研究会神ノ尾遺跡学術調査団　1993「御蔵島神ノ尾遺跡」『國學院大學考古学資料館紀要』第10輯　國學院大學考古学資料館

註6　國學院大學考古学資料館和泉浜遺跡C地点学術調査団　1995「伊豆大島和泉浜遺跡C地点　第2次・第3次調査の概要」『國學院大學考古学資料館紀要』第12輯　國學院大學考古学資料館

註7　海洋信仰研究会堂ノ山神社境内祭祀遺跡学術調査団　1993『堂ノ山神社境内祭祀遺跡学術調査報告書』　利島村教育委員会

註8　八幡神社境内祭祀遺跡発掘調査団　1998『國學院大學考古学資料館紀要』第15輯　國學院大學考古学資料館

第2節　調査の経過

発掘調査期間…1998年度～2003年度（断続調査）

第1次調査（1998年9月1日～8日）
　阿豆佐和気命神社拝殿南側（境外地）に於いて中世遺物の散布を確認。積石遺構調査区の試掘調査を開始する。積石遺構及び第1号遺物集中を検出。

第2次調査（1999年9月8日～9月15日）
　積石遺構調査区の発掘調査を開始する。積石遺構の範囲を確定し、調査区域を整備。表土を完全に掘削する。第1号遺物集中に於ける和鏡16面が供献された状態を保存するため、型取模造を製作し、利島村郷土資料館に設置する[註1]。

第3次調査（2000年9月2日～9月9日）
　積石遺構第Ⅲ期面を掘削。精査を開始する。

第4次調査（2001年9月1日～9月7日）
　積石遺構第Ⅱ期面を掘削。精査を開始する。

第5次調査（2003年2月7日～2月13日）
　積石遺構第Ⅰ期面を掘削。精査を開始する。第1～5号小祠を検出。

第6次調査（2003年8月29日～9月4日）
　積石遺構第Ⅰ期面の精査を終了。積石遺構調査区を埋め戻し、石垣を復旧。発掘調査を完了する。遺跡の範囲を確認するため、本殿前に第1トレンチ、拝殿南側に第2トレンチを設定し、発掘調査を開始する。第1トレンチからは中近世遺物を伴出する礫散布を検出し、中近世祭祀場が現在の本殿付近まで覆っていたことを確認する。第2トレンチからは遺構は未検出ではあるが、中近世遺物が少量出土。調査終了後、第1・2トレンチを埋め戻し、発掘調査を完了する。

　　　　　　　　　　　　　　　　　　　　　　　　　　　　　　　　　　（原　あゆみ）

註1　遺構型取模造の詳細に関しては、國學院大學海洋信仰研究会　2001「阿豆佐和気命神社境内祭祀遺跡概報」『國學院大學考古学資料館紀要』第18輯　國學院大學考古学資料館を参照されたい。

第Ⅱ章　利島の地理的・歴史的環境

第1節　地理的環境

　阿豆佐和気命神社境内祭祀遺跡は伊豆諸島（第1図）の一つ、利島に所在する。利島が属する伊豆諸島は伊豆半島南東沖に位置し、利島の北東に大島、南方に新島・式根島・神津島が順に連なる。これら伊豆諸島は、フィリピン海プレートにユーラシアプレートが沈降する際の高温・高圧下で発生したマグマの噴火によって生成された火山島群であり、現在に於いても大島、三宅島などでは噴火が頻発している。気候的には日本海流の影響から海洋性の温暖湿潤気候に分類される。そのため、漁業のみならず温暖な気候を活かした農林業も非常に盛んであり、特に椿油や花木などの生産は島々の重要な生業とされている。

　利島は、東京都心から南南西へ約140km、北緯34度31分・東経139度17分の太平洋上に位置する（第2図）。周囲7.7km、面積4.1㎢の円形の休火山島で、周囲を10～300m程の海蝕崖によって取り囲まれている。島の中央には海抜507.5mの宮塚山が屹立するため、島影は明確な神奈備形を呈しており（表紙写真及び写真図版1－1参照）、故に伊豆沖を往来する船舶は利島を目印（シマアテ）として利用してきた経緯がある。神奈備形という形態からも察せられるとおり、利島は玄武岩の溶岩流が累積して形成された成層火山である。主火口部は現存していないが、宮塚山頂上部北東に直径約100～150mのカジアナ寄生火口が、また東方へ約200m、海抜390m付近には直径20～30mのミアナ寄生火口が認められる。これらは各々、阿豆佐和気命神社と下上神社の御神域となっている。カジアナとミアナに於ける火山活動が活発化したのは今から約8000年前で、火口周辺に安山岩スパターを堆積させている。この岩石は板状に薄く割れる性質を有し、一般に鉄平石と呼ばれる安山岩の一種である。こうした石材は"利島石"と称されており、本遺跡で検出された積石部及び小祠などの構築石材として利用されている。

　利島に於ける村落及び遺跡は島北部に集中している。これは利島の地形が南に急斜面、北に緩斜面が広がる様相を呈していることから、北側斜面地が居住や耕作に適しているためである。また「カワ・山カワ・浜川」という3箇所の湧水地点が北側に存在していたことや、海岸への降り口が北側にしかないこと、結び付きの深い大島や伊豆半島が視認出来ることなど、通常は生活に不便とされる北側に集落が立地してきたことの背景には、以上の様に自然地理的、文化的に複数の要因が推測される。

　阿豆佐和気命神社境内祭祀遺跡も、他の遺跡と同じく島北部に位置している。阿豆佐和気命神社周辺の微地形は海抜70～80m、傾斜度10度程の緩傾斜地で、利島の中では比較的平坦な土地であるといえる。東側には村落西道が走り、神社より西方には集落は続かない。即ち、阿豆佐和気命神社は村落とヤマの西の境界上に位置している神社なのである。

（大角謙一）

第1図　伊豆諸島の位置

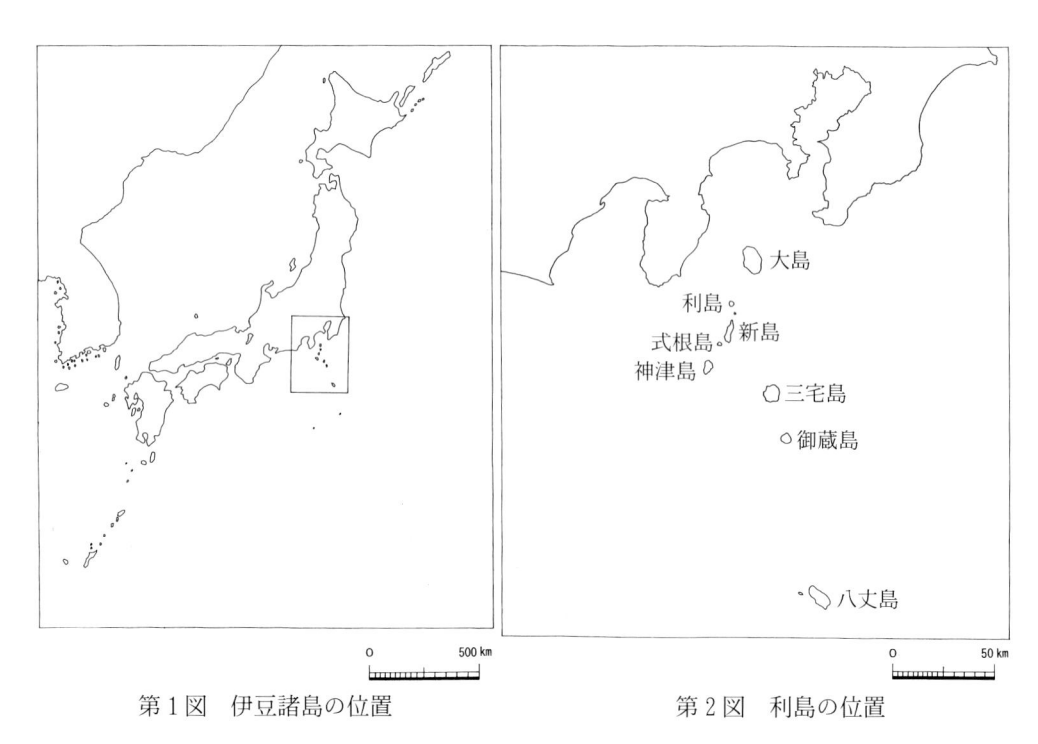

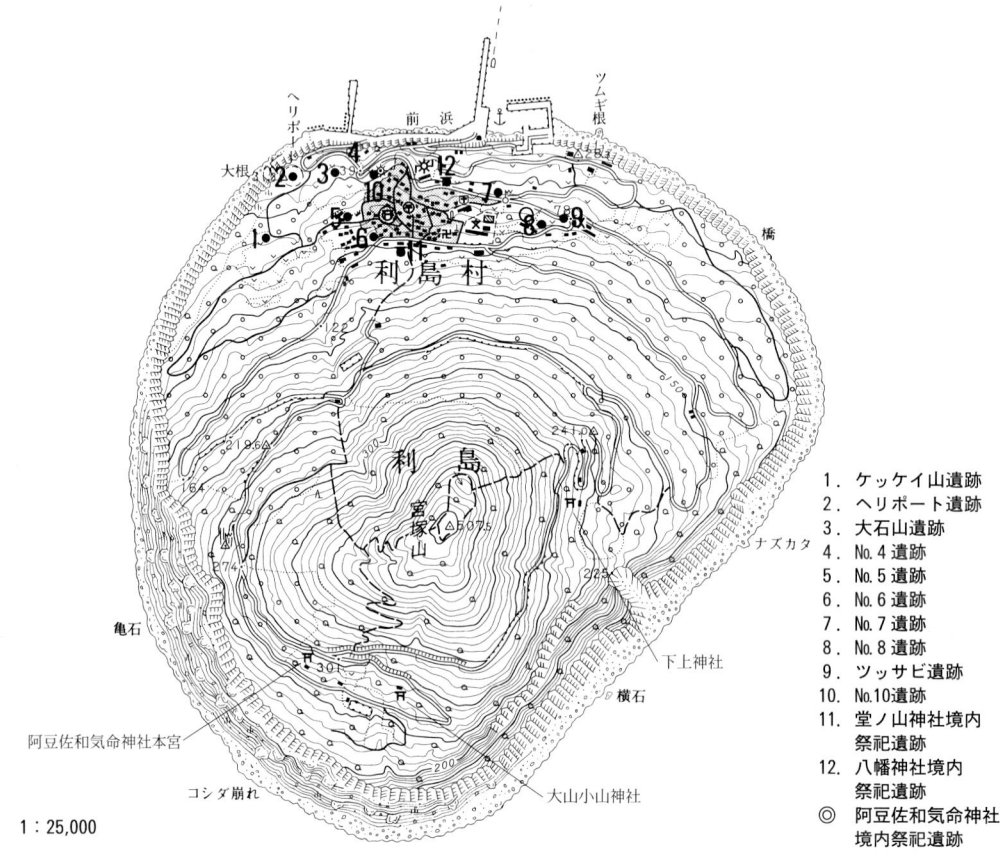

第2図　利島の位置

1. ケッケイ山遺跡
2. ヘリポート遺跡
3. 大石山遺跡
4. No.4遺跡
5. No.5遺跡
6. No.6遺跡
7. No.7遺跡
8. No.8遺跡
9. ツッサビ遺跡
10. No.10遺跡
11. 堂ノ山神社境内祭祀遺跡
12. 八幡神社境内祭祀遺跡
◎ 阿豆佐和気命神社境内祭祀遺跡

1：25,000

第3図　利島遺跡分布図

第2節　歴史的環境

　阿豆佐和気命神社境内祭祀遺跡が所在する利島及び伊豆諸島一帯は、古代から近現代にかけての祭祀遺跡が濃密に分布する地域である。しかし伊豆諸島に於ける祭祀やそれにまつわる政治、社会、民俗を物語る確実な史料は、残念ながら各島には残存していない。これは利島に於いても同様で、故に本遺跡の形成期である中世から近世の様相については不明な点が多い。そこで本節では、まず間接的史料から利島の歴史的位相を把握し、次に本報告と関係性の高い遺跡について概観していくことで歴史的環境を俯瞰していきたい。

　利島では大石山遺跡・ケッケイ山遺跡などより縄文から古墳時代にかけての集落跡が発見されており、比較的早い時期から島が開拓されてきたことが判明しているが、利島が文献上に登場するのは律令時代後半に入ってからである。該期に於ける利島の様相は『延喜式神名帳』（927）から僅かに窺える。『延喜式神名帳』の伊豆国加茂群の項には46社の神社が列記されているが、そこに利島の主祭神である阿豆佐和気命神社も記されている。このことから律令制下に於ける利島は伊豆国加茂郡に属していたことが分かる。往時の伊豆諸島の詳細は窺い知れないが、『続日本後紀』などには伊豆諸島祭神への授位、昇階という国家的宗教政策が9世紀に執行されていたことが記載されている。伊豆諸島祭神への授位に関して『続日本後紀』承和7年（840）9月23日の条には、承和5年（838）7月5日の神津島天上山の噴火鎮撫が目的であると記されている。この噴火は神津島祭神・阿波命が冠位を授かっていないことへの怒りが原因であると記録されているが、阿波命への授位を契機として他の島の神々にも官位が授けられていく。これは伊豆諸島一帯が9世紀代に国家による神社支配に組み込まれていく過程を示したものともいえる。この潮流の中で阿豆佐和気命も度々授位し、『日本文徳天皇実録』などによれば嘉祥3年（850）に従五位下、仁寿2年（852）に従五位上、斉衡元年（854）に正五位下を授位している。

　その後、文治元年（1185）に伊豆地域は源頼朝の知行国に加えられ、伊豆国に属する利島も鎌倉幕府の支配化に置かれることとなる。そして14世紀代には関東管領上杉氏に伊豆諸島の支配権は移り、15世紀後半には相模国神奈川領主の奥山宗林、16世紀初頭には伊豆国を平定した後北条氏の治下に置かれたようである。しかし残念ながら利島に関する記録は全く残存していない。信仰に関する事柄としては、15世紀に甲斐国身延山久遠寺の末寺・海岸寺が日浄によって村落北東部に開山され、16世紀前半に下田本覚寺から日想を招いて長久寺が村落南東部に開山されている。いずれも日蓮宗である。

　江戸幕府開府以後、伊豆諸島は島奉行が統治したが、寛文10年（1670）伊豆韮山代官の管轄に移されると手代が派遣され、更に地役人が行政を担うこととなる。ただし利島の場合は、行政単位の小ささのためか地役人は置かずに名主が村を治めている。年貢に関しては、利島は当初は絹納であったのが享保の改革頃から金納に替わる。ただし年貢金といっても貨幣で上納したわけではなく、以前同様に年貢金高に見合う生産物で代納している。18世紀に年貢金の代替とされたのは、島絹・薪・椿油などである。これら産物から利島の経済活動は漁業ではなく農林業であったことが窺える。次に伊豆諸島への文化伝播を考察

― 5 ―

する際に重要な流人に関してだが、利島への流刑は僅かである。流人は耕作や手習指南などを生業とし、他島の様に宗教的影響を村民に与えた痕跡は見受けられない。信仰習俗に関してはやはり不明であるが、明暦2年（1656）身延山勝光寺開基日完の来島により長久寺が阿豆佐和気命神社などの祭事に関係を持つようになり、神仏混合が進んだようである。

　以上が利島の信仰習俗を主とした歴史的変遷である。利島では16箇所の遺跡（第3図）が確認されているが、内3箇所が中近世の祭祀遺跡である。即ち、堂ノ山神社境内祭祀遺跡と八幡神社境内祭祀遺跡、そして阿豆佐和気命神社境内祭祀遺跡である（第4図）。これらは同時期に形成され遺物組成も近似することから、何らかの関係を有していたものと推定される。そこで本報告以外の2箇所の遺跡を略説して、歴史的環境を締め括りたい。

堂ノ山神社境内祭祀遺跡

　堂ノ山神社境内祭祀遺跡は、集落南端部に所在する堂ノ山神社境内に位置する。社殿改築の折に敷地内より18面の和鏡が出土し、その後の発掘調査により和鏡4面をはじめとする数多くの中近世遺物と集石遺構及び溝状遺構から構成される祭祀遺跡が検出された。集石遺構は安山岩の板状節理片や玉石により舛状に構築されたもので、計6基が検出されている。各集石遺構には片口鉢が据えられ、更に第3号集石遺構では4面の和鏡が集中的に奉献されており、伊豆諸島に於ける中近世祭祀の実態を解明する遺構として注目されている。これら遺構群の配列から、タブなどの大木を中心とした祭祀場であったと推定される。遺物は中国龍泉窯青磁碗、瀬戸窯灰釉皿・水滴、常滑窯片口鉢・甕、刀子・笄・目貫金具・鏡・双孔儀鏡が出土している。出土遺物の帰属年代から遺跡の形成は12世紀後半に始まり、14世紀に盛行し16世紀後半に終焉を迎えるものと推定されている[註1]。

八幡神社境内祭祀遺跡

　八幡神社境内祭祀遺跡は、集落北端部に所在する八幡神社境内に位置する。1994年の社殿改築の際に集石遺構及び和鏡・陶磁器などの中近世遺物が多量に発見され、緊急に発掘調査が実施された。集石遺構は斜面に帯状に形成されており、下層からは板石、上層からは円礫が多数検出されている。出土遺物は鏡や双孔儀鏡、渥美・常滑・瀬戸の陶磁器類、銭貨などである[註2]。また1995年に於ける範囲確認調査では、近世層で陶磁器の集中出土が検出され、中世層からも集石中に据えられた常滑窯片口鉢が出土している[註3]。以上の遺構・遺物検出状況は堂ノ山神社境内祭祀遺跡と組成・年代共に類似していることから、両遺跡はほぼ同時期に営まれたものと推定される。

（倉橋慎伍）

註1　海洋信仰研究会堂ノ山神社境内祭祀遺跡学術調査団　1993『堂ノ山神社境内祭祀遺跡学術調査報告書』

註2　谷川章雄　1996「第2節　中世」『利島村史　通史編』利島村

註3　八幡神社境内祭祀遺跡学術調査団　1999「八幡神社境内祭祀遺跡学術調査報告書」『國學院大學考古学資料館紀要』第15輯　國學院大學考古学資料館

1 ■ 阿豆佐和気命神社境内祭祀遺跡	4 浜の宮神社
2 堂ノ山神社境内祭祀遺跡	5 長久寺
3 八幡神社境内祭祀遺跡	

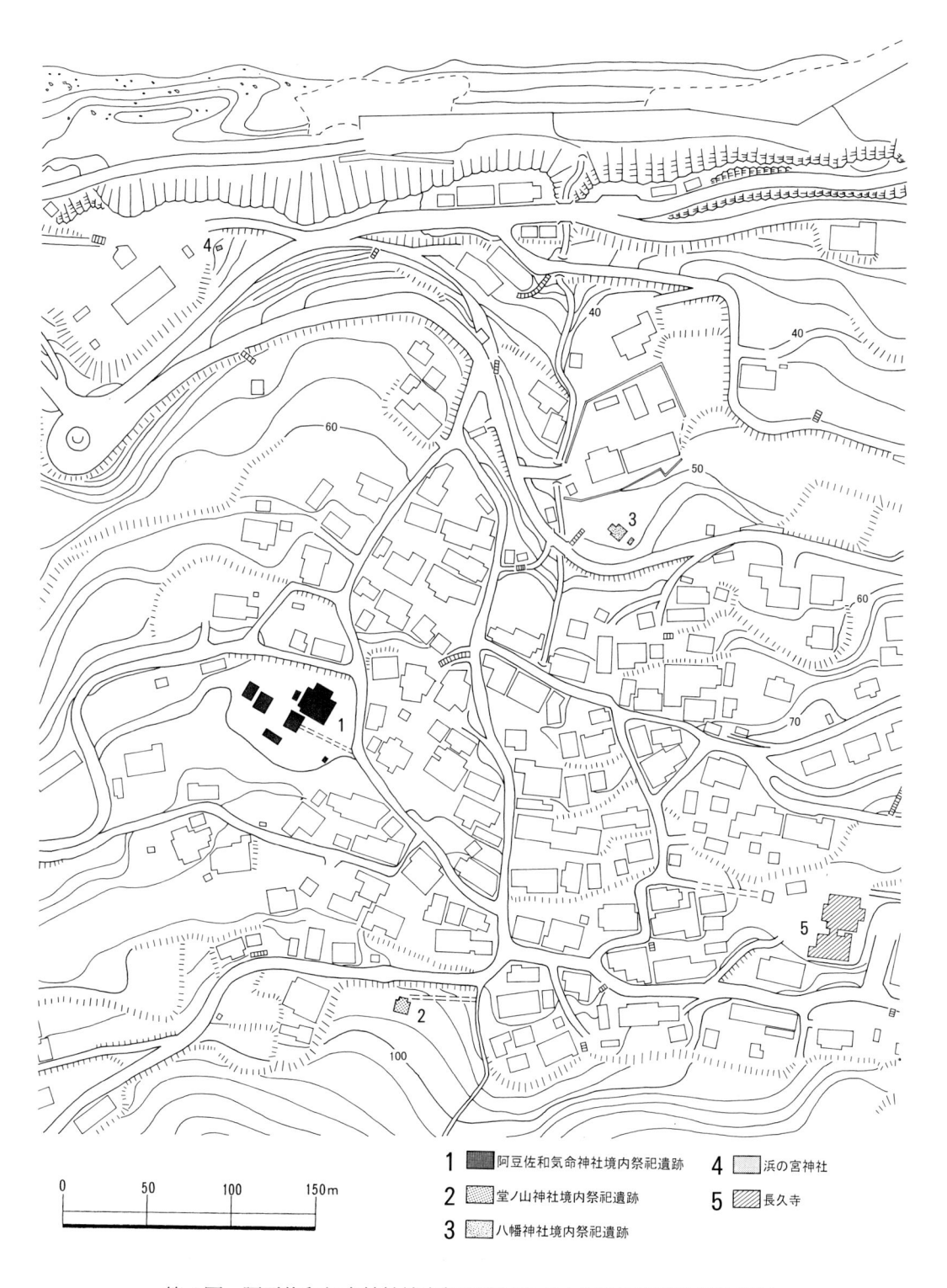

第4図 阿豆佐和気命神社境内祭祀遺跡及び中近世祭祀遺跡群位置図

第3節　阿豆佐和気命神社

　阿豆佐和気命神社は集落南西部外れの高台に鎮座する。境内は斜面地形の僅かな平坦部を拡大・整地して造成しており、東西に奥行きのある空間を呈している。東側の入口には鳥居が屹立し、参道を進むと拝殿、更にその奥には阿豆佐和気命とその妃である下上御方が合祀された本殿が建立されている。当本殿は瑞垣で仕切られた神域中に祀られ、同神域中には左右に18の境内摂末社、裏には御霊抜きが済まされた旧本殿が覆屋に納められている（第5図）。北側（山側）の緩やかな斜面地には境内地と同面積程の鎮守の自然林が広がっており、南側（海側）は低崖で袖道に接する。

　遺跡の所在する阿豆佐和気命神社は里宮であり、本宮は別所に鎮座している。『三島大明神縁起』（平安時代）によると、伊豆諸島を開拓した事代主命はその子・阿豆佐和気命と同妃下上御方を利島に遣わし、没後其々を南御神山、東御神山に葬ったとされる。これが宮塚山の中腹、島の南西に位置する阿豆佐和気命神社本宮と東に位置する下上神社である。本宮には伝承の通り、阿豆佐和気命の陵墓が祀られている。里宮が何時頃建立されたかは不詳であるが、明治頃の口伝によれば、今から500年程前に参拝の便を図るために阿豆佐和気命と下上御方は宮塚山の本宮から現在地に里宮として遷祀されたという。

　阿豆佐和気命神社の創立に関しては以上の如く神話的で不明な点が多いが、その歴史は古く、『延喜式神名帳』（927）にも記載されている延喜式内社である。主祭神は社名の由来である阿豆佐和気命で、『続日本後紀』などによると嘉祥三年（850）に従五位下、仁寿二年（852）に従五位上、斉衡元年（854）に正五位下を授けられている。該期には利島のみならず伊豆諸島の神々の多くが授位・昇階している。この特異な政策に関しては、承和五年（838）の神津島天上山の大噴火の際、諸島の荒ぶる神々を鎮撫するために中央政権が緊急に執った措置であったことが『続日本後紀』承和七年九月から十月の条に記述されている。その後の歴史は長らく不詳で、明暦二年（1656）に身延山勝光寺開基日完の来島により神仏混合となるが、明治初年の廃仏毀釈で式内社阿豆佐和気命神社、更に明治四年（1871）に郷社阿豆佐和気命神社となった。

　阿豆佐和気命の性質に関しては、「和気：ワケ」の名称が注目される。東国に多見される「ワケ：別」を含む神名の成立は7～8世紀頃と推定されているが、これには6～7世紀頃に考えられていた「別」としての皇子分封の思想や武渟川別などの東国派遣説話などが影響していると考えられ[注1]、「別」は国土鎮守の性質を帯びた名称とされている。利島が航海の要衝に位置することを鑑みると、阿豆佐和気命は海域鎮守を特に期待された神であったと考えられる。またムラとヤマとの境界に鎮座することから、ヤマ（自然）からムラを護るための神でもあり、島神・海神・村神・賽の神など多様な性質が習合した神であったことが窺える。

（西谷昭彦）

註1　佐伯有清　1970「日本古代の別とその実態」『日本古代の政治と社会』吉川弘文館

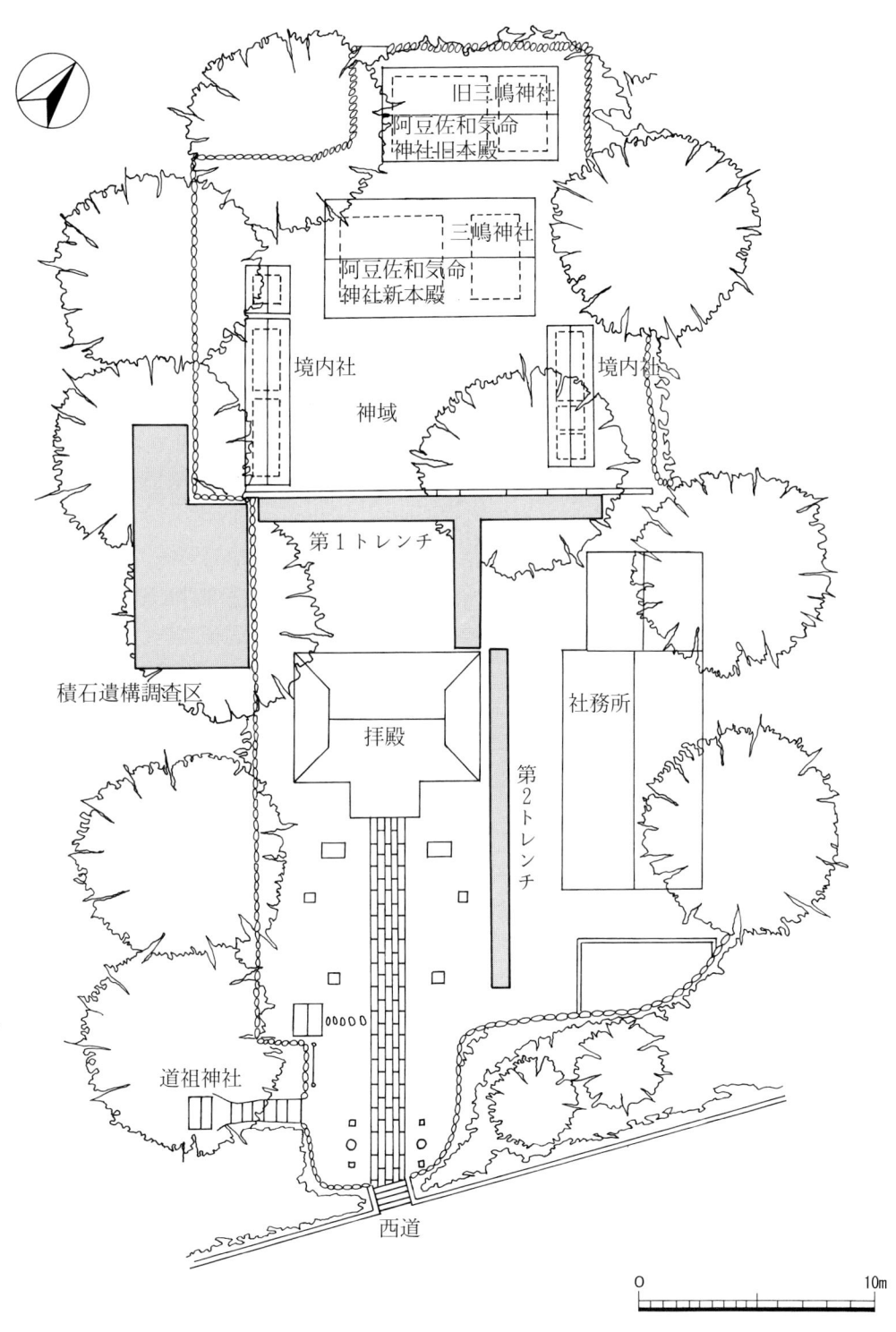

第5図　阿豆佐和気命神社社殿配置図及び調査区位置図
（波多野 1996を改変・転載）

第Ⅲ章　基本土層

　基本土層に関しては、主要調査地点である積石遺構調査区に関して記述を進めることとする。調査区地表面の標高は最高78.3m程を測り、約10度の角度で北側に傾斜している。傾斜は下層につれて徐々に角度を増し、基盤層の第Ⅶ層では約15度となる。基本土層は第Ⅰ～Ⅶ層の7層が確認された。各土層の特徴は以下のとおりである。

第Ⅰ層　黒色土。表土層。
第Ⅱ層　黒褐色土。粘性強く、締まり弱い。明治初頭、廃仏毀釈時の仏教遺物が出土。
第Ⅲ層　明褐色土。玉石敷設面。粘性強く、締まりやや弱い。
第Ⅳ層　暗褐色土。ローム粒子をごく微量含有する。粘性強く、締まり弱い。
第Ⅴ層　暗褐色土。ローム粒子を微量含有する。粘性強く、締まりやや弱い。
第Ⅵ層　褐色土。小祠・積石構築面。ローム粒子、粒径1～2cmの赤色スコリア粒子を少量含有する。粘性強く、締まりやや強い。
第Ⅶ層　黒褐色土。基盤層。天上山白ママ層（838年）が部分的に認められる。粘性強く、締まり強い。

　積石遺構調査区では第Ⅲ～Ⅵ層にかけて遺構面が検出され、積石遺構の変遷過程に関して第Ⅰ～Ⅲ期の3期に区分された。　　　　　　　　　　　　　　　　　　　　　（須藤友章）

▲天上山白ママ層

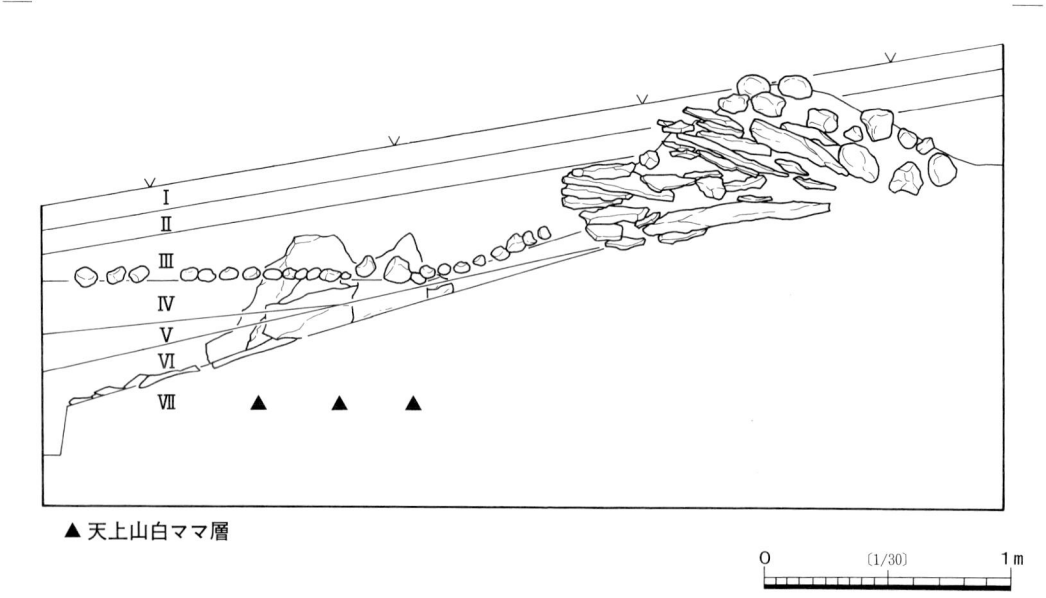

第6図　基本土層図

第Ⅳ章　検出された遺構と遺物

　本遺跡に於ける調査区は積石遺構調査区・第1トレンチ・第2トレンチの3地点に区分され（第5図）、各調査区より中世から近世に亙る祭祀遺構・遺物が発見された。主要調査地点である積石遺構調査区からは、積石部と小祠群からなる大規模な積石遺構が多様な祭祀遺物と共に検出され、また第1・第2トレンチ調査区からは境内下に広がる集石遺構が検出された。

　以下、各調査区に於ける遺構の検出状況並びに遺物の出土状況を記載していく。

第1節　積石遺構調査区の遺構と遺物

（1）積石遺構第Ⅰ期（第7・8図）

　第Ⅵ層より検出された遺構面である。東西に並列する5基の小祠（石祠）とその背後に位置する積石部から構成された積石遺構が、良好な遺存状態で検出された。層序観察及び出土遺物年代から、小祠群と積石部は12〜13世紀代の同時期に構築が開始されたと推定される。当遺構面を積石遺構の形成開始時期と判断し、積石遺構第Ⅰ期とした。

　第Ⅰ期検出面は15度の傾斜地であるため、小祠群及び積石部は傾斜角度に合わせて構築されている。小祠群の構築された標高は海抜77m程、後背の積石部の構築された標高は海抜77.5m程を測り、50cm程の比高差が生じている。

　出土遺物は鏡・双孔儀鏡・銭貨・器類を主体とする（第1表）。器類は渥美窯・常滑窯や東播系・関西系の中世所産の遺物が出土しており、特に12〜13世紀に盛期が見られる（第13表）。器類に関しては、器種が甕と鉢に限定されている点や渥美窯製品が多い点、関西系製品が流入している点などが注目される。

積石部

　積石部は小祠群の後背に位置し、海抜77.4m程の比較的緩い傾斜地に造成されている。板石を長軸（東西）9m×短軸（南北）2mの範囲に高さ0.5m程積重ねて構築した遺構で、横長の壇状を呈する。積石は中央付近で1m程途切れていることから、東側（長軸4m）と西側（長軸4m）の2基に分けられる。頂部は両側共に海抜77.9m程を測る。積石は調査区中央付近では高く整然と構築されているが、東西の末端付近では平面的となり板石の配置も不揃いとなる。使用される板石は、小祠に使用された石材よりも小振りのものが

第1表　積石遺構第Ⅰ期遺物組成表

材質	種類	出土点数
炻器・陶器	甕	13
	壺	1
	鉢	21
金属	鏡	10
	双孔儀鏡	33
	刀子	2
	鎌	4
	釘	20
	銭貨	22

選択されている。
　積石部は東側部分と西側部分が連結した構造だが、板石の配置などから更に細かく構築単位が特定される。即ち積石部は、東西 1 ～1.5m×南北 2 m程の区画を 1 単位として、調査区中央より東・西方向に向かって構築が進められている。この構築単位は東側で凡そ 3 ヶ所、西側で 2 ヶ所が認められる。この区画単位毎に積石を構築していく方法は後世の増築の結果というものではなく、積石部全体を構築する際の工法の合理的結果というべきものである。
　出土遺物は常滑窯甕（第14図 2 ）・渥美窯甕（第15図12）・渥美窯片口鉢（第15図16・17・第16図18・21・22）など12世紀代の器類が多い。また東側中央奥に於いては13世紀代の東播系甕（第14図 3 ）が据えられた状況で出土しており、積石部の構築年代が12～13世紀であることを示している。

小祠群
　積石部の前庭部からは 5 基の小祠（石祠）が検出された。海抜77m程の傾斜地に東西一列に造営され、小祠の主軸はいずれも南西方向を示している。壁が屹立したままで検出されており、遺物の出土状況も含めて遺存状態は極めて良好である。
　小祠の設計は概ね共通している。大型の板石を用いて屋根・壁・床を造作した神社建築でいうところの内陣に類似した部分と、その前庭部に小型の板石を積重ねた上に大型板石を 1 枚据え付けたテラス状の張出部から構成され、平面形は縦長方形を呈する。傾斜角15度のやや強い傾斜地に立地しているが、手前のテラス状張出部の積石を特に厚くすることで小祠の水平が保たれている。
　出土遺物は双孔儀鏡・銭貨が非常に多く、加えて鏡が各小祠に伴出していることが注目される。これら遺物の微細な出土状況を観察すると、鏡は小祠奥側に多く、双孔儀鏡・銭貨などはテラス状張出部に集中している傾向が抽出される。内陣様部分は御幣や鏡などが安置される空間、テラス状張出部、特に大型板石上はその他の供献品が奉献される場であったことが推測される。
　小祠群の構築開始時期に関しては、鏡や炻器の年代観及び層位から積石部と同様の12～13世紀代に求められよう。また廃絶時期に関しては、第 2 号小祠脇から出土している関西系片口鉢が16世紀代の所産であることや、その他の小祠共伴遺物も16世紀生産分を最後としていることから推測して、16世紀代と考えられる。

第 1 号小祠（第 9 図）
　小祠の設計は他と共通するが、テラス状張出部は小型板石を積重ねたのみで大型板石は検出されていない。鏡・双孔儀鏡・銭貨・刀子・鎌・甕・鉢などが出土しており、出土状況は鏡 2 面（第17図40・第18図44）が奥側に、双孔儀鏡 7 面（第19図48・51・52・59・64・第20図69・71）・銭貨 2 枚（第 2 表106・107）がテラス状張出部に集中している。

第 2 号小祠（第10図）

　小祠の設計は他と共通する。鏡・双孔儀鏡・銭貨・鎌・釘・甕・鉢などが出土しており、出土状況は比較的奥側に鏡 3 面（第17図37・39・第18図42）が集中し、テラス状張出部では鏡 1 面（第18図46）・双孔儀鏡 8 面（第19図56・60・63・第20図65・66・70・76・78）・銭貨 6 枚（第 2 表108〜112・115）・鎌 2 点（第21図83・85）・釘 5 点（第21図87・95・98・100・102）・渥美窯片口鉢片 1 点（第16図21）が集中している。また奥壁東脇からは16世紀代の関西系片口鉢（第17図33）や12世紀代の渥美窯片口鉢片（第15図17）が出土している。

第 3 号小祠（第11図）

　小祠の設計は他と共通する。鏡・双孔儀鏡・銭貨・刀子・釘・鉢などが出土しており、出土状況は第17図38の鏡が比較的内奥に位置し、鏡 1 面（第18図41）・双孔儀鏡 7 面（第19図50・53・55・61・第20図67・72・75）・銭貨 4 枚（第 2 表116〜119）・釘（第21図99）・渥美窯片口鉢片（第16図21）がテラス状張出部付近に集中している。

第 4 号小祠（第12図）

　小祠の設計は他と共通するが、内陣及び張出部分の規模は第 1 〜 3 号小祠と比較して小さい。鏡・双孔儀鏡・銭貨・釘などが出土しており、出土状況は内奥に双孔儀鏡 1 面（第19図47）が、テラス状張出部に鏡 1 面（第18図45）・双孔儀鏡 3 面（第19図49・57・第20図79）・銭貨 3 枚（第 2 表120〜122）・釘（第21図103）が集中している。

第 5 号小祠（第13図）

　小祠群の中で最も規模の小さな小祠である。10枚弱の小型板石から構築されている。発掘途上でやや崩落してしまったが、上部板石は庇状に据え付けられ、小規模ながらも祠の様相を呈している。遺物は出土していない。

　　　　　　　　　　　　　　　　　　　　　　　　　　　　　　　　　　　　（須藤友章）

0 (1/30) 2m

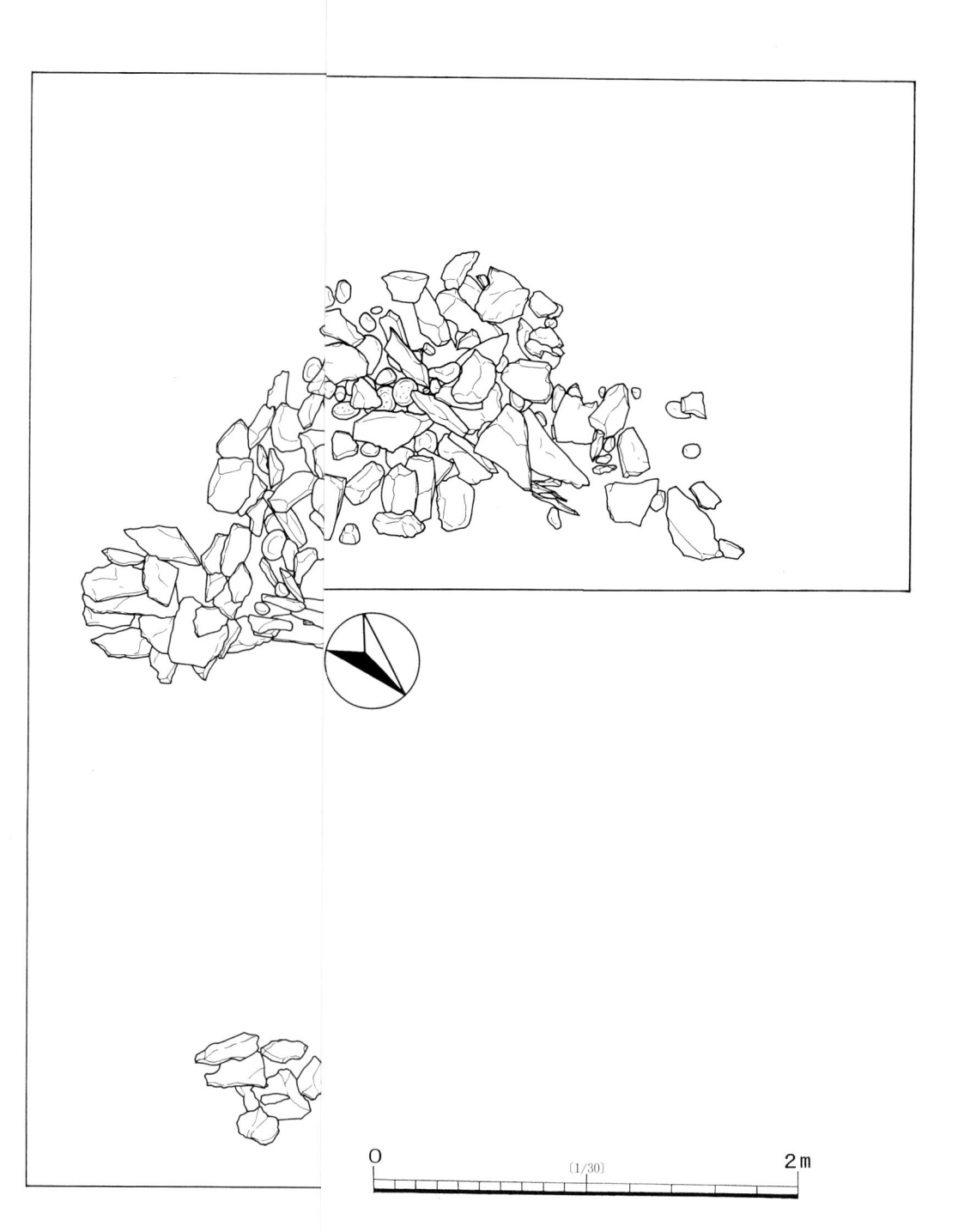

構築単位3　構築単位2

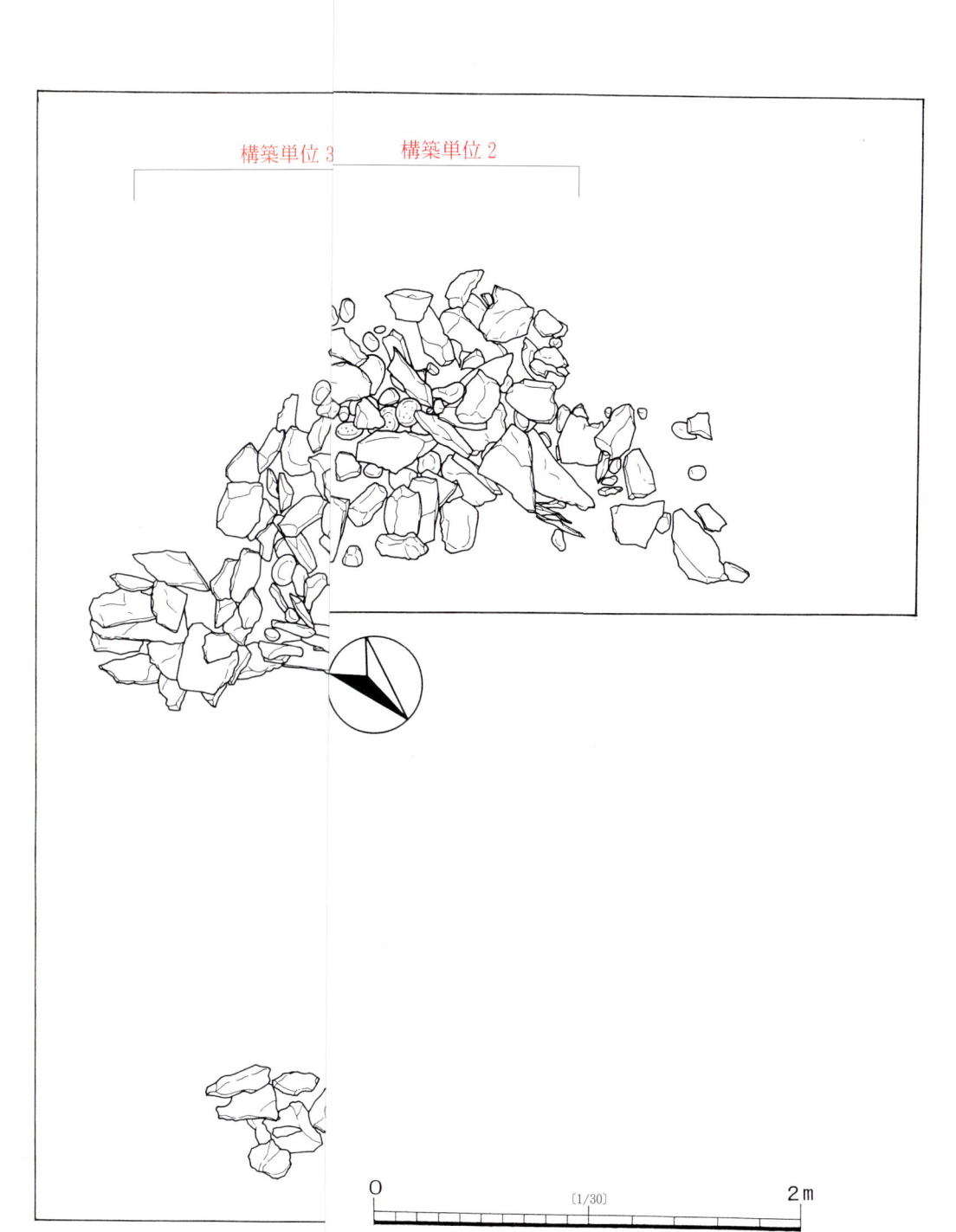

0　　　　　　　[1/30]　　　　　2m

第5号小祠

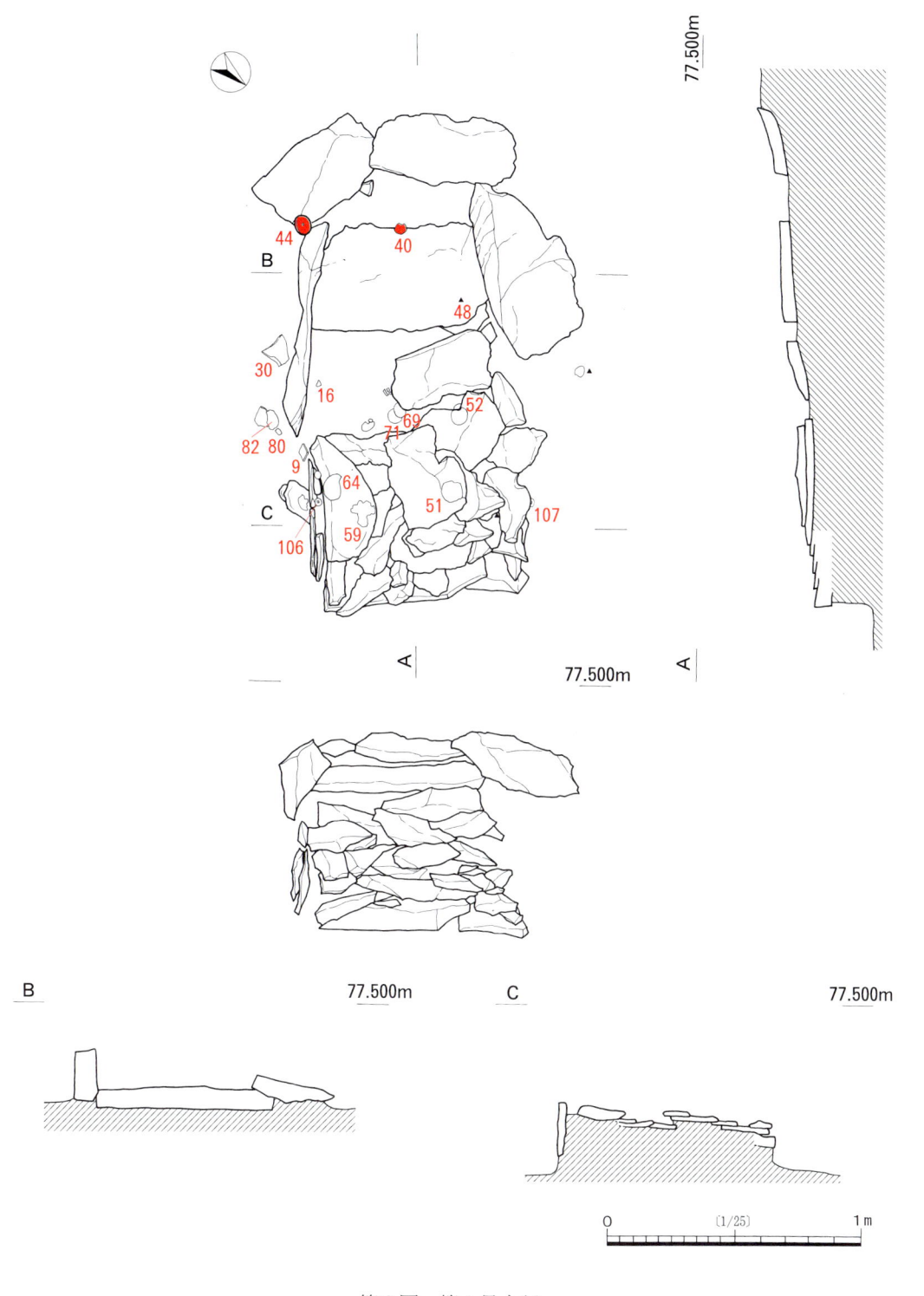

第 9 図　第 1 号小祠

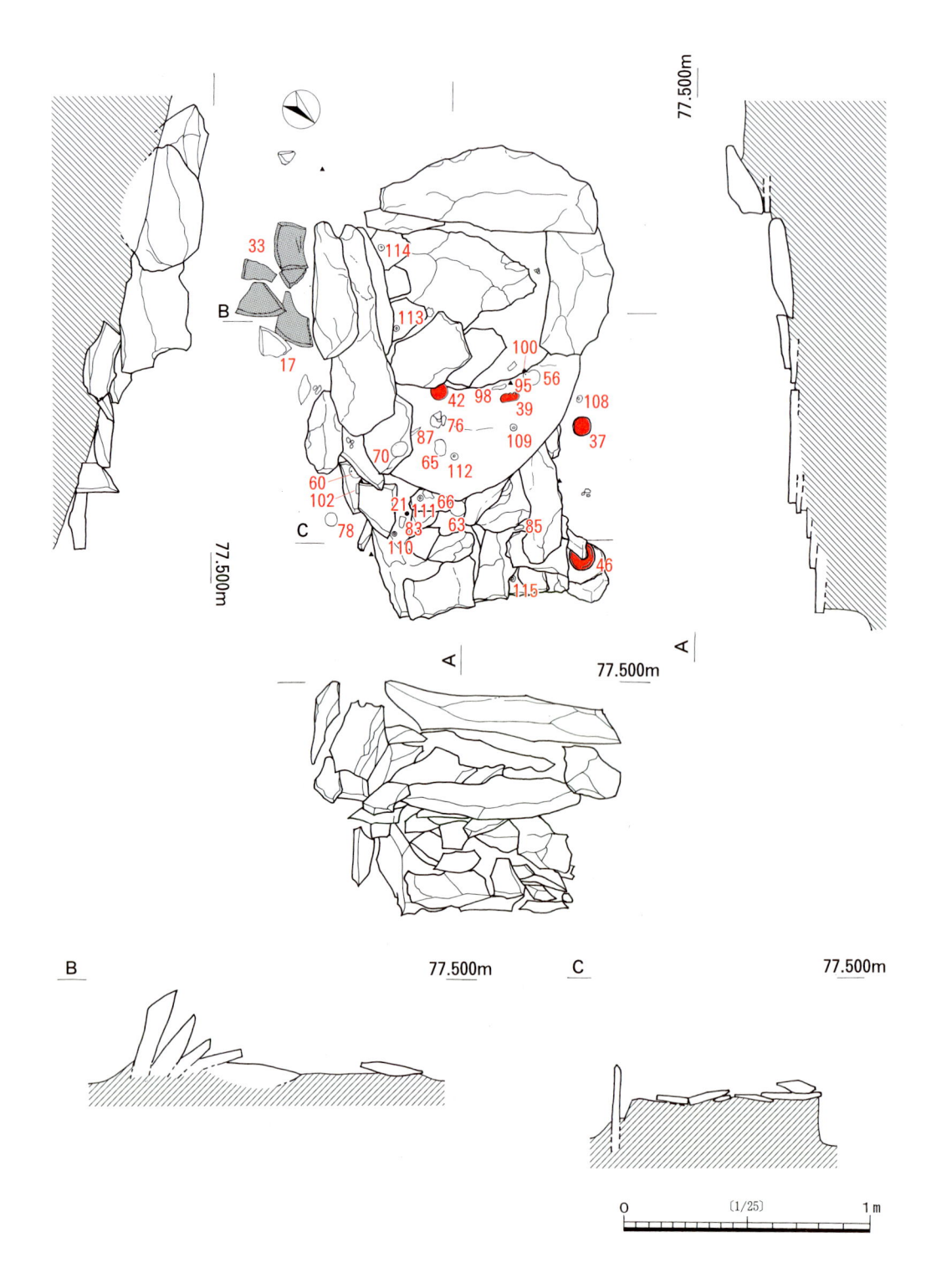

第10図 第2号小祠

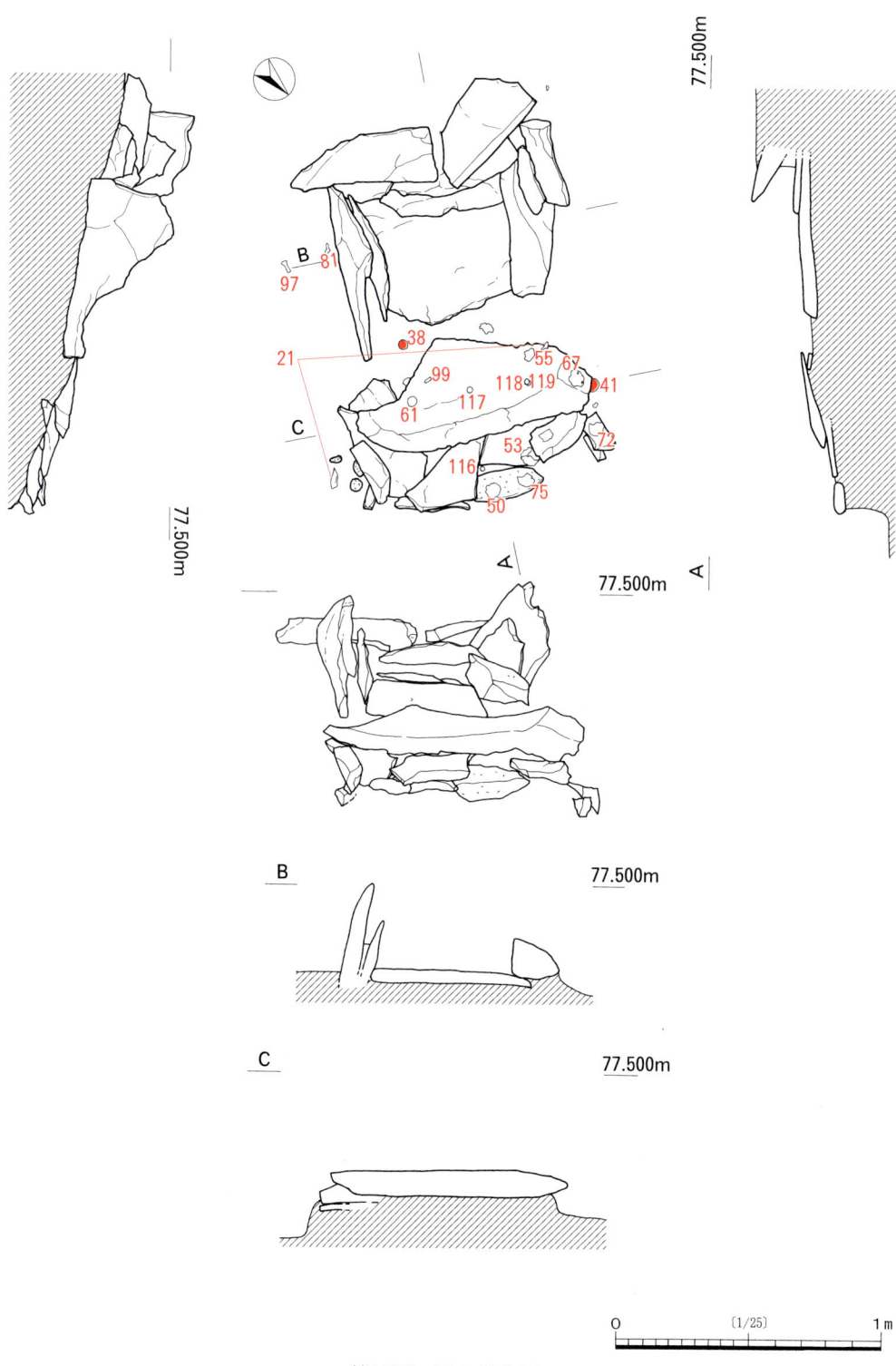

第11図　第3号小祠

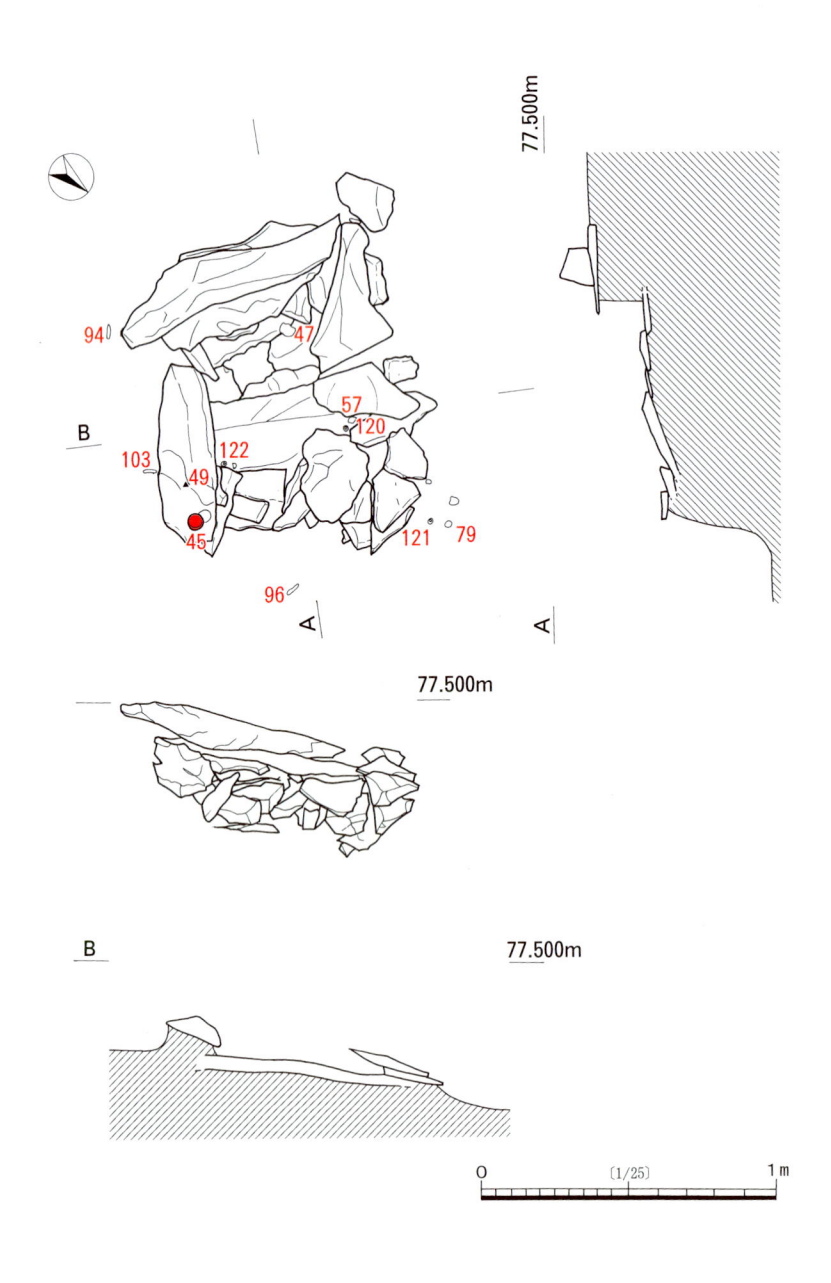

第12図 第4号小祠

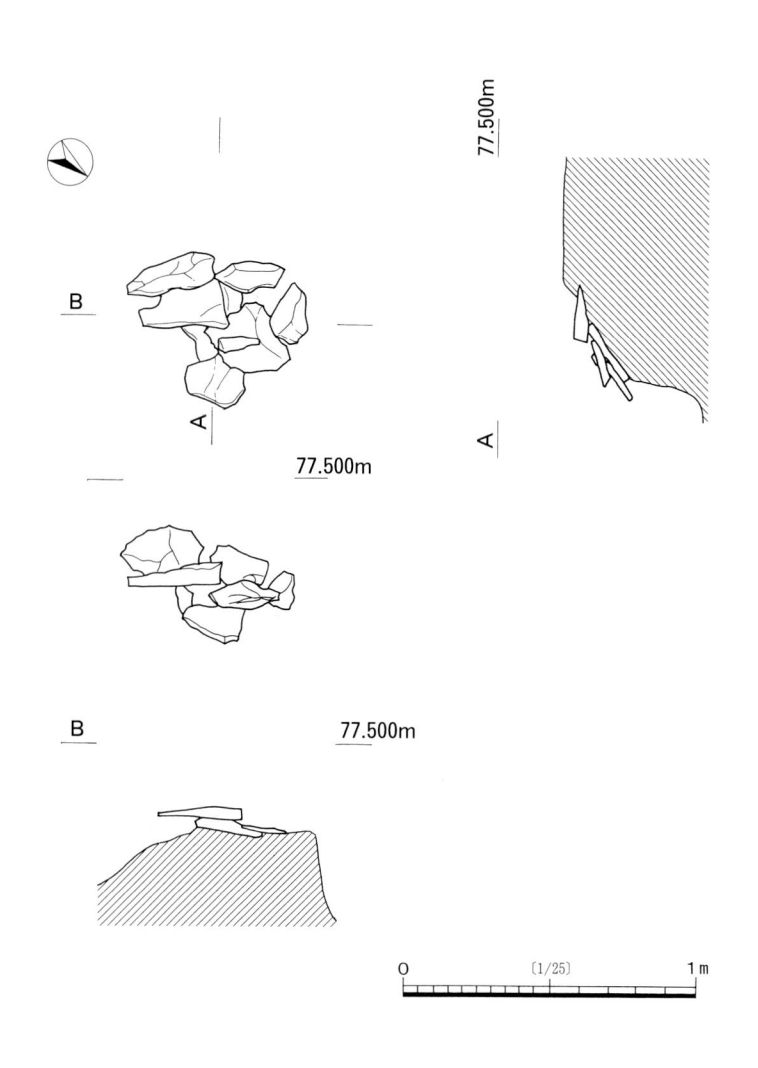

第13図　第5号小祠

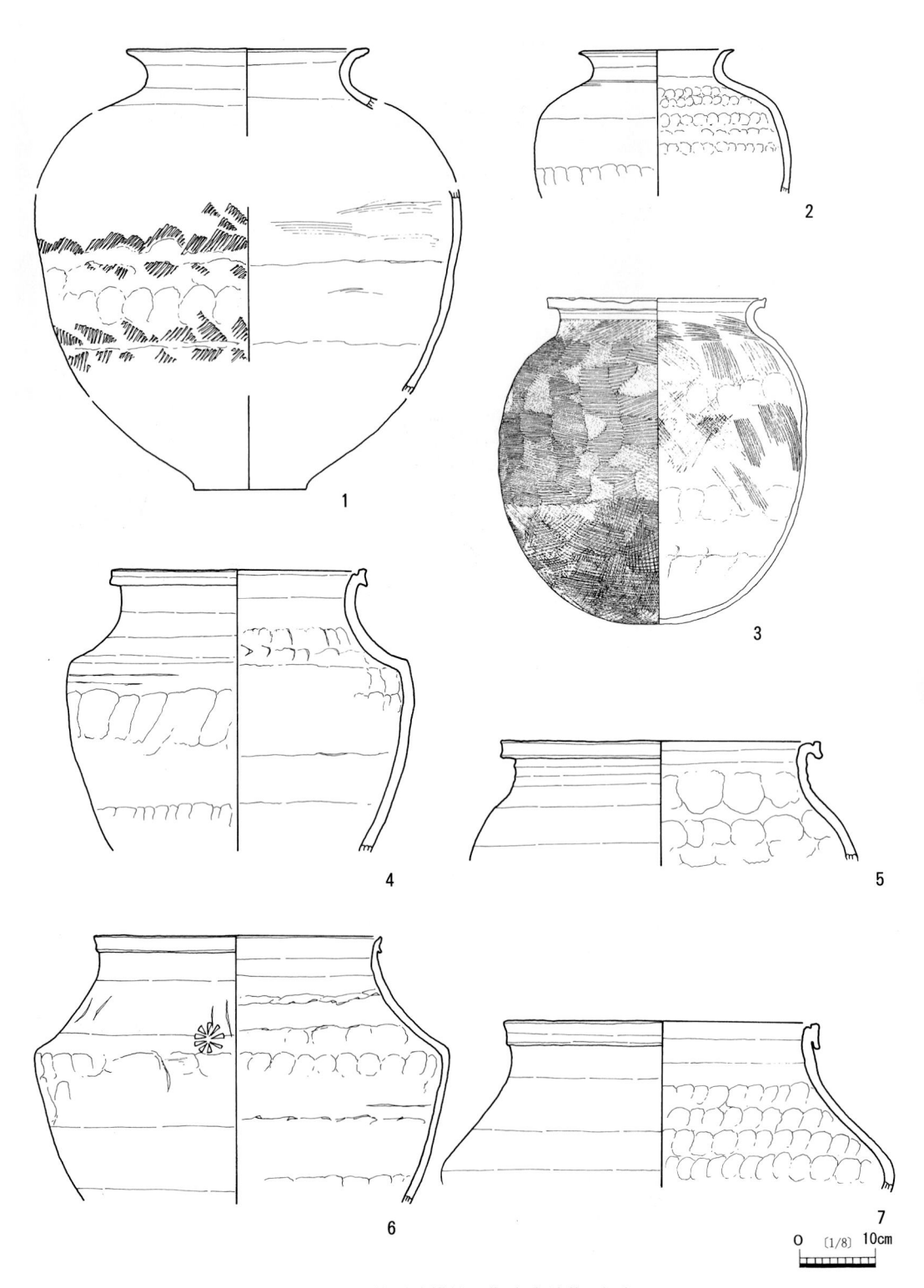

第14図　積石遺構第Ⅰ期出土遺物（1）

― 24 ―

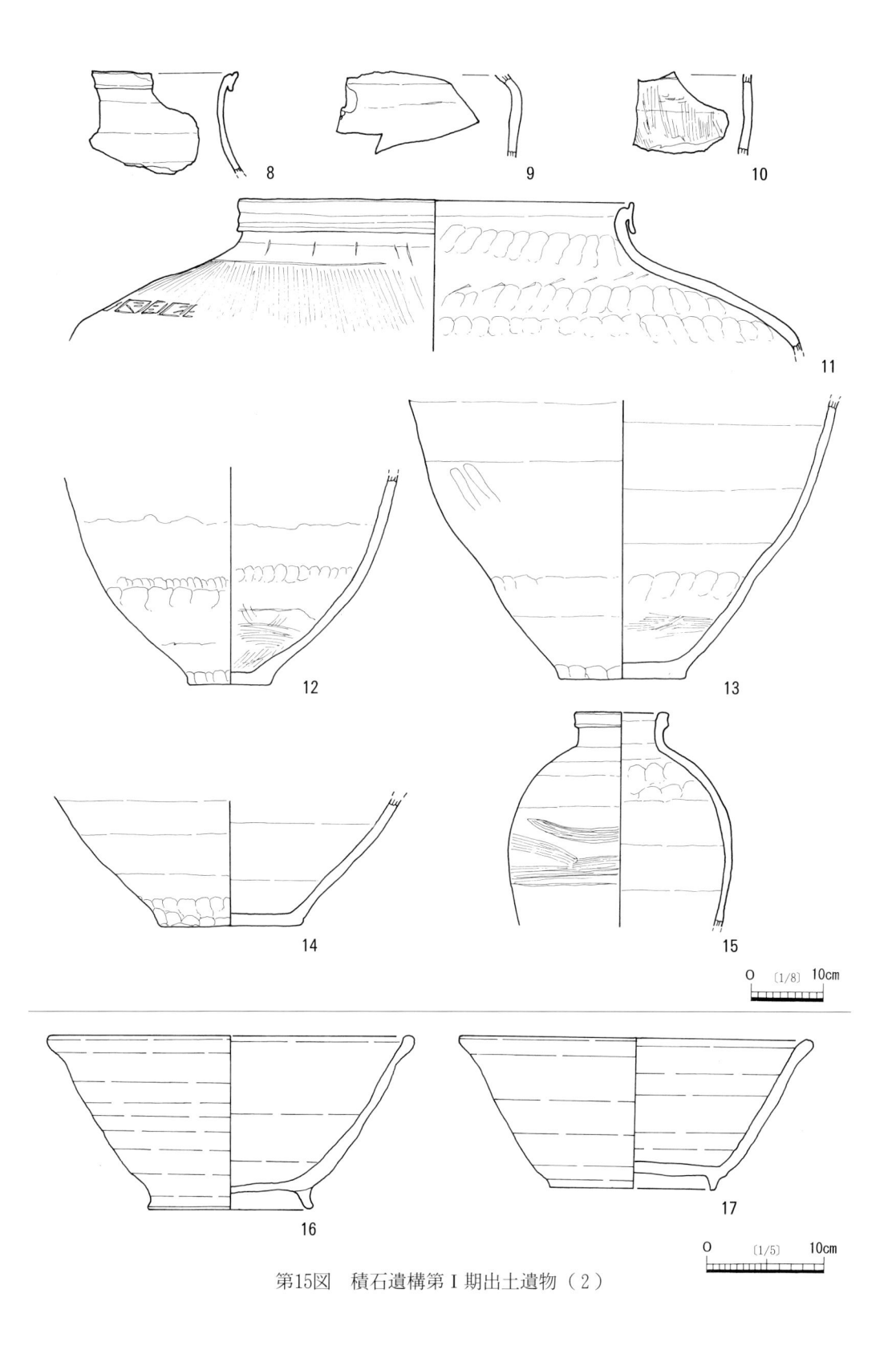

第15図　積石遺構第Ⅰ期出土遺物（2）

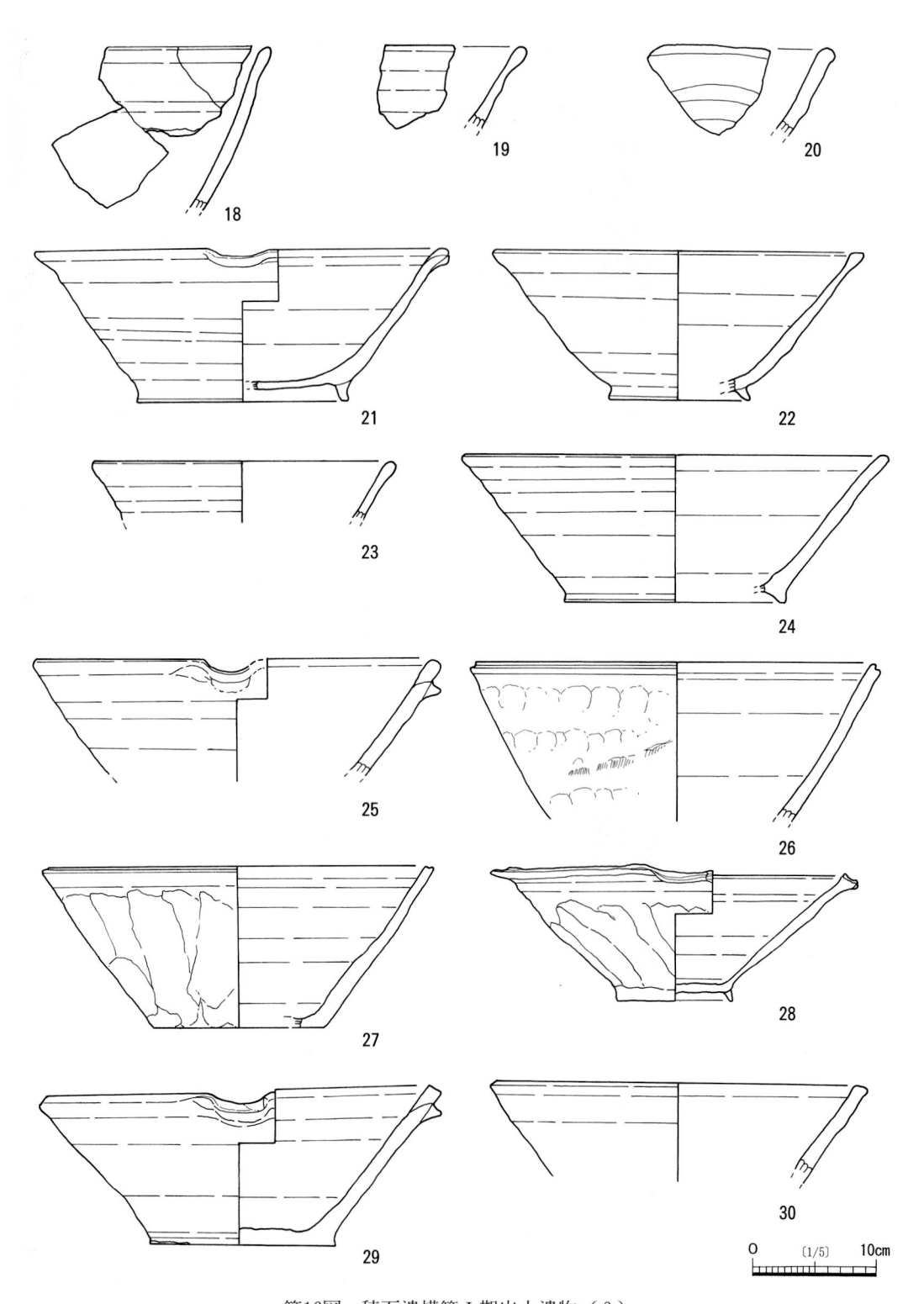

第16図　積石遺構第Ⅰ期出土遺物（3）

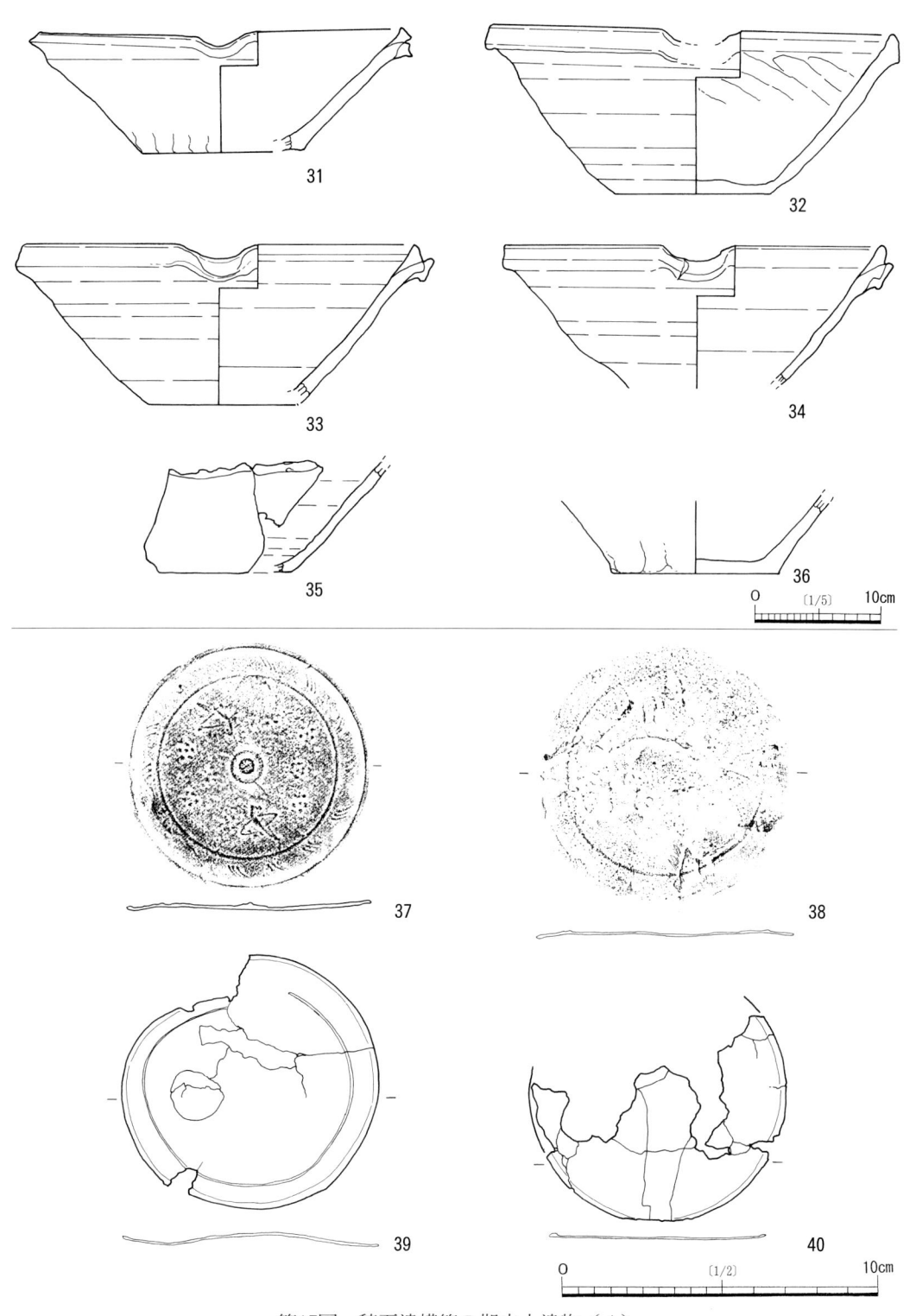

第17図　積石遺構第Ⅰ期出土遺物（4）

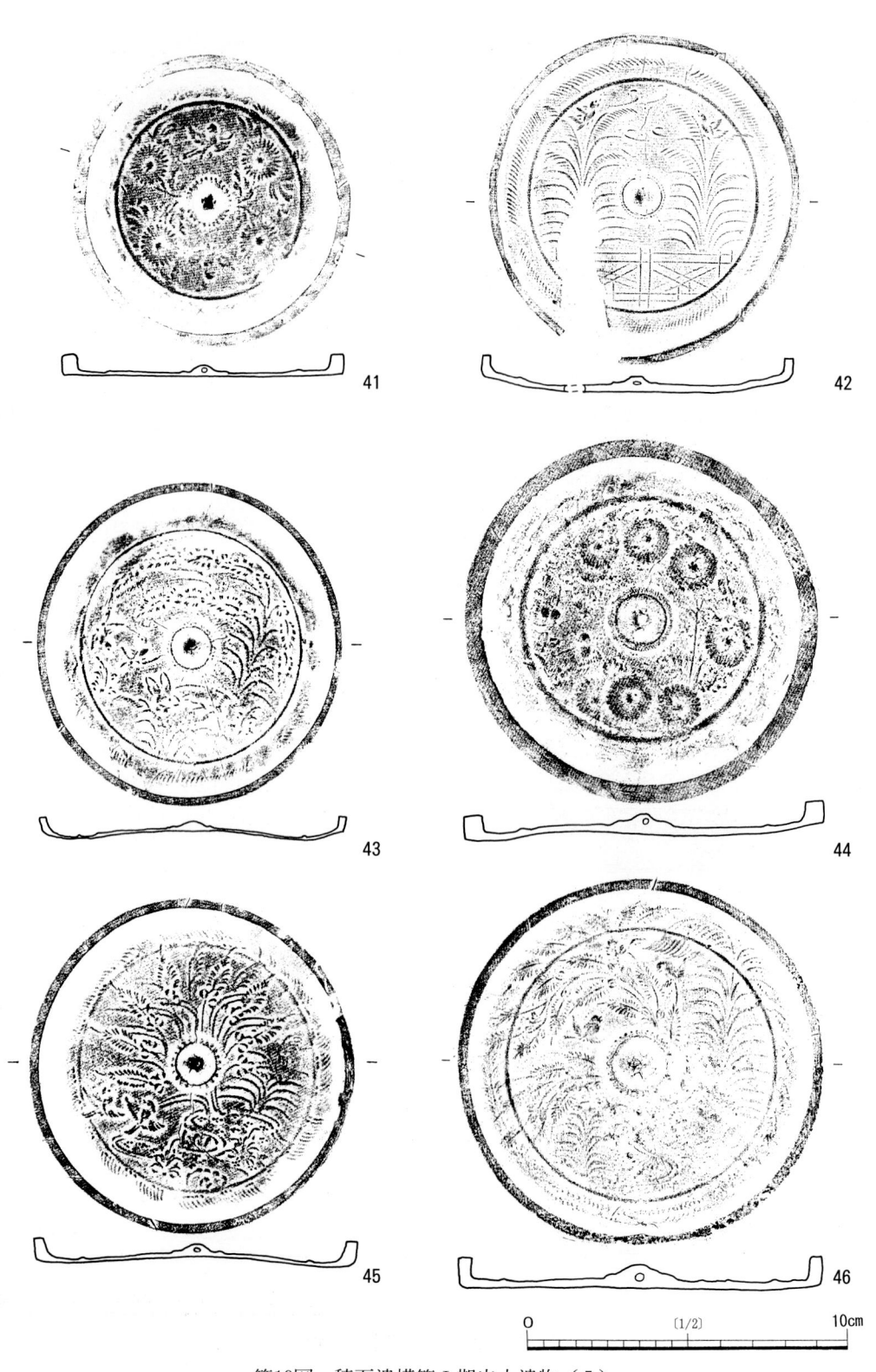

第18図　積石遺構第Ⅰ期出土遺物（5）

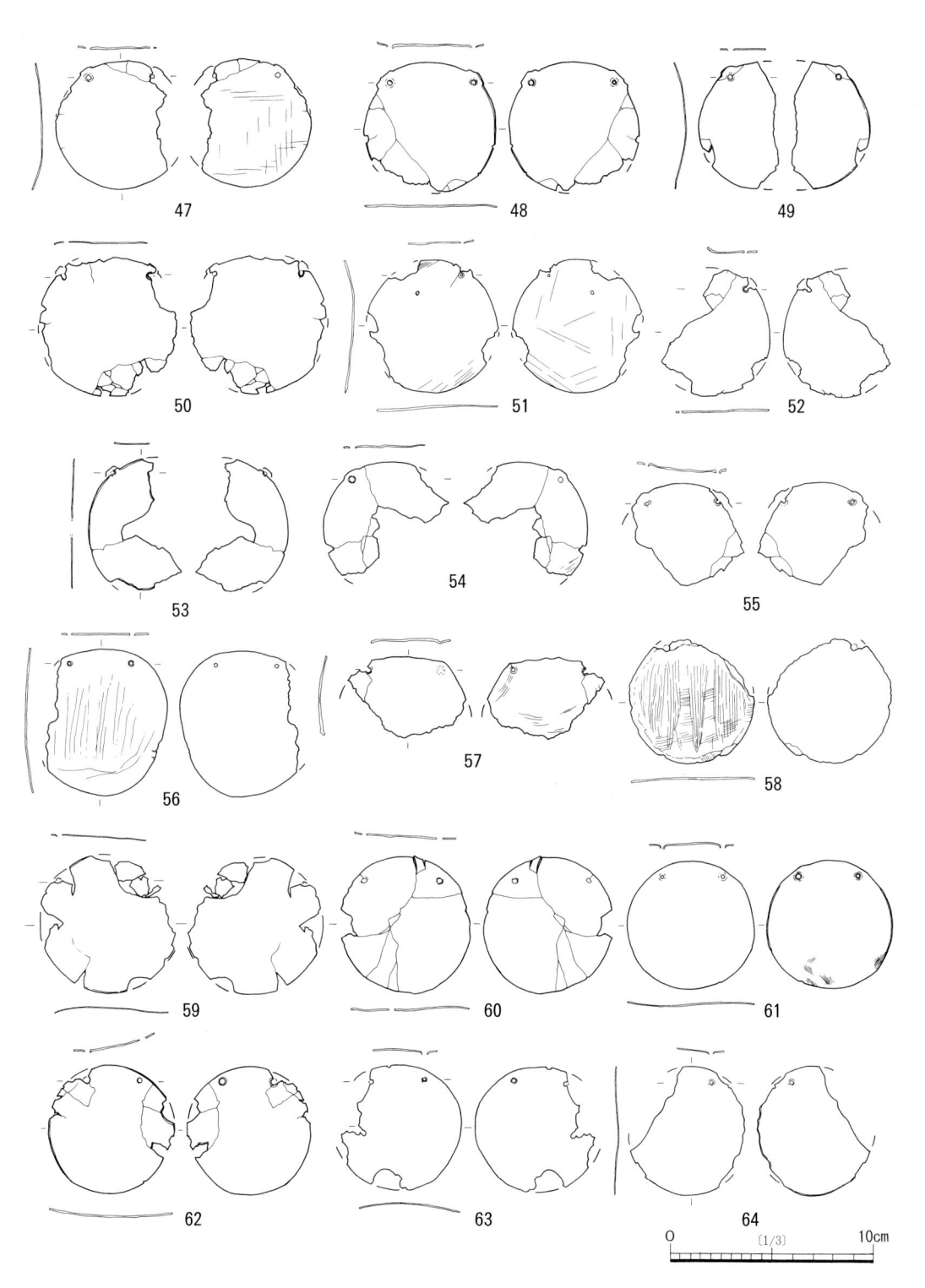

第19図　積石遺構第Ⅰ期出土遺物（6）

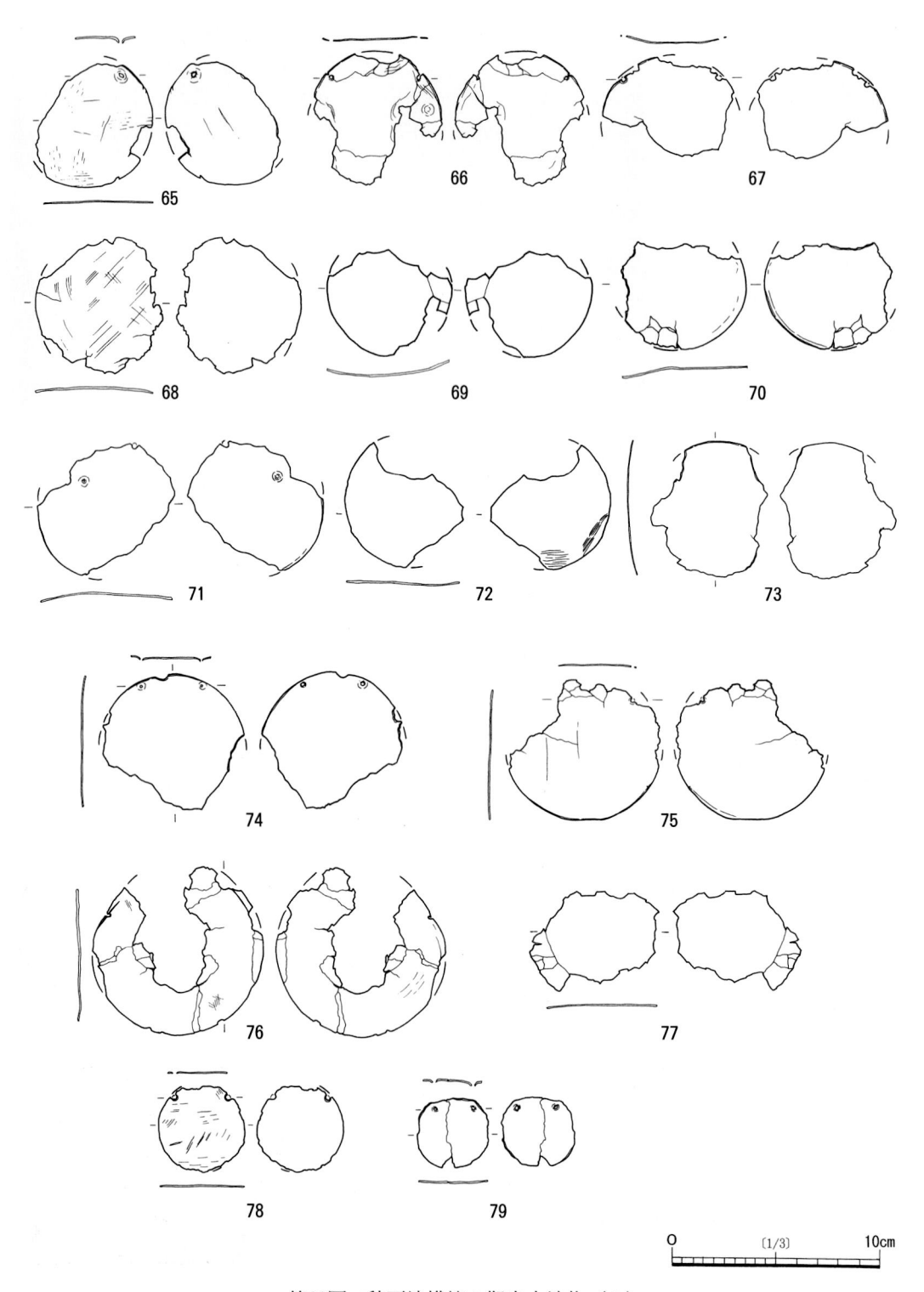

第20図　積石遺構第Ⅰ期出土遺物（7）

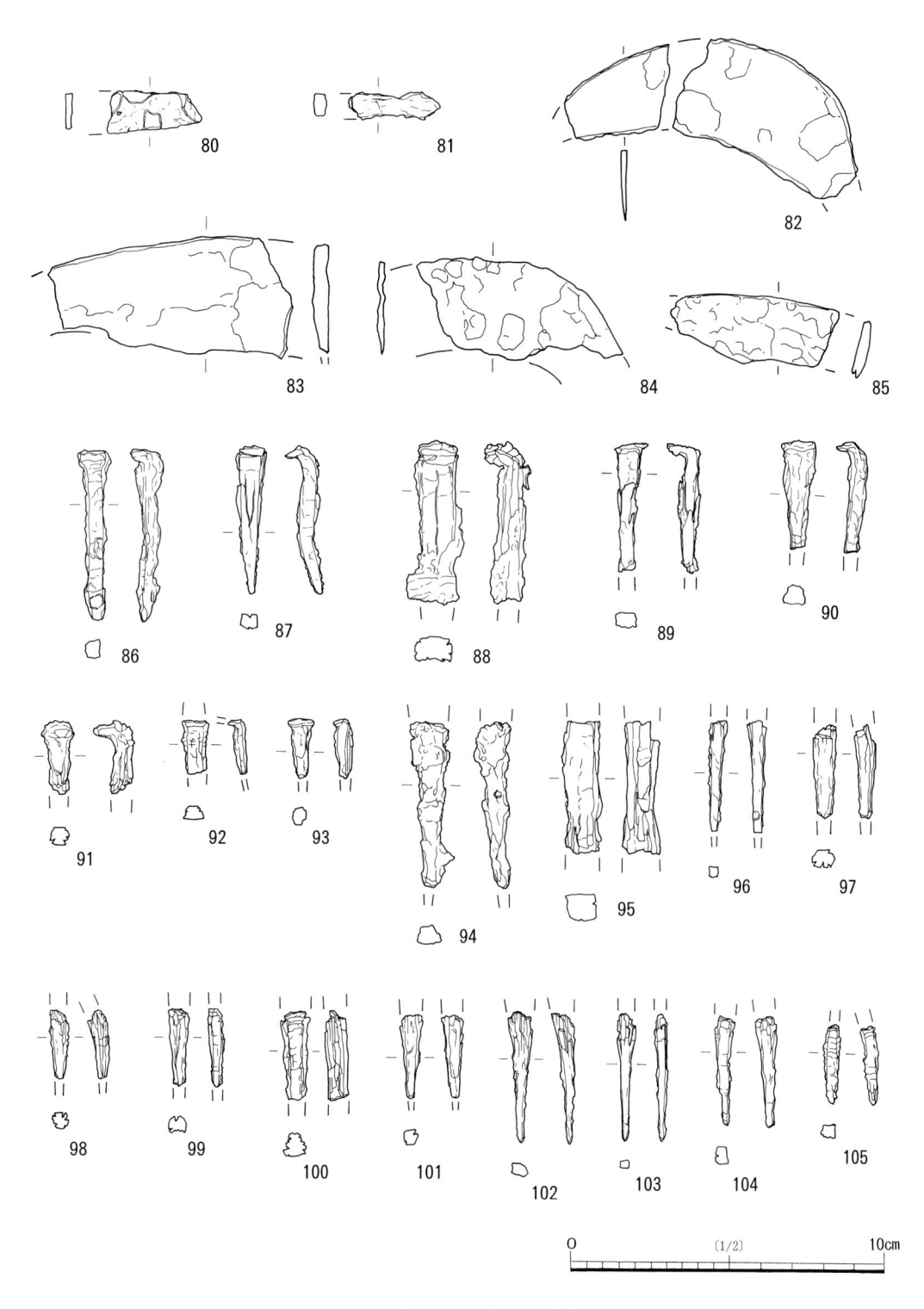

第21図　積石遺構第Ⅰ期出土遺物（8）

第2表　積石遺構第Ⅰ期遺物観察表

図版番号	種類	観察事項
第14図1	甕	材質炻器　法量口径32.0cm　胴径55.8cm　重量2800.0ｇ　成形紐作り　形状口縁広口形　外面特徴敲き目が巡る　内面特徴輪積痕・部分的にハケメ　胎土・色調灰褐色　製作地渥美　製作年代12世紀　遺存3割　備考第15図12と同一個体の可能性高い
第14図2	甕	材質炻器　法量口径40.3cm　胴径33.1cm　残高17.5cm　重量1500.0ｇ　成形紐作り　形状口縁広口形　内面特徴掌部による圧痕　胎土・色調暗赤褐色　製作地常滑　製作年代12世紀後半　遺存6割
第14図3	甕	材質炻器　法量口径28.7cm　胴径40.2cm　底径6.3cm　残高41.3cm　重量4972.0ｇ　成形紐作り　形状口縁N字形　外面特徴敲き目　内面特徴掌部による圧痕・ハケメ　胎土・色調暗灰褐色　製作地東播系　製作年代13世紀　遺存8割
第14図4	甕	材質炻器　法量口径33.5cm　胴径45.4cm　残高36.5cm　重量2900.0ｇ　成形紐作り　形状口縁N字形　外面特徴ヘラケズリ・ハケメ顕著　内面特徴ヘラケズリ・掌部による圧痕　胎土・色調褐色　製作地常滑　製作年代13世紀後半　遺存2割
第14図5	甕	材質炻器　法量口径41.4cm　残高15.0cm　重量710.0ｇ　成形紐作り　形状口縁N字形　胎土・色調暗灰色　製作地常滑　製作年代13世紀後半　遺存3割
第14図6	甕	材質炻器　法量口径38.0cm　胴径54.8cm　残高34.0cm　重量5100.0ｇ　成形紐作り　形状口縁N字形　外面特徴肩部に菊花紋印刻　内面特徴輪積み痕顕著・掌部による圧痕　胎土・色調暗褐色　製作地常滑　製作年代14世紀　遺存5割
第14図7	甕	材質炻器　法量口径40.4cm　胴径58.8cm　残高22.6cm　重量1960.0ｇ　成形紐作り　形状口縁N字形　内面特徴掌部による圧痕　胎土・色調暗灰色　製作地常滑　製作年代15世紀前半　遺存4割
第15図8	甕	材質炻器　法量残高13.2cm　重量390.0ｇ　成形紐作り　形状口縁N字形　胎土・色調赤褐色　製作地常滑　製作年代15世紀前半　遺存1割
第15図9	甕	材質炻器　法量残高10.9cm　重量310.0ｇ　成形紐作り　内面特徴指頭圧痕　胎土・色調赤褐色　製作地常滑　製作年代13世紀　遺存1割
第15図10	甕	材質炻器　法量残高7.7cm　重量104.3ｇ　成形紐作り　外面特徴一部沈線　胎土・色調赤褐色　製作地常滑　製作年代13世紀　遺存1割
第15図11	甕	材質炻器　法量口径54.0cm　残高19.0cm　重量3950.0ｇ　成形紐作り　形状口縁外帯形　外面特徴肩部にハケメ・浅い印刻紋　内面特徴掌部による圧痕　胎土・色調茶褐色　製作地常滑　製作年代15世紀前半　遺存3割
第15図12	甕	材質炻器　法量底径11.4cm　残高28.0cm　重量1640.0ｇ　成形紐作り　内面特徴見込み附近にハケメ顕著　胎土・色調灰褐色　製作地渥美　製作年代12世紀　遺存4割
第15図13	甕	材質炻器　法量底径17.2cm　残高37.0cm　重量4000.0ｇ　成形紐作り　外面特徴ハケメ顕著　内面特徴輪積痕　胎土・色調褐色　製作地常滑　遺存4割
第15図14	甕	材質炻器　法量底径19.2cm　残高17.0cm　重量3500.0ｇ　成形紐作り　胎土・色調赤褐色　製作地常滑　遺存3割
第15図15	大壺	材質炻器　法量口径12.8cm　胴径30.5cm　残高28.5cm　重量4300.0ｇ　成形紐作り　形状無耳壺　外面特徴胴部に横位のハケメ　内面特徴掌部による圧痕　胎土・色調褐色　製作地常滑　製作年代16世紀前半　遺存7割
第15図16	片口鉢	材質炻器　法量口径30.1cm　底径14.0cm　器高14.4cm　重量1500.0ｇ　成形紐作り　形状口縁玉縁形・付高台　外面特徴胴下部を回転ヘラケズリ　胎土・色調灰色　製作地渥美　製作年代12世紀　遺存7割
第15図17	片口鉢	材質炻器　法量口径30.0cm　底径13.9cm　器高12.5cm　重量1100.0ｇ　成形紐作り　形状口縁玉縁形・付高台　外面特徴胴下部を回転ヘラケズリ　胎土・色調灰色　製作地渥美　製作年代12世紀　遺存7割
第16図18	片口鉢	材質炻器　法量残高12.7cm　重量226.0ｇ　成形紐作り　形状口縁玉縁形　胎土・色調灰色　製作地渥美　製作年代12世紀　遺存2割
第16図19	片口鉢	材質炻器　法量残高6.5cm　重量64.3ｇ　成形紐作り　形状口縁玉縁形　胎土・色調明灰色　製作地渥美　製作年代12世紀　遺存1割

図版番号	種類	観察事項
第16図 20	片口鉢	材質炻器　法量残高7.0cm　重量88.4ｇ　成形紐作り　形状口縁玉縁形　胎土・色調灰色　製作地渥美　製作年代12～13世紀　遺存1割
第16図 21	片口鉢	材質炻器　法量口径33.3cm　底径16.0cm　器高12.1cm　重量1500.0ｇ　成形紐作り　形状口縁玉縁形・付高台　外面特徴胴下部を回転ヘラケズリ　胎土・色調暗灰色　製作地渥美　製作年代12世紀　遺存4割
第16図 22	片口鉢	材質炻器　法量口径30.0cm　底径11.4cm　器高11.7cm　重量340.0ｇ　成形紐作り　形状口縁玉縁形・付高台　外面特徴胴下部を回転ヘラケズリ　胎土・色調暗灰白色　製作地渥美　製作年代12世紀　遺存2割
第16図 23	片口鉢	材質炻器　法量口径24.6cm　残高4.7cm　重量55.1ｇ　成形紐作り　形状口縁玉縁形　胎土・色調灰白色　製作地渥美　製作年代12～13世紀　遺存1割
第16図 24	片口鉢	材質炻器　法量口径35.4cm　底径17.6cm　器高11.7cm　重量360.0ｇ　成形紐作り　形状口縁無装飾形・付高台　外面特徴胴下部を回転ヘラケズリ　胎土・色調暗灰色　製作地渥美　製作年代13世紀　遺存2割
第16図 25	片口鉢	材質炻器　法量口径33.0cm　残高9.1cm　重量550.0ｇ　成形紐作り　形状口縁無装飾形　胎土・色調灰色　製作地常滑　製作年代13世紀後半　遺存3割
第16図 26	片口鉢	材質炻器　法量口径33.0cm　残高12.5cm　重量860.0ｇ　成形紐作り　形状口縁凹形　胎土・色調薄橙色・暗灰色　製作地常滑　製作年代13世紀後半　遺存4割
第16図 27	片口鉢	材質炻器　法量口径31.8cm　底径13.9cm　器高12.7cm　重量550.0ｇ　成形紐作り　形状口縁凹形　胎土・色調茶褐色　製作地常滑　製作年代13世紀後半～14世紀前半　遺存3割
第16図 28	片口鉢	材質炻器　法量口径29.3cm　底径8.5cm　器高10.8cm　重量1000.0ｇ　成形紐作り　形状口縁Ｔ字形・付高台　胎土・色調灰白色　製作地瀬戸　製作年代14世紀　遺存8割
第16図 29	片口鉢	材質炻器　法量口径32.5cm　底径15.0cm　器高12.7cm　重量2180.0ｇ　成形紐作り　形状口縁無装飾形・三口　胎土・色調褐色　製作地常滑　製作年代14世紀　遺存8割
第16図 30	片口鉢	材質炻器　法量口径30.4cm　残高7.5cm　重量176.9ｇ　成形紐作り　形状口縁無装飾形　胎土・色調暗褐色　製作地常滑　製作年代14世紀　遺存2割
第17図 31	片口鉢	材質炻器　法量口径29.8cm　底径12.7cm　器高9.4cm　重量1110.0ｇ　成形紐作り　形状口縁Ｔ字形　胎土・色調暗褐色　製作地常滑　製作年代15世紀後半　遺存8割
第17図 32	片口鉢	材質炻器　法量口径32.5cm　底径12.1cm　器高13.1cm　重量1450.0ｇ　成形紐作り　形状口縁外帯形　胎土・色調灰色　製作地関西系　製作年代16世紀　遺存5割
第17図 33	片口鉢	材質炻器　法量口径32.0cm　底径11.5cm　器高12.4cm　重量1860.0ｇ　成形紐作り　形状口縁外帯形　胎土・色調灰色　製作地関西系　製作年代16世紀　遺存6割
第17図 34	片口鉢	材質炻器　法量口径30.0cm　底径10.6cm　器高11.6cm　重量1650.0ｇ　成形紐作り　形状口縁外帯形　胎土・色調灰色　製作地関西系　製作年代16世紀　遺存7割
第17図 35	片口鉢	材質炻器　法量残高8.8cm　重量178.2ｇ　成形紐作り　胎土・色調暗灰色　製作地関西系　製作年代16世紀　遺存1割
第17図 36	片口鉢	材質炻器　法量底径13.0cm　残高5.8cm　重量390.0ｇ　成形紐作り　胎土・色調暗褐色　製作地常滑　遺存3割
第17図 37	鏡	材質青銅　法量鏡面径8.7cm　背面径8.75cm　縁高0.1cm　縁巾0.15cm　重量14.9ｇ　名称山吹散双雀鏡　縁式蒲鉾式細縁　界圏単圏細線　鈕式戴頭円盤形素鈕　製作年代12世紀前半～中頃
第17図 38	鏡	材質青銅　法量鏡面径8.1cm　背面径8.1cm　縁高0.1cm　縁巾0.2cm　重量10.2ｇ　名称草紋鏡　縁式無縁　界圏単圏細線　鈕式無鈕　製作年代12世紀後半　備考草葉紋が残存・非常に薄手
第17図 39	鏡	材質青銅　法量鏡面径9.0cm　背面径9.0cm　縁高0.15cm　縁巾0.3cm　重量11.7ｇ　名称儀鏡　縁式無縁　界圏単圏細線　鈕式無鈕　製作年代12世紀後半　備考無紋・非常に薄手
第17図 40	鏡	材質青銅　法量鏡面径8.2cm　背面径8.2cm　縁高0.1cm　縁巾0.33cm　重量4.3ｇ　名称儀鏡　縁式蒲鉾式微隆細縁　界圏無界圏　鈕式無鈕　製作年代12世紀後半　備考部分的に擦痕が残存・非常に薄手

図版番号	種類	観察事項
第18図 41	鏡	材質青銅　法量鏡面径8.8cm　背面径8.9cm　縁高0.62cm　縁巾0.5cm　重量104.4g　名称菊花散双雀鏡　縁式直角式太縁　界圏単圏中線　鈕式花蕊中隆鈕　製作年代12世紀後半
第18図 42	鏡	材質青銅　法量鏡面径9.4cm　背面径9.7cm　縁高0.7cm　縁巾0.35cm　重量54g　名称桧垣秋草双雀鏡　縁式外傾式中縁　界圏単圏中線　鈕式花蕊中隆鈕　製作年代12世紀後半　備考一部欠損、変形
第18図 43	鏡	材質青銅　法量鏡面径9.6cm　背面径9.8cm　縁高0.5cm　縁巾0.3cm　重量50.5g　名称秋草野兎蝶鳥鏡　縁式外傾式中縁　界圏単圏細線　鈕式花蕊中隆鈕　製作年代12世紀後半　備考鏡背構図は極めて希少
第18図 44	鏡	材質青銅　法量鏡面径11.15cm　背面径11.2cm　縁高0.8cm　縁巾0.7cm　重量170g　名称菊花双雀鏡　縁式直角式太縁　界圏単圏太線　鈕式花蕊中隆鈕　製作年代13世紀初頭
第18図 45	鏡	材質青銅　法量鏡面径10.0cm　背面径10.2cm　縁高0.68cm　縁巾0.55cm　重量111.5g　名称州浜秋草双雀鏡　縁式内傾式中縁　界圏単圏中線　鈕式花蕊中隆鈕　製作年代13世紀前半
第18図 46	鏡	材質青銅　法量鏡面径11.1cm　背面径11.25cm　縁高0.95cm　縁巾0.5cm　重量196g　名称秋草双雀鏡　縁式直角式中縁　界圏単圏中線　鈕式花蕊中隆鈕　製作年代13世紀中頃
第19図 47	双孔儀鏡	材質銅　法量直径6.2cm　厚0.05cm　重量7.3g　形状耳鈕付円形　規格大　孔の形状不整方形　穿孔方法鋲打ち片側穿孔　遺存9割
第19図 48	双孔儀鏡	材質銅　法量直径6.3cm　厚0.05cm　重量11.5g　形状耳鈕付円形　規格大　孔の形状不整方形　穿孔方法鋲打ち片側穿孔　遺存9割
第19図 49	双孔儀鏡	材質銅　法量直径5.8cm　厚0.05cm　重量5.5g　形状耳鈕付円形　規格大　孔の形状丸形　穿孔方法工具両面穿孔　遺存6割
第19図 50	双孔儀鏡	材質銅　法量直径6.6cm　厚0.05cm　重量8.6g　形状耳鈕付円形　規格大　孔の形状丸形　穿孔方法工具両面穿孔　遺存9割
第19図 51	双孔儀鏡	材質銅　法量直径6.15cm　厚0.05cm　重量9.7g　形状耳鈕付円形　規格大　孔の形状丸形　穿孔方法工具両面穿孔　遺存9割
第19図 52	双孔儀鏡	材質銅　法量直径6.0cm　厚0.05cm　重量5.1g　形状耳鈕付円形　規格大　孔の形状丸形　穿孔方法工具両面穿孔　遺存6割
第19図 53	双孔儀鏡	材質銅　法量直径6.8cm　厚0.05cm　重量4.3g　形状耳鈕付円形　規格大　孔の形状丸形　穿孔方法工具両面穿孔　遺存5割
第19図 54	双孔儀鏡	材質銅　法量直径6.0cm　厚0.03cm　重量5.3g　形状耳鈕付円形　規格大　孔の形状丸形　穿孔方法鋲打ち片側穿孔　遺存5割
第19図 55	双孔儀鏡	材質銅　法量直径3.15cm　厚0.1cm　重量5.5g　形状耳鈕付円形　規格中　孔の形状丸形　穿孔方法鋲打ち片側穿孔　遺存5割
第19図 56	双孔儀鏡	材質銅　法量直径6.85cm　厚0.08cm　重量17.4g　形状縦長楕円形　規格大　孔の形状丸形　穿孔方法工具両面穿孔　遺存9割
第19図 57	双孔儀鏡	材質銅　法量直径5.6cm　厚0.1cm　重量5.1g　形状上切円形　規格大　孔の形状丸形　穿孔方法鋲打ち片側穿孔　遺存4割　備考右孔は未貫通
第19図 58	双孔儀鏡	材質銅　法量直径5.8cm　厚0.05cm　重量12.0g　形状円形　規格大　孔の形状丸形　穿孔方法工具両面穿孔　遺存9割
第19図 59	双孔儀鏡	材質銅　法量直径6.5cm　厚0.03cm　重量6.7g　形状円形　規格大　孔の形状丸形　穿孔方法鋲打ち片側穿孔　遺存8割
第19図 60	双孔儀鏡	材質銅　法量直径6.2cm　厚0.05cm　重量6.5g　形状円形　規格大　孔の形状不整方形　穿孔方法鋲打ち片側穿孔　遺存9割
第19図 61	双孔儀鏡	材質銅　法量直径6.0cm　厚0.05cm　重量13.7g　形状円形　規格大　孔の形状丸形　穿孔方法　鋲打ち片側穿孔　遺存完形

図版番号	種類	観察事項
第19図 62	双孔儀鏡	材質銅　法量直径6.0cm　厚0.04cm　重量8.4ｇ　形状円形　規格大　孔の形状丸形　穿孔方法工具両面穿孔　遺存9割
第19図 63	双孔儀鏡	材質銅　法量直径6.0cm　厚0.05cm　重量6.3ｇ　形状円形　規格大　孔の形状丸形　穿孔方法鋲打ち片側穿孔　遺存8割
第19図 64	双孔儀鏡	材質銅　法量直径6.0cm　厚0.05cm　重量6.7ｇ　形状円形　規格大　孔の形状丸形　穿孔方法鋲打ち片側穿孔　遺存8割
第20図 65	双孔儀鏡	材質銅　法量直径6.2cm　厚0.08cm　重量11.5ｇ　形状円形　規格大　孔の形状不整方形　穿孔方法鋲打ち片側穿孔　遺存7割
第20図 66	双孔儀鏡	材質銅　法量直径6.5cm　厚0.08cm　重量5.3ｇ　形状円形　規格大　孔の形状不整方形　穿孔方法鋲打ち片側穿孔　遺存6割
第20図 67	双孔儀鏡	材質銅　法量直径3.5cm　厚0.05cm　重量6.1ｇ　形状円形　規格中　孔の形状丸形　穿孔方法鋲打ち片側穿孔　遺存5割
第20図 68	双孔儀鏡	材質銅　法量直径7.0cm　厚0.05cm　重量7.6ｇ　形状円形　規格大　遺存8割
第20図 69	双孔儀鏡	材質銅　法量直径6.0cm　厚0.05cm　重量8.6ｇ　形状円形　規格大　遺存6割
第20図 70	双孔儀鏡	材質銅　法量直径6.6cm　厚0.04cm　重量7.9ｇ　形状円形　規格大　遺存7割
第20図 71	双孔儀鏡	材質銅　法量厚0.1cm　重量10.7ｇ　形状円形　規格大　孔の形状丸形　穿孔方法鋲打ち片側穿孔　遺存6割
第20図 72	双孔儀鏡	材質銅　法量直径6.2cm　厚0.1cm　重量9.1ｇ　形状円形　規格大　遺存7割
第20図 73	双孔儀鏡	材質銅　法量直径6.0cm　厚0.06cm　重量9.0ｇ　形状円形　規格大　遺存7割
第20図 74	双孔儀鏡	材質銅　法量直径7.0cm　厚0.08cm　重量16.3ｇ　形状円形　規格大　孔の形状丸形　穿孔方法鋲打ち片側穿孔　遺存7割
第20図 75	双孔儀鏡	材質銅　法量直径7.4cm　厚0.05cm　重量9.3ｇ　形状円形　規格大　孔の形状丸形　穿孔方法鋲打ち片側穿孔　遺存7割
第20図 76	双孔儀鏡	材質銅　法量直径8.0cm　厚0.03cm　重量7.1ｇ　形状円形　規格大　遺存7割
第20図 77	双孔儀鏡	材質銅　法量厚0.05cm　重量7.2ｇ　規格大　遺存6割
第20図 78	双孔儀鏡	材質銅　法量直径4.4cm　厚0.05cm　重量3.7ｇ　形状円形　規格中　孔の形状丸形　穿孔方法工具両面穿孔　遺存9割
第20図 79	双孔儀鏡	材質銅　法量直径3.4cm　厚0.08cm　重量2.4ｇ　形状隅丸方形　規格中　孔の形状不整方形　穿孔方法鋲打ち片側穿孔　遺存9割
第21図 80	刀子	材質鉄　法量長3.0cm　幅1.1cm　厚0.2cm　重量2.7ｇ　形状刀型　遺存部位基部
第21図 81	刀子	材質鉄　法量長2.9cm　幅0.7cm　厚0.4cm　重量1.8ｇ　形状刀型　遺存部位基部
第21図 82	鎌	材質鉄　法量長9.1cm　幅2.2cm　厚0.15cm　重量21.3ｇ　遺存部位刃～基部
第21図 83	鎌	材質鉄　法量長7.6cm　幅3.3cm　厚0.5cm　重量29.9ｇ　遺存部位刃部
第21図 84	鎌	材質鉄　法量長6.5cm　幅2.85cm　厚0.3cm　重量9.7ｇ　遺存部位刃部
第21図 85	鎌	材質鉄　法量長5.3cm　幅1.9cm　厚4.5cm　重量8.7ｇ　遺存部位刃部

図版番号	種類	観察事項
第21図86	釘	材質鉄　法量長5.3cm　幅0.5cm　厚0.6cm　重量4.1g　遺存部位完形
第21図87	釘	材質鉄　法量長4.6cm　幅0.5cm　厚0.5cm　重量3.4g　遺存部位完形
第21図88	釘	材質鉄　法量長5.1cm　幅1.1cm　厚0.8cm　重量13.5g　遺存部位頭～胴部
第21図89	釘	材質鉄　法量長3.9cm　幅0.6cm　厚0.4cm　重量2.6g　遺存部位頭～胴部
第21図90	釘	材質鉄　法量長3.4cm　幅0.6cm　厚0.6cm　重量3.3g　遺存部位頭～胴部
第21図91	釘	材質鉄　法量長2.3cm　幅0.6cm　厚0.55cm　重量2.1g　遺存部位頭～胴部
第21図92	釘	材質鉄　法量長1.7cm　幅0.7cm　厚0.4cm　重量0.9g　遺存部位頭～胴部
第21図93	釘	材質鉄　法量長1.9cm　幅0.4cm　厚0.5cm　重量1.1g　遺存部位頭～胴部
第21図94	釘	材質鉄　法量長5.1cm　幅0.7cm　厚0.6cm　重量5.6g　遺存部位胴部
第21図95	釘	材質鉄　法量長4.1cm　幅1.0cm　厚0.8cm　重量9.5g　遺存部位胴部
第21図96	釘	材質鉄　法量長3.4cm　幅0.3cm　厚0.3cm　重量1.3g　遺存部位胴～先端部
第21図97	釘	材質鉄　法量長2.9cm　幅0.7cm　厚0.6cm　重量1.9g　遺存部位胴部
第21図98	釘	材質鉄　法量長2.2cm　幅0.5cm　厚0.5cm　重量1.0g　遺存部位胴部
第21図99	釘	材質鉄　法量長2.4cm　幅0.6cm　厚0.5cm　重量9.5g　遺存部位胴部
第21図100	釘	材質鉄　法量長2.8cm　幅0.7cm　厚0.7cm　重量2.5g　遺存部位胴部
第21図101	釘	材質鉄　法量長2.1cm　幅0.5cm　厚0.4cm　重量1.3g　遺存部位胴～先端部
第21図102	釘	材質鉄　法量長4.1cm　幅0.5cm　厚0.4cm　重量1.2g　遺存部位胴～先端部
第21図103	釘	材質鉄　法量長3.9cm　幅0.3cm　厚0.2cm　重量1.0g　遺存部位胴～先端部
第21図104	釘	材質鉄　法量長3.4cm　幅0.4cm　厚0.5cm　重量1.4g　遺存部位胴～先端部
第21図105	釘	材質鉄　法量長2.5cm　幅0.4cm　厚0.4cm　重量0.8g　遺存部位胴～先端部
第9図106	銭貨	材質銅　銭貨名開元通寳　書体K　初鋳年621　重量2.1g
第9図107	銭貨	材質銅　銭貨名元祐通寳　書体G　初鋳年1086　重量2.8g　備考鋳曲がり
第10図108	銭貨	材質銅　銭貨名嘉祐通寳　書体K　初鋳年1056　重量2.1g　備考裏面粗雑　拓本図第63図15
第10図109	銭貨	材質銅　銭貨名大観通寳　書体K　初鋳年1107　重量3.0g　備考鋳曲がり

図版番号	種類	観察事項
第10図 110	銭貨	材質銅　銭貨名至道元寶　書体G　初鋳年995　重量3.3ｇ　拓本図第63図3
第10図 111	銭貨	材質銅　銭貨名紹聖元寶　書体G　初鋳年1094　重量3.2ｇ
第10図 112	銭貨	材質銅　銭貨名元豊通寶　書体G　初鋳年1078　重量3.1ｇ
第10図 113	銭貨	材質銅　銭貨名政和通寶　書体T　初鋳年1111　重量3.3ｇ　拓本図第64図26
第10図 114	銭貨	材質銅　銭貨名熙寧元寶　書体T　初鋳年1068　重量2.2ｇ　備考大型
第10図 115	銭貨	材質銅　銭貨名元祐通寶　書体G　初鋳年1086　重量2.7ｇ　備考鋳穴・裏面凹凸ナシ
第11図 116	銭貨	材質銅　銭貨名大観通寶　書体K　初鋳年1107　重量3.6ｇ　拓本図第64図25
第11図 117	銭貨	材質銅　銭貨名皇宋通寶　書体T　初鋳年1038　重量2.1ｇ
第11図 118	銭貨	材質銅　銭貨名嘉祐通寶　書体T　初鋳年1056　重量3.5ｇ　備考孔ずれ　拓本図第63図14
第11図 119	銭貨	材質銅　銭貨名元祐通寶　書体G　初鋳年1086　重量3.4ｇ　備考星孔
第12図 120	銭貨	材質銅　銭貨名大観通寶　書体K　初鋳年1107　重量3.0ｇ　備考模鋳銭？　拓本図第64図43
第12図 121	銭貨	材質銅　銭貨名咸平元寶　書体K　初鋳年998　重量2.8ｇ　備考孔ずれ　拓本図第63図4
第12図 122	銭貨	材質銅　銭貨名咸平元寶　書体K　初鋳年998　重量2.5ｇ　備考裏面凹凸弱い
第8図 123	銭貨	材質銅　銭貨名皇宋通寶　書体K　初鋳年1038　重量2.7ｇ
124	銭貨	材質銅　銭貨名不明　重量1.4ｇ　備考模鋳銭？　拓本図第64図38
125	銭貨	材質銅　銭貨名無文銭　重量3.2ｇ　拓本図第63図37
126	銭貨	材質銅　銭貨名熙寧元寶　書体T　初鋳年1068　重量2.6ｇ
127	銭貨	材質銅　銭貨名開元通寶　書体K　初鋳年621　重量1.4ｇ

（2）積石遺構第Ⅱ期（第22・23図）

　第Ⅳ～Ⅴ層より検出された遺構面である。第Ⅰ期で造営された小祠群が半埋没し玉石が敷設され始め、積石部にも板石・玉石が増築される。第Ⅰ期から第Ⅲ期への過渡期の遺構面と判断し、積石遺構第Ⅱ期とした。

　出土遺物は第Ⅰ期に比較し種類を増して、瀬戸・美濃系の陶器を少量ながらも伴出するようになる（第3表）。これら器類の生産年代は13～17世紀と幅広いが、特に15世紀に盛期が指摘される（第13表）。金属製品に関しては組成・比率は第Ⅰ期と類似するが、銭貨に関しては出土点数が99点と非常に増加する。鏡は3面とやや少ない。

　第Ⅱ期の出土遺物年代に第Ⅰ期の廃絶時期を考慮すると、第Ⅱ期の形成年代は16世紀半ばの短期間であったと推定される。

積石部

　規模・平面形は第Ⅰ期から大きな変化は見受けられない。ただし、調査区中央付近では板石・玉石が更に積重ねられ、頂部は海抜78.1m程を測る。

　積石部からの出土遺物は極めて少ない。ただし、積石部と前庭部の中間より出土している鏡3面（第26図24～26）に関しては、その出土状態・位置から推測して積石部に伴っていた可能性が非常に高い。

小祠群

　第Ⅱ期に於いては、小祠群の隙間・直上に小型板石や拳大の玉石が敷設されていく。小祠群は半埋没した様相を呈するが、小祠の構造・輪郭は不明瞭ながらも残存させている。遺構面の海抜は77.2～77.3m程を測る。

　遺物の出土状況は、第Ⅰ期とほぼ類似する。即ち小祠の内奥部に於ける遺物量は非常に少ないのに比較して、テラス状張出部には双孔儀鏡・銭貨が密集して出土している。また、小祠と小祠の合間には常滑産の甕（第24図6）・壺（第25図7・8）・片口鉢（第25図10）・盤（第25図16）などの大型器類が設置されている。こうした第Ⅰ期と第Ⅱ期の出土状況の近似性からは、小祠群は半埋没してはいるものの完全には機能を失っておらず、第Ⅰ期の供献品組成・奉献場所などの祭祀所作が残存していたことが窺われる。ただし、鏡が共伴しないことは注意すべき相違点である。

第3表　積石遺構第Ⅱ期遺物組成表

材質	種類	出土点数
炻器・陶器	甕	6
	壺	3
	鉢	6
	盤	1
	碗	3
	小皿	1
	水注	1
	瓶	2
金属	鏡	3
	双孔儀鏡	32
	刀子	5
	釘	23
	銭貨	99

（須藤友章）

[1/30]

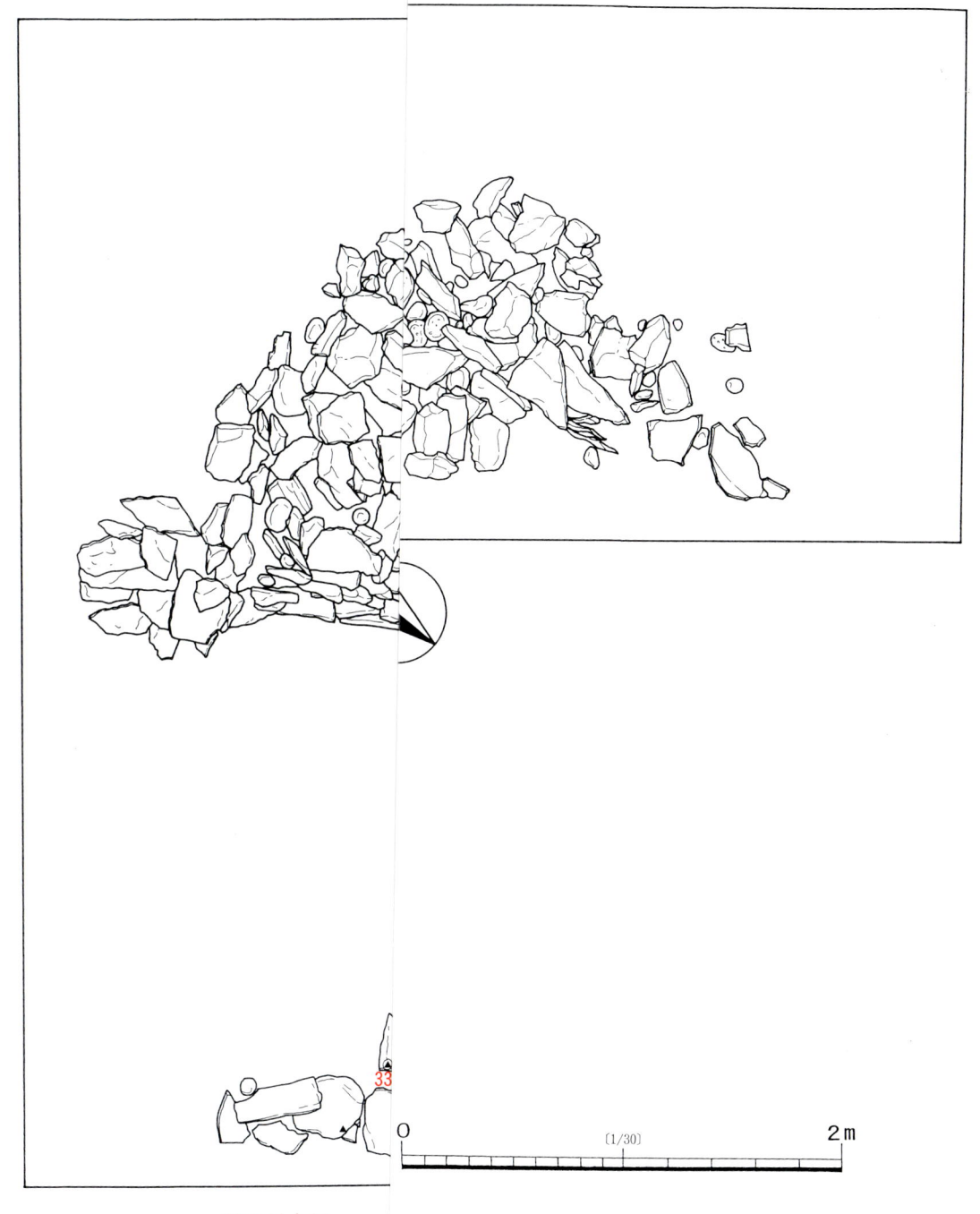

2 m

第5号小祠

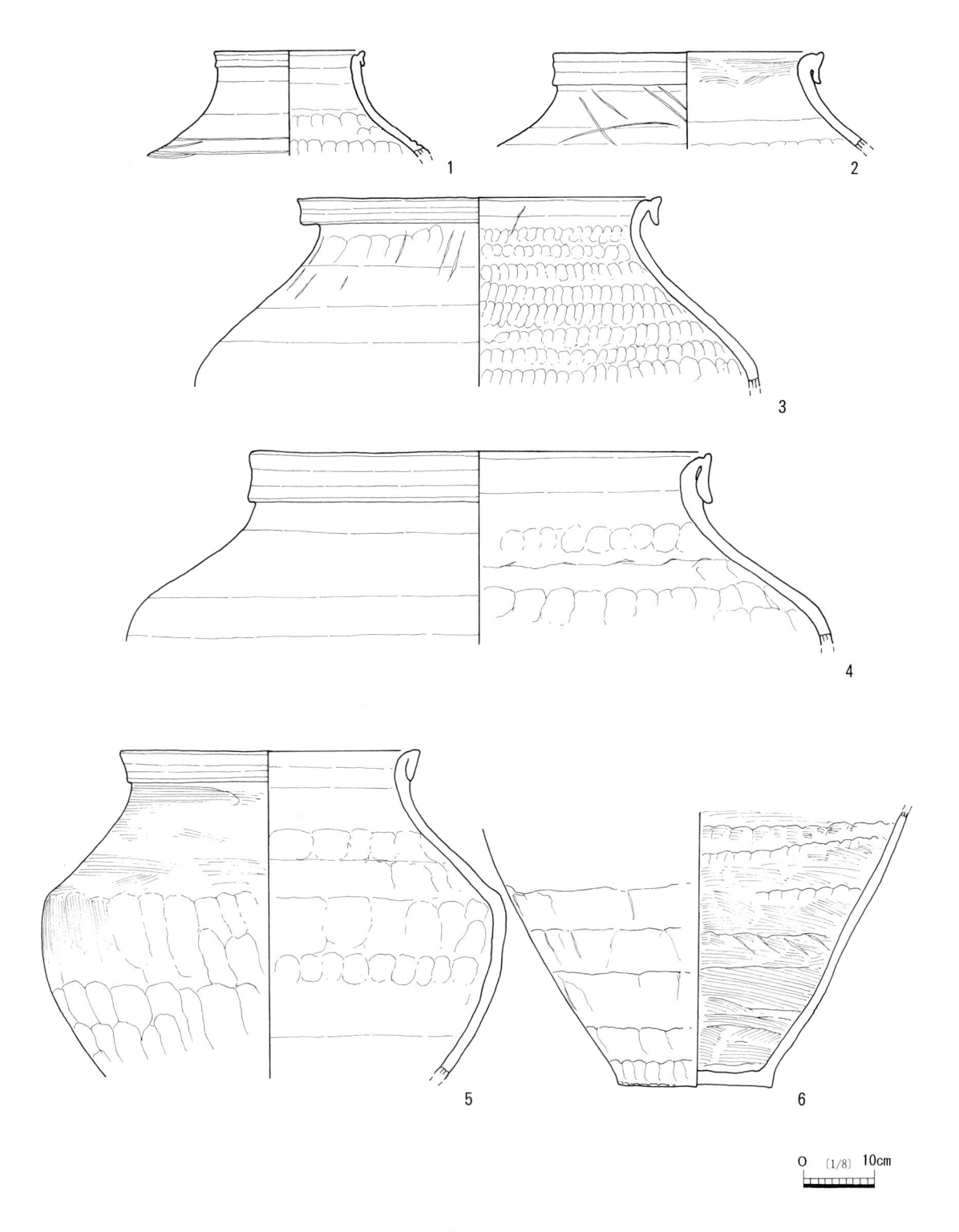

第24図　積石遺構第Ⅱ期出土遺物（1）

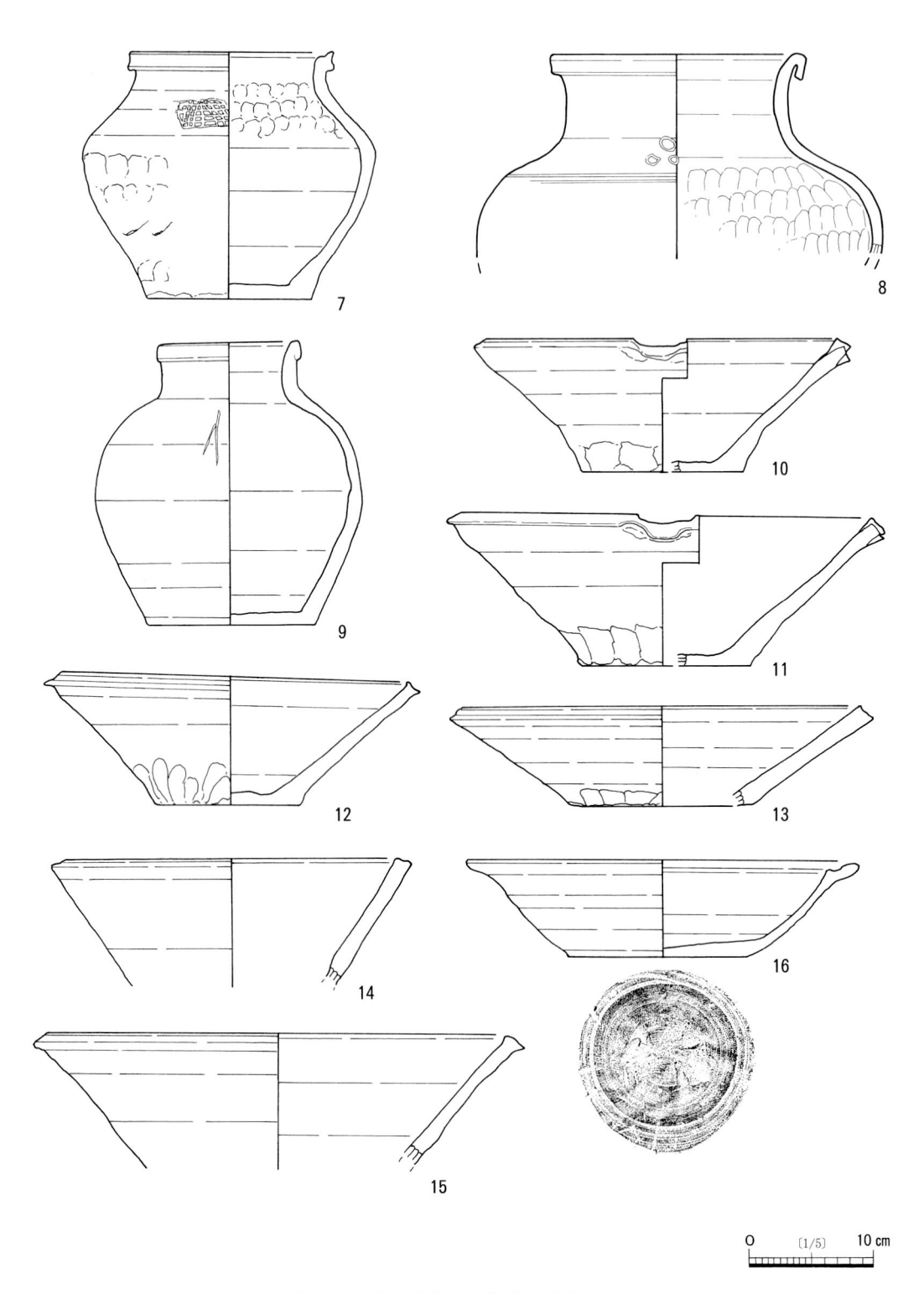

第25図　積石遺構第Ⅱ期出土遺物（2）

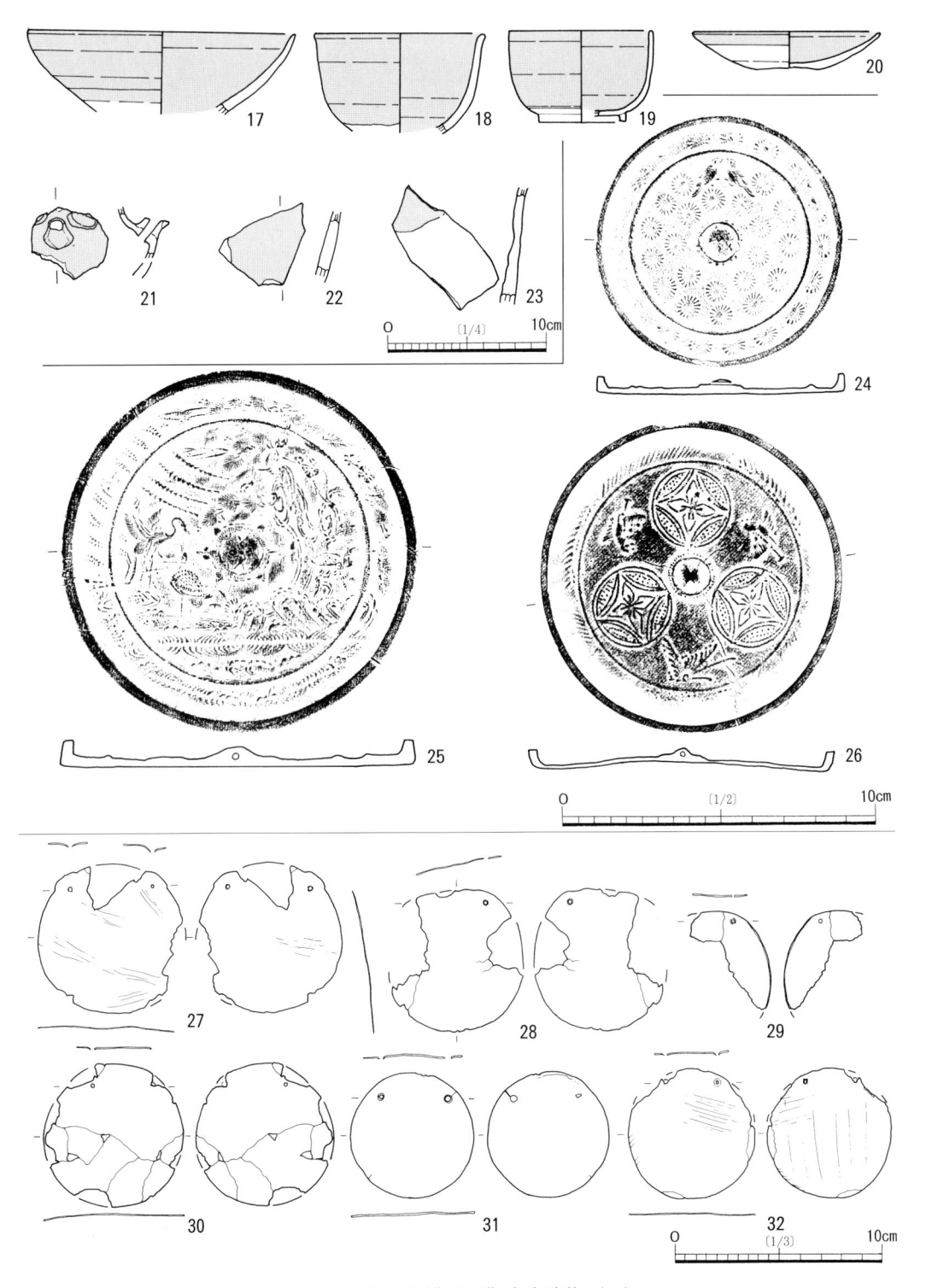

第26図　積石遺構第Ⅱ期出土遺物（3）

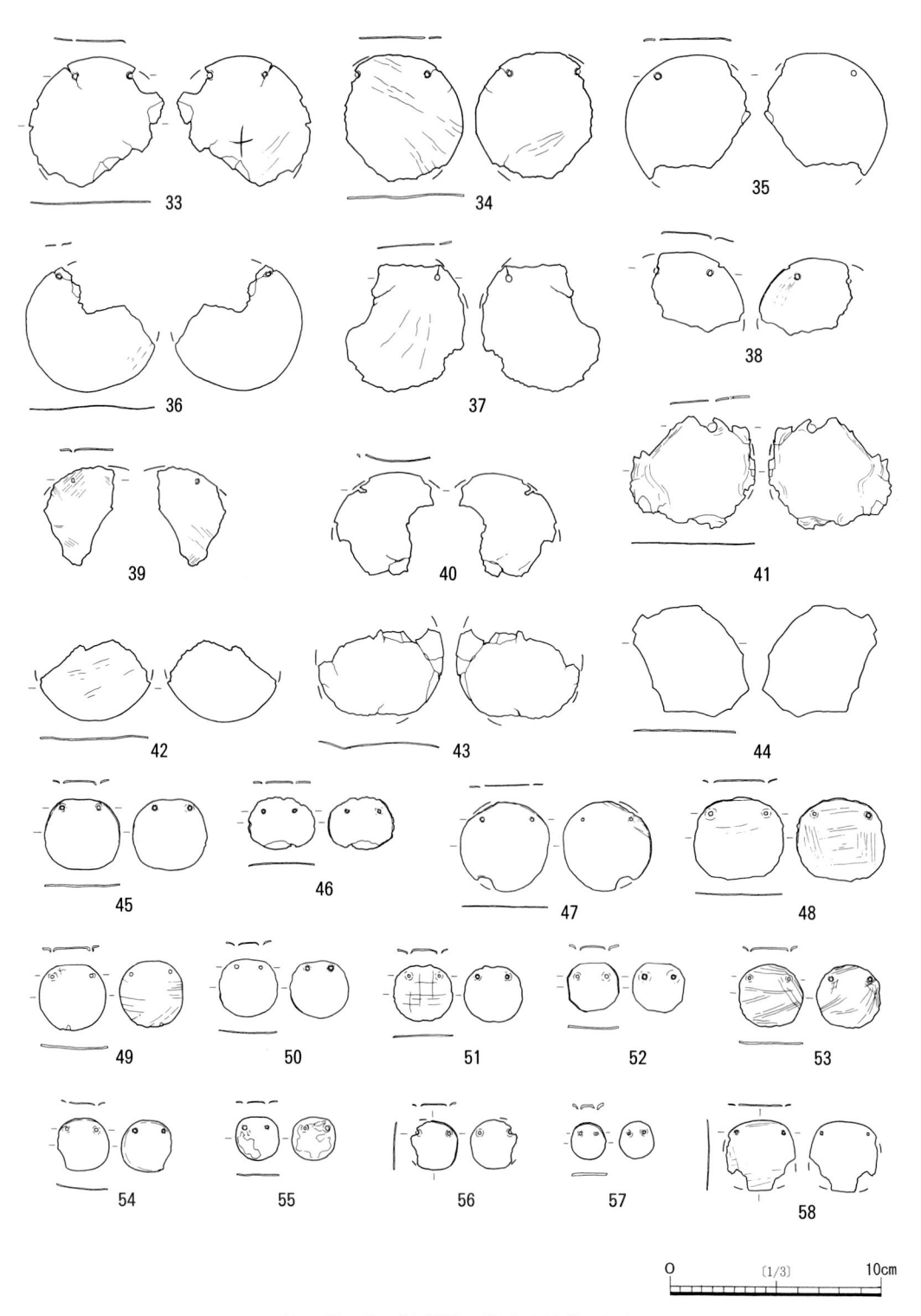

第27図　積石遺構第Ⅱ期出土遺物（4）

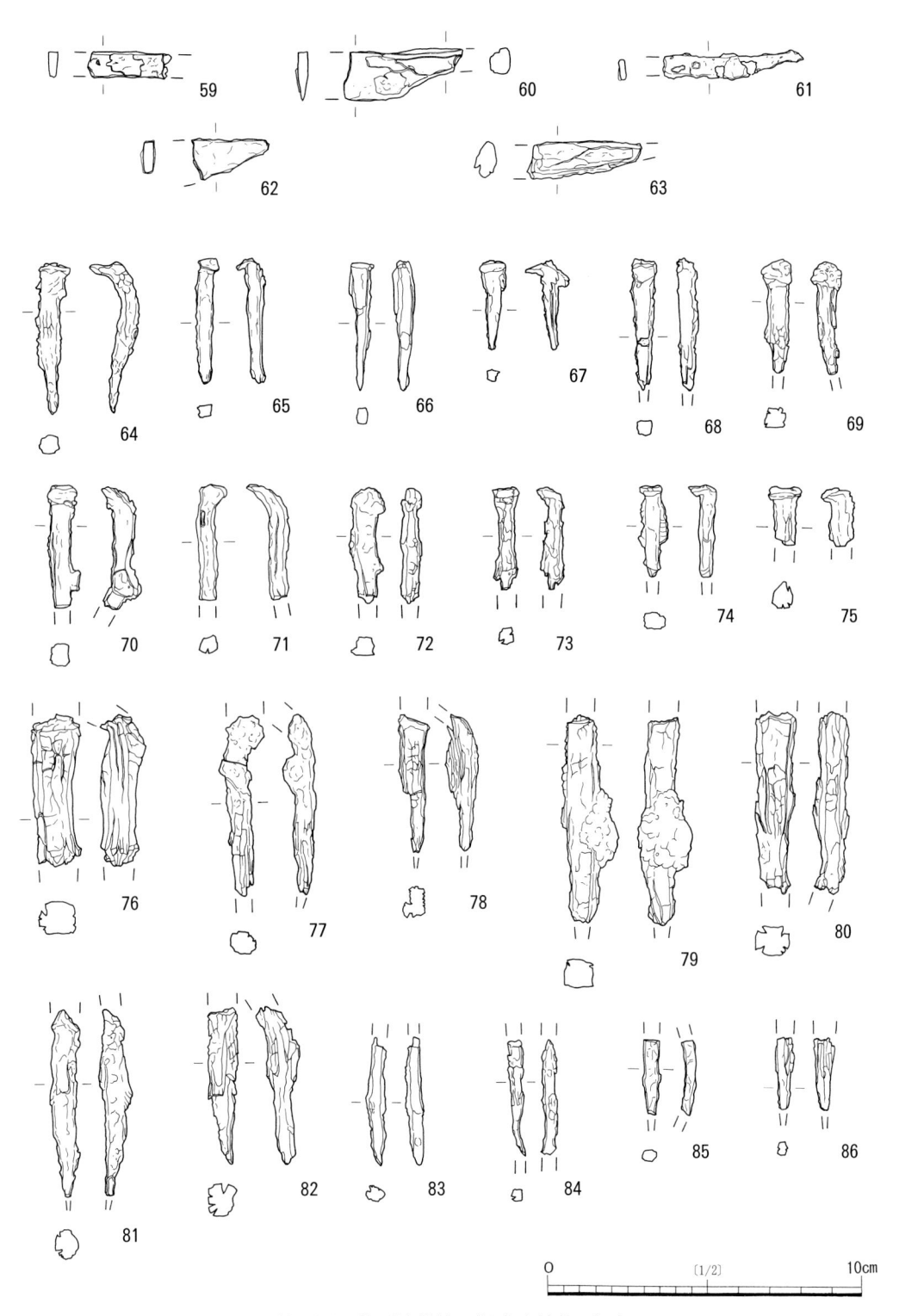

第28図　積石遺構第Ⅱ期出土遺物（5）

第4表　積石遺構第Ⅱ期遺物観察表

図版番号	種類	観察事項
第24図 1	甕	材質炻器　法量口径20.6cm　残高14.2cm　重量1450.0ｇ　成形紐作り　形状口縁外帯形　外面特徴肩部に沈線　胎土・色調赤褐色　製作地常滑　製作年代13世紀後半　遺存1割
第24図 2	甕	材質炻器　法量口径36.8cm　残高12.6cm　重量1510.0ｇ　成形紐作り　形状口縁外帯形　外面特徴頸部・肩部に沈線　胎土・色調明茶褐色　製作地常滑　製作年代15世紀前半　遺存3割
第24図 3	甕	材質炻器　法量口径49.0cm　残高25.0cm　重量2700.0ｇ　成形紐作り　形状口縁Ｎ字形　内面特徴指頭圧痕顕著　胎土・色調表面灰褐色・内面褐色　製作地常滑　製作年代14世紀前半　遺存4割
第24図 4	甕	材質炻器　法量口径62.4cm　残高25.4cm　重量8000.0ｇ　成形紐作り　形状口縁Ｎ字形　胎土・色調赤褐色　製作地常滑　製作年代15世紀前半　遺存3割
第24図 5	甕	材質炻器　法量口径40.2cm　胴径62.6cm　残高44.0cm　重量8100.0ｇ　成形紐作り　形状口縁Ｎ字形　外面特徴ヘラケズリ・ハケメ顕著　内面特徴掌部による圧痕　胎土・色調茶褐色　製作地常滑　製作年代15世紀　遺存3割
第24図 6	甕	材質炻器　法量底径21.2cm　残高37.0cm　重量9500.0ｇ　成形紐作り　外面特徴ヘラケズリ　内面特徴ヘラケズリ・ハケメ　胎土・色調褐色　製作地常滑　遺存4割
第25図 7	広口壺	材質炻器　法量口径16.7cm　胴径23.7cm　底径13.4cm　器高19.5cm　重量2200.0ｇ　成形紐作り　形状口縁外帯形　外面特徴口縁〜頸部ナデ調整・肩部に敲き目　内面特徴指頭圧痕　胎土・色調暗赤褐色　製作地常滑　製作年代13世紀後半　遺存9割　備考不識壺
第25図 8	長頸甕	材質炻器　法量口径20.4cm　胴径32.8cm　残高16.0cm　重量2300.0ｇ　成形紐作り　形状口縁折曲げ形　外面特徴三輪の窯印・肩部に沈線が巡る　内面特徴指頭圧痕　胎土・色調赤褐色　製作地常滑　製作年代13世紀後半〜14世紀前半　遺存3割
第25図 9	壺	材質炻器　法量口径11.4cm　胴径21.8cm　底径13.6cm　器高22.5cm　重量2460.0ｇ　成形紐作り　形状無耳壺　外面特徴頸部ナデ調整・肩部に入字様の窯印　内面特徴頸部ナデ調整　胎土・色調暗赤褐色　製作地常滑　製作年代16世紀前半　遺存9割
第25図 10	片口鉢	材質炻器　法量口径30.2cm　底径13.0cm　器高10.6cm　重量1150.0ｇ　成形紐作り　形状口縁無装飾形・三口　胎土・色調褐色　製作地常滑　製作年代14世紀　遺存6割
第25図 11	片口鉢	材質炻器　法量口径35.2cm　底径13.6cm　器高12.2cm　重量2730.0ｇ　成形紐作り　形状口縁Ｔ字形　胎土・色調赤褐色　製作地常滑　製作年代15世紀後半　遺存9割
第25図 12	片口鉢	材質炻器　法量口径30.5cm　底径10.5cm　器高10.7cm　重量1640.0ｇ　成形紐作り　形状口縁Ｔ字形　胎土・色調赤褐色　製作地常滑　製作年代15世紀後半　遺存9割
第25図 13	片口鉢	材質炻器　法量口径33.9cm　底径25.0cm　器高7.9cm　重量500.0ｇ　成形紐作り　形状口縁Ｔ字形　胎土・色調褐色　製作地常滑　製作年代15世紀後半　遺存3割
第25図 14	片口鉢	材質炻器　法量口径30.4cm　底径16.4cm　残高10.0cm　重量500.0ｇ　成形紐作り　形状口縁Ｔ字形　胎土・色調赤褐色　製作地常滑　製作年代15世紀後半　遺存3割
第25図 15	片口鉢	材質炻器　法量口径37.0cm　残高10.3cm　重量710.0ｇ　成形紐作り　形状口縁Ｔ字形　胎土・色調黒褐色　製作地常滑　製作年代15世紀後半　遺存3割
第25図 16	盤	材質陶器　法量口径31.7cm　底径14.1cm　器高7.7cm　重量1570.0ｇ　成形紐作り　形状口縁折縁形　釉薬灰釉（黄釉）　胎土・色調白黄色　製作地瀬戸　製作年代15世紀　遺存9割
第26図 17	碗	材質陶器　法量口径17.0cm　残高5.1cm　重量145.9ｇ　成形ロクロ　形状平形　釉薬灰釉　胎土・色調灰白色　製作地瀬戸　製作年代15世紀　遺存4割
第26図 18	碗	材質陶器　法量口径10.8cm　残高6.15cm　重量45.8ｇ　成形ロクロ　形状丸形・端反形口縁　釉薬鉄釉　胎土・色調暗白黄色　製作地瀬戸・美濃　製作年代16世紀後半　遺存3割
第26図 19	碗	材質陶器　法量口径9.2cm　底径5.6cm　器高5.6cm　重量36.2ｇ　成形ロクロ　形状腰張形・付高台　釉薬灰釉　外面特徴底部に刻印有り　胎土・色調灰色製作地肥前　製作年代17世紀中頃〜後半　遺存4割　備考京焼風陶器

図版番号	種類	観察事項
第26図 20	小皿	材質陶器　法量口径12.1cm　底径4.0cm　器高2.3cm　重量76.8ｇ　成形ロクロ　形状平形　釉薬灰釉　内面特徴三条の釘書　胎土・色調暗灰色　製作地瀬戸　製作年代17世紀　遺存6割　備考御深井皿
第26図 21	水注	材質陶器　法量残高4.3cm　重量31.9ｇ　成形ロクロ　形状扁平形　釉薬鉄釉　胎土・色調暗灰色　製作地瀬戸・美濃　製作年代16世紀　遺存2割
第26図 22	瓶	材質陶器　法量残高5.0cm　重量22.5ｇ　成形ロクロ　釉薬鉄釉　胎土・色調白黄色　製作地瀬戸・美濃　遺存1割（胴部片）
第26図 23	瓶	材質陶器　法量残高7.8cm　重量30.2ｇ　成形ロクロ　釉薬鉄釉　胎土・色調暗灰色　製作地瀬戸・美濃　遺存1割（胴部片）
第26図 24	鏡	材質青銅　法量鏡面径7.8cm　背面径7.95cm　縁高0.55cm　縁巾0.3cm　重量58ｇ　名称菊花散双雀鏡　縁式直角式中縁　界圏単圏中線　鈕式花蕊中隆鈕　製作年代14世紀前半
第26図 25	鏡	材質青銅　法量鏡面径11.25cm　背面径11.3cm　縁高0.82cm　縁巾0.45cm　重量284ｇ　名称蓬莱鏡　縁式内傾式中縁　界圏単圏中線　鈕式四ツ割菊花菱紋円甲亀鈕　製作年代15世紀中頃　備考重厚
第26図 26	鏡	材質青銅　法量鏡面径9.4cm　背面径9.7cm　縁高0.55cm　縁巾0.3cm　重量54.1ｇ　名称浮線稜紋散蝶鳥鏡　縁式外傾式中縁　界圏単圏細線　鈕式花蕊中隆鈕　製作年代12世紀後半
第26図 27	双孔儀鏡	材質銅　法量直径6.8cm　厚0.05cm　重量8.6ｇ　形状耳鈕付円形　規格大　孔の形状丸形　穿孔方法鋲打ち片側穿孔　遺存8割
第26図 28	双孔儀鏡	材質銅　法量直径6.1cm　厚0.05cm　重量10.7ｇ　形状上切円形　規格大　孔の形状丸形　穿孔方法工具両面穿孔　遺存7割
第26図 29	双孔儀鏡	材質銅　法量直径6.0cm　厚0.05cm　重量2.5ｇ　形状縦長楕円形　規格大　孔の形状丸形　穿孔方法　工具両面穿孔　遺存4割
第26図 30	双孔儀鏡	材質銅　法量直径6.6cm　厚0.04cm　重量9.0ｇ　形状円形　規格大　孔の形状丸形　穿孔方法鋲打ち片側穿孔　遺存完形
第26図 31	双孔儀鏡	材質銅　法量直径5.8cm　厚0.08cm　重量9.4ｇ　形状円形　規格大　孔の形状丸形　穿孔方法鋲打ち片側穿孔　遺存完形
第26図 32	双孔儀鏡	材質銅　法量直径6.05cm　厚0.05cm　重量9.4ｇ　形状円形　規格大　孔の形状四角形　穿孔方法鋲打ち片側穿孔　遺存9割
第27図 33	双孔儀鏡	材質銅　法量直径6.3cm　厚0.05cm　重量6.5ｇ　形状円形　規格大　孔の形状丸形　穿孔方法鋲打ち片側穿孔　遺存7割点　備考裏面に十字状の沈線有り
第27図 34	双孔儀鏡	材質銅　法量直径6.6cm　厚0.08cm　重量10.0ｇ　形状円形　規格大　孔の形状丸形　穿孔方法　工具両面穿孔　遺存8割
第27図 35	双孔儀鏡	材質銅　法量直径6.2cm　厚0.05cm　重量6.5ｇ　形状円形　規格大　孔の形状丸形　穿孔方法工具両面穿孔　遺存7割
第27図 36	双孔儀鏡	材質銅　法量直径6.0cm　厚0.03cm　重量6.9ｇ　形状円形　規格大　孔の形状丸形　穿孔方法鋲打ち片側穿孔　遺存7割
第27図 37	双孔儀鏡	材質銅　法量直径5.5cm　厚0.05cm　重量11.3ｇ　形状円形　規格大　孔の形状丸形　穿孔方法鋲打ち片側穿孔　遺存7割
第27図 38	双孔儀鏡	材質銅　法量直径5.5cm　厚0.05cm　重量4.0ｇ　形状円形？　規格大　孔の形状不整方形　穿孔方法鋲打ち片側穿孔　遺存4割
第27図 39	双孔儀鏡	材質銅　法量直径?cm　厚0.25cm　重量2.7ｇ　形状円形　規格大　孔の形状四角形　穿孔方法鋲打ち片側穿孔　遺存4割
第27図 40	双孔儀鏡	材質銅　法量厚0.05cm　重量2.7ｇ　形状円形　規格大　穿孔方法鋲打ち片側穿孔　遺存6割
第27図 41	双孔儀鏡	材質銅　法量厚0.05cm　重量6.8ｇ　形状円形　規格大　孔の形状丸形　穿孔方法鋲打ち片側穿孔　遺存6割

図版番号	種類	観察事項
第27図 42	双孔儀鏡	材質銅　法量直径5.6cm　厚0.05cm　重量6.7ｇ　形状円形　規格大　遺存4割
第27図 43	双孔儀鏡	材質銅　法量厚0.07cm　重量4.1ｇ　形状円形　規格大　遺存5割
第27図 44	双孔儀鏡	材質銅　法量厚0.05cm　重量8.2ｇ　規格大　遺存6割
第27図 45	双孔儀鏡	材質銅　法量直径3.5cm　厚0.06cm　重量3.5ｇ　形状上切円形？　規格中　孔の形状丸形　穿孔方法鏨打ち片側穿孔　遺存完形
第27図 46	双孔儀鏡	材質銅　法量直径3.4cm　厚0.08cm　重量2.4ｇ　形状横長楕円形　規格中　孔の形状丸形　穿孔方法鏨打ち片側穿孔　遺存9割
第27図 47	双孔儀鏡	材質銅　法量直径4.1cm　厚0.05cm　重量4.4ｇ　形状円形　規格中　孔の形状丸形　穿孔方法鏨打ち片側穿孔　遺存9割
第27図 48	双孔儀鏡	材質銅　法量直径4.15cm　厚0.05cm　重量5.5ｇ　形状円形　規格中　孔の形状四角形　穿孔方法鏨打ち片側穿孔　遺存完形　備考裏面にバリ顕著・下辺及び左下辺をノミ切り
第27図 49	双孔儀鏡	材質銅　法量直径3.15cm　厚0.1cm　重量2.1ｇ　形状円形　規格中　孔の形状丸形　穿孔方法鏨打ち片側穿孔　遺存完形
第27図 50	双孔儀鏡	材質銅　法量直径2.7cm　厚0.05cm　重量1.9ｇ　形状円形　規格中　孔の形状四角形　穿孔方法鏨打ち片側穿孔　遺存完形
第27図 51	双孔儀鏡	材質銅　法量直径2.7cm　厚0.05cm　重量2.8ｇ　形状円形？　規格中　孔の形状四角形　穿孔方法鏨打ち片側穿孔　遺存完形
第27図 52	双孔儀鏡	材質銅　法量直径2.3cm　厚0.1cm　重量3.0ｇ　形状隅切方形　規格小　孔の形状丸形　穿孔方法鏨打ち片側穿孔　遺存完形
第27図 53	双孔儀鏡	材質銅　法量直径3.0cm　厚0.05cm　重量2.4ｇ　形状円形　規格中　孔の形状丸形　穿孔方法鏨打ち片側穿孔　遺存完形
第27図 54	双孔儀鏡	材質銅　法量直径2.35cm　厚0.05cm　重量1.5ｇ　形状円形　規格小　孔の形状丸形　穿孔方法鏨打ち片側穿孔　遺存9割　備考裏面にバリ顕著
第27図 55	双孔儀鏡	材質銅　法量直径2.0cm　厚0.05cm　重量0.9ｇ　形状円形？　規格小　孔の形状丸形　穿孔方法鏨打ち片側穿孔　遺存完形
第27図 56	双孔儀鏡	材質銅　法量直径2.4cm　厚0.05cm　重量0.7ｇ　形状隅丸方形　規格小　孔の形状丸形　穿孔方法鏨打ち片側穿孔　遺存9割
第27図 57	双孔儀鏡	材質銅　法量直径1.6cm　厚0.1cm　重量1.3ｇ　形状隅丸方形？　規格小　孔の形状丸形　穿孔方法鏨打ち片側穿孔　遺存完形
第27図 58	双孔儀鏡	材質銅　法量直径3.2cm　厚0.05cm　重量5.2ｇ　形状隅丸方形　規格中　孔の形状丸形　穿孔方法鏨打ち片側穿孔　遺存9割
第28図 59	刀　子	材質鉄　法量長2.7cm　幅0.8cm　厚0.3cm　重量0.9ｇ　形状刀型　遺存部位胴部
第28図 60	刀　子	材質鉄　法量長3.8cm　幅1.5cm　厚0.3cm　重量5.7ｇ　形状刀型茎有り　遺存部位基部
第28図 61	刀　子	材質鉄　法量長4.5cm　幅0.6cm　厚0.2cm　重量1.4ｇ　形状刀型　遺存部位胴〜基部
第28図 62	刀　子	材質鉄　法量長2.4cm　幅1.0cm　厚0.3cm　重量2.2ｇ　形状刀型　遺存部位基部
第28図 63	刀　子	材質鉄　法量長3.5cm　幅1.1cm　厚0.7cm　重量4.7ｇ　形状刀型　遺存部位基部
第28図 64	釘	材質鉄　法量長4.7cm　幅0.6cm　厚0.5cm　重量3.3ｇ　遺存部位完形

図版番号	種類	観察事項
第28図 65	釘	材質鉄　法量長3.8cm　幅0.4cm　厚0.4cm　重量2.3ｇ　遺存部位頭〜胴部
第28図 66	釘	材質鉄　法量長4.0cm　幅0.4cm　厚0.5cm　重量2.3ｇ　遺存部位胴〜先端部
第28図 67	釘	材質鉄　法量長2.3cm　幅0.4cm　厚0.4cm　重量1.6ｇ　遺存部位完形
第28図 68	釘	材質鉄　法量長4.1cm　幅0.4cm　厚0.4cm　重量2.5ｇ　遺存部位頭〜胴部
第28図 69	釘	材質鉄　法量長3.5cm　幅0.7cm　厚0.6cm　重量2.6ｇ　遺存部位頭〜胴部
第28図 70	釘	材質鉄　法量長3.8cm　幅0.6cm　厚0.7cm　重量4.3ｇ　遺存部位頭〜胴部
第28図 71	釘	材質鉄　法量長3.6cm　幅0.6cm　厚0.6cm　重量2.9ｇ　遺存部位頭〜胴部
第28図 72	釘	材質鉄　法量長3.6cm　幅0.7cm　厚0.5cm　重量3.5ｇ　遺存部位頭〜胴部
第28図 73	釘	材質鉄　法量長3.1cm　幅0.4cm　厚0.5cm　重量1.7ｇ　遺存部位頭〜胴部
第28図 74	釘	材質鉄　法量長2.8cm　幅0.7cm　厚0.5cm　重量1.9ｇ　遺存部位頭〜胴部
第28図 75	釘	材質鉄　法量長1.8cm　幅0.7cm　厚0.8cm　重量2.1ｇ　遺存部位頭〜胴部
第28図 76	釘	材質鉄　法量長4.7cm　幅1.1cm　厚1.0cm　重量14.1ｇ　遺存部位頭〜胴部
第28図 77	釘	材質鉄　法量長5.6cm　幅0.8cm　厚0.7cm　重量5.4ｇ　遺存部位胴部
第28図 78	釘	材質鉄　法量長4.2cm　幅0.7cm　厚1.0cm　重量3.8ｇ　遺存部位胴〜先端部
第28図 79	釘	材質鉄　法量長6.4cm　幅0.9cm　厚0.9cm　重量17.2ｇ　遺存部位胴部
第28図 80	釘	材質鉄　法量長5.7cm　幅1.1cm　厚0.9cm　重量12.1ｇ　遺存部位胴部
第28図 81	釘	材質鉄　法量長5.8cm　幅0.8cm　厚0.9cm　重量5.6ｇ　遺存部位胴〜先端部
第28図 82	釘	材質鉄　法量長4.8cm　幅0.9cm　厚1.0cm　重量5.1ｇ　遺存部位胴〜先端部
第28図 83	釘	材質鉄　法量長4.0cm　幅0.6cm　厚0.5cm　重量1.9ｇ　遺存部位胴〜先端部
第28図 84	釘	材質鉄　法量長3.6cm　幅0.3cm　厚0.4cm　重量1.2ｇ　遺存部位胴部
第28図 85	釘	材質鉄　法量長2.3cm　幅0.4cm　厚0.3cm　重量0.9ｇ　遺存部位胴部
第28図 86	釘	材質鉄　法量長2.2cm　幅0.3cm　厚0.3cm　重量1.1ｇ　遺存部位胴部
第23図 87	銭貨	材質銅　銭貨名寛永通寳古　書体Ｋ　初鋳年1636　重量1.7ｇ
第23図 88	銭貨	材質銅　銭貨名寛永通寳新　書体Ｋ　初鋳年1697　重量1.9ｇ　拓本図第64図35

図版番号	種類	観察事項
第23図89	銭貨	材質銅　銭貨名開元通寶　書体K　初鋳年621　重量1.9ｇ　備考模鋳銭？
第23図90	銭貨	材質銅　銭貨名祥符元寶　書体K　初鋳年1008　重量2.5ｇ　拓本図第63図6
第23図91	銭貨	材質銅　銭貨名祥符元寶　書体K　初鋳年1008　重量2.3ｇ
第23図92	銭貨	材質銅　銭貨名祥符通寶　書体K　初鋳年1008　重量2.3ｇ　備考破損
第23図93	銭貨	材質銅　銭貨名皇宋通寶　書体T　初鋳年1038　重量1.9ｇ　備考破損
第23図94	銭貨	材質銅　銭貨名皇宋通寶　書体K　初鋳年1038　重量2.6ｇ　備考模鋳銭？　拓本図第64図42
第23図95	銭貨	材質銅　銭貨名元祐通寶　書体T　初鋳年1086　重量2.8ｇ　備考鋳穴
第23図96	銭貨	材質銅　銭貨名元祐通寶　書体T　初鋳年1086　重量2.4ｇ
第23図97	銭貨	材質銅　銭貨名大観通寶　書体K　初鋳年1107　重量2.3ｇ
第23図98	銭貨	材質銅　銭貨名不明　重量0.8ｇ　備考鋳つぶれ、破損
99	銭貨	材質銅　銭貨名開元通寶　書体K　初鋳年621　重量2.6ｇ　備考模鋳銭？　拓本図第63図1
100	銭貨	材質銅　銭貨名開元通寶　書体K　初鋳年621　重量2.9ｇ
101	銭貨	材質銅　銭貨名開元通寶　書体K　初鋳年621　重量1.2ｇ　備考上付月・破損
102	銭貨	材質銅　銭貨名開元通寶　書体K　初鋳年621　重量3.8ｇ
103	銭貨	材質銅　銭貨名開元通寶　書体K　初鋳年621　重量3.1ｇ　備考模鋳銭？鋳曲がり
104	銭貨	材質銅　銭貨名開元通寶　書体K　初鋳年621　重量2.3ｇ
105	銭貨	材質銅　銭貨名開元通寶　書体K　初鋳年621　重量3.2ｇ　備考背面絵銭の可能性
106	銭貨	材質銅　銭貨名開元通寶紀地銭　書体K　初鋳年845　重量2.9ｇ　備考背右付「藍」　拓本図第63図2
107	銭貨	材質銅　銭貨名天聖元寶　書体G　初鋳年995　重量2.2ｇ　拓本図第64図41
108	銭貨	材質銅　銭貨名祥符元寶　書体K　初鋳年1008　重量3.0ｇ　備考破損
109	銭貨	材質銅　銭貨名祥符通寶　書体K　初鋳年1008　重量3.2ｇ　拓本図第63図7
110	銭貨	材質銅　銭貨名天禧通寶　書体K　初鋳年1017　重量1.4ｇ　備考破損　拓本図第63図8
111	銭貨	材質銅　銭貨名天聖元寶　書体K　初鋳年1023　重量2.7ｇ　拓本図第63図9
112	銭貨	材質銅　銭貨名天聖元寶　書体T　初鋳年1023　重量2.5ｇ　備考模鋳銭？
113	銭貨	材質銅　銭貨名天聖元寶　書体K　初鋳年1023　重量2.9ｇ
114	銭貨	材質銅　銭貨名天聖元寶　書体K　初鋳年1023　重量3.1ｇ
115	銭貨	材質銅　銭貨名景祐元寶　書体K　初鋳年1034　重量2.9ｇ　拓本図第63図10
116	銭貨	材質銅　銭貨名景祐元寶　書体K　初鋳年1034　重量2.8ｇ
117	銭貨	材質銅　銭貨名皇宋通寶　書体K　初鋳年1038　重量2.5ｇ　拓本図第63図11
118	銭貨	材質銅　銭貨名皇宋通寶　書体T　初鋳年1038　重量2.8ｇ
119	銭貨	材質銅　銭貨名皇宋通寶　書体T　初鋳年1038　重量1.8ｇ　備考破損

図版番号	種類	観察事項
120	銭貨	材質銅　銭貨名皇宋通寶　書体T　初鋳年1038　重量2.9g　備考破損
121	銭貨	材質銅　銭貨名皇宋通寶　書体K　初鋳年1038　重量1.3g　備考破損
122	銭貨	材質銅　銭貨名皇宋通寶　書体T　初鋳年1038　重量2.3g　備考模鋳銭？
123	銭貨	材質銅　銭貨名熙寧元寶　書体T　初鋳年1068　重量3.0g
124	銭貨	材質銅　銭貨名熙寧元寶　書体K　初鋳年1068　重量1.4g　備考背左下直文・星
125	銭貨	材質銅　銭貨名元豊通寶　書体G　初鋳年1078　重量3.0g　拓本図第63図20
126	銭貨	材質銅　銭貨名元豊通寶　書体G　初鋳年1078　重量3.0g
127	銭貨	材質銅　銭貨名元豊通寶　書体G　初鋳年1078　重量3.8g
128	銭貨	材質銅　銭貨名元豊通寶　書体G　初鋳年1078　重量3.4g
129	銭貨	材質銅　銭貨名元豊通寶　書体G　初鋳年1078　重量3.2g
130	銭貨	材質銅　銭貨名元豊通寶　書体G　初鋳年1078　重量3.2g
131	銭貨	材質銅　銭貨名元豊通寶折二銭　書体T　初鋳年1078　重量3.1g　備考破損
132	銭貨	材質銅　銭貨名元祐通寶　書体G　初鋳年1086　重量3.1g　備考模鋳銭？
133	銭貨	材質銅　銭貨名元祐通寶　書体G　初鋳年1086　重量3.7g
134	銭貨	材質銅　銭貨名元祐通寶　書体T　初鋳年1086　重量2.0g　備考破損
135	銭貨	材質銅　銭貨名元祐通寶　書体T　初鋳年1086　重量3.2g
136	銭貨	材質銅　銭貨名元祐通寶　書体T　初鋳年1086　重量2.9g　備考丸孔
137	銭貨	材質銅　銭貨名紹聖元寶　書体T　初鋳年1094　重量3.3g
138	銭貨	材質銅　銭貨名紹聖元寶　書体T　初鋳年1094　重量3.7g　備考星孔
139	銭貨	材質銅　銭貨名元符通寶　書体T　初鋳年1098　重量3.3g
140	銭貨	材質銅　銭貨名聖宋元寶　書体T　初鋳年1101　重量2.7g　備考　拓本図第63図24
141	銭貨	材質銅　銭貨名聖宋元寶　書体T　初鋳年1101　重量2.9g
142	銭貨	材質銅　銭貨名政和通寶　書体BK　初鋳年1111　重量3.1g
143	銭貨	材質銅　銭貨名嘉定通寶　書体K　初鋳年1208　重量3.0g　備考背上付「六」・鋳穴
144	銭貨	材質銅　銭貨名皇宋元寶　書体K　初鋳年1253　重量2.6g　備考背上付「三」　拓本図第64図29
145	銭貨	材質銅　銭貨名正隆元寶　書体K　初鋳年1157　重量2.8g　備考破損　拓本図第64図30
146	銭貨	材質銅　銭貨名洪武通寶　書体K　初鋳年1368　重量3.2g　拓本図第64図31
147	銭貨	材質銅　銭貨名永楽通寶　書体K　初鋳年1408　重量3.6g
148	銭貨	材質銅　銭貨名皇宋通寶　書体K　初鋳年1038　重量3.6g　備考破損
149	銭貨	材質銅　銭貨名元祐通寶　書体G　初鋳年1086　重量3.1g
150	銭貨	材質銅　銭貨名不明　重量0.7g　備考破損
151	銭貨	材質銅　銭貨名不明　重量0.9g　備考模鋳銭？、銘あり
152	銭貨	材質銅　銭貨名開元通寶　書体K　初鋳年621重量3.0g
153	銭貨	材質銅　銭貨名治平元寶　書体K　初鋳年1064　重量2.4g　拓本図第63図16
154	銭貨	材質銅　銭貨名開元通寶　書体K　初鋳年621重量3.2g　備考鋳穴
155	銭貨	材質銅　銭貨名元祐通寶　書体G　初鋳年1086　重量2.8g
156	銭貨	材質銅　銭貨名元祐通寶　書体G　初鋳年1086　重量3.8g　備考模鋳銭？・削り・孔ずれ

図版番号	種類	観察事項
157	銭貨	材質銅　銭貨名聖宋元寶　書体G　初鋳年1101　重量2.6g
158	銭貨	材質銅　銭貨名聖宋元寶　書体G　初鋳年1101　重量2.3g　備考破損
159	銭貨	材質銅　銭貨名大観通寶　書体K　初鋳年1107　重量3.0g
160	銭貨	材質銅　銭貨名政和通寶　書体T　初鋳年1111　重量2.8g　備考鋳穴
161	銭貨	材質銅　銭貨名皇宋通寶　書体T　初鋳年1038　重量2.7g　備考破片
162	銭貨	材質銅　銭貨名不明　重量0.3g　備考破片
163	銭貨	材質銅　銭貨名不明　重量3.6g　備考鉄銭？
164	銭貨	材質銅　銭貨名不明　重量0.9g　備考銘あり・破損
165	銭貨	材質銅　銭貨名永楽通寶　書体K　初鋳年1408　重量3.1g　拓本図第64図32
166	銭貨	材質銅　銭貨名書体　重量1.5g　備考破損
167	銭貨	材質銅　銭貨名開元通寶　書体K　初鋳年621重量2.9g
168	銭貨	材質銅　銭貨名天聖元寶　書体K　初鋳年1023　重量3.4g
169	銭貨	材質銅　銭貨名皇宋通寶　書体T　初鋳年1038　重量3.0g
170	銭貨	材質銅　銭貨名皇宋通寶　書体T　初鋳年1038　重量3.2g
171	銭貨	材質銅　銭貨名皇宋通寶　書体T　初鋳年1038　重量2.0g　備考破損
172	銭貨	材質銅　銭貨名熙寧元寶　書体T　初鋳年1068　重量2.3g
173	銭貨	材質銅　銭貨名熙寧元寶　書体T　初鋳年1068　重量2.6g
174	銭貨	材質銅　銭貨名紹聖元寶　書体G　初鋳年1094　重量3.6g　備考切込
175	銭貨	材質銅　銭貨名慶元通寶　書体K　初鋳年1195　重量3.0g　備考背下付「元」　拓本図第64図27
176	銭貨	材質銅　銭貨名政和通寶　書体T　初鋳年1111　重量0.6g　備考破損
177	銭貨	材質銅　銭貨名元豊通寶　書体G　初鋳年1078　重量2.2g　備考破損
178	銭貨	材質銅　銭貨名永楽通寶　書体K　初鋳年1408　重量2.7g
179	銭貨	材質銅　銭貨名皇宋通寶　書体K　初鋳年1038　重量3.1g　備考星孔
180	銭貨	材質銅　銭貨名嘉祐元寶　書体K　初鋳年1056　重量3.4g　備考孔ずれ
181	銭貨	材質銅　銭貨名元祐通寶　書体G　初鋳年1086　重量3.1g　備考破損
182	銭貨	材質銅　銭貨名元祐通寶　書体T　初鋳年1086　重量2.8g
183	銭貨	材質銅　銭貨名大観通寶　書体K　初鋳年1107　重量3.1g　備考孔ずれ
184	銭貨	材質銅　銭貨名皇宋通寶　書体K　初鋳年1038　重量2.0g　備考孔ずれ
185	銭貨	材質銅　銭貨名不明　重量0.5g　備考破片

（3）積石遺構第Ⅲ期（第29・30・31図）

　第Ⅲ層下層〜第Ⅳ層上層より検出された遺構面である。礫の増築が顕著となり、東西積石部はほぼ連結、小祠群は完全に埋没し玉石が敷き詰められた平面的空間となる。玉石は第Ⅱ期で多用された拳大のものに加えて人頭大の玉石も使用されるようになる。積石遺構の最終段階と認定し、積石遺構第Ⅲ期とした。

　特徴的な遺物出土状況として、東西積石部より第1・2号遺物集中が検出された。積石の正面隙間に多数の鏡を奉納し、その手前に器類・銭貨などを供献した祭祀跡の遺構である。鏡を中心とした祭祀の痕跡が非常に良好に残された稀有な遺構例として注目される。

　出土遺物は、器種・量共に非常に多い（第5表）。陶磁器類は中世から近世（一部近代）所産のものが171点出土し、特に15〜17世紀にかけて盛期を示している（第13表）。金属製品に関しても鏡類・刀装具・仏具・調理具・鋲金具・銭貨など、非常に多種多様な組成を示すようになる。出土量の傾向としては、双孔儀鏡が減少し、銭貨・刀子・釘が増加する。また鏡も21面が出土しており、非常に多い。

　また正確には第Ⅲ期面より上層となるが、表土層下層から第Ⅱ層より鰐口（第55図303）・鋲金具（第56図305〜314）・鏡（第49図193）・仏飯具（第57図324〜346）などの被熱・溶解した金銅製仏教遺物や、明治初期の御神酒徳利（第44図130）が出土している。これらは明治時代初頭、廃仏毀釈の際に廃棄されたと推測される遺物である。

積石部

　第Ⅲ期では積石部への板石・玉石の積石が更に顕著となる。東側部分と西側部分の合間の空間にも礫が積まれ、更に第1号遺物集中付近では積石が前庭部側に迫り出す様に増築されるため、平面形はやや弧状を呈する。ただし積み方はやや乱雑で、拳大から人頭大の玉石や板石が無作為に多数積重ねられている。規模に関しては長軸9m×短軸2m強程と第Ⅰ〜Ⅱ期と同様である。積石部頂部は海抜78.3m程を測る。

　出土遺物は西側の積石部に集中する。15世紀代（第36図16・17・第37図25・第38図43・第42図98・第43図112）・16世紀代（第37図23・28・30）・17世紀代（第41図72・82・第45図169・171）の中世中葉から近世前葉にかけての陶磁器が多く、これらに双孔儀鏡（第50図199）・刀子（第51図207・213・228・第52図231・235）・釘（第54図261・278・282）などが伴う。出土状況に明確な規則性は見受けられないが、西側部分中央付近では常滑窯壺（第37図30）・瀬戸系小皿（第43図112）・美濃窯水注（第41図82）・美濃窯瓶（第41図72）・仁清窯合子（第45図171）が比較的まとまって出土している地点が確認されており、祭祀行為の跡、または一括廃棄の跡と推定される。また積石部西側と東側の合間の空間にも、渥美窯長頸壺（第37図24）・常滑窯片口鉢（第39図52・第40図59）・瀬戸系鉢（第40図61）・瀬戸系盤（第40図66）・瀬戸系小皿（第43図108・109）などが密集して出土しており、上記同様の祭祀・廃棄跡と考えられる（第33図）。

前庭部

　第Ⅰ～Ⅱ期検出面では小祠群が構築されていた場である。第Ⅱ期に始まった玉石の敷設が完了し、第Ⅲ期面では広場状の平面空間へと変容する。玉石の敷設範囲は積石部長軸とほぼ同範囲であり、前庭部を南北2m程の幅で覆っている。玉石面の海抜は77.4m程を測る。前庭部に於ける遺物の出土状況は、第1・2号遺物集中周辺に収まる。

第1号遺物集中（第32図）

　積石部西側より、第1号遺物集中が検出されている。玉石敷設面より高さ55cm程の積石隙間（海抜77.8m）に鏡16面が一括に積重ねられて奉献されていた。鏡は15世紀代のものを中心としながらも12～17世紀に帰属するものが混在しており、非常に年代幅が広い（第46～48図173～188）。この鏡奉献部には、水注（第42図86）や多量の銭貨が共伴している。鏡奉献部の直下では常滑窯短頸壺（第37図27）・常滑窯片口鉢（第39図54）・瀬戸系瓶（第41図69）・瀬戸美濃系天目茶碗（第42図100）などの器物が、また鏡奉献部上部でも17世代の瓶類（第41図71・第45図135・136）・刀子（第51図228・第52図231）などが供献されており、これらは鏡群と同時期に供献されたものと考えられる。

　17世紀初頭の柄鏡（第48図188）が出土している点や、共伴する陶磁器類も17世紀前半を下限とすることから推察して、第1号遺物集中の形成年代は17世紀前葉と考えられる。

第2号遺物集中（第33図）

　積石部東側より、第2号遺物集中が検出されている。第2号遺物集中に於いては、鏡（第49図189・190・191）・常滑窯片口鉢（第39図51・第40図56・57・58）・常滑窯甕（第35図7・9・第36図15・17）・瀬戸美濃系水注（第41図83・84・第42図85）・美濃窯双耳小壺（第42図87）・瀬戸系卸し皿（第43図106）・瀬戸系小皿（第43図113）・懐刀（第52図246）などがまとまって出土している。特に189～191の鏡、57・58の片口鉢、15の甕、83～84の水注、87の小壺は積石部手前に据えられた状態で出土しており、祭祀時の組成関係を良好に保存している。189～191の鏡3面は58の片口鉢の上より出土しているが、出土状況からは第1号遺物集中と同様に積石部の隙間に奉納されていたと推察される。

　鏡出土地点周辺の遺物年代は、15世紀代（第36図15・17・第40図56・57・58）と16世紀代（第41図83・84・第42図85・87）に収束し、鏡も14～15世紀の所産である。これらの遺物年代相と第Ⅱ期の終焉を鑑みると、第2号遺物集中は16世紀後葉以降に形成されたものと考えられる。

（須藤友章）

第5表　積石遺構第Ⅲ期遺物組成表

材質	種類	出土点数
炻器・陶器	甕	21
	壺	10
	鉢	32
	盤	2
	花瓶	1
	瓶	8
	小瓶	1
	油壺	1
	鳶口	1
	香炉	2
	片口注ぎ	1
	水注	5
	小壺	5
	蓋	1
	碗	12
	皿	1
	卸し皿	2
	小皿	7
	かわらけ	1
	灯明皿	2
	狛犬	1
磁器	蓋付壺	2
	花瓶	1
	瓶	14
	小瓶	20
	小坏	1

材質	種類	出土点数
磁器	碗	4
	仏飯器	8
	燭台	1
	蓋	1
	合子	1
	香炉	1
金属	鏡	21
	双孔儀鏡	9
	刀子	43
	懐刀	1
	小柄	1
	笄	2
	鎌	2
	錠	1
	鉄製品	3
	釘	44
	鈴	2
	銅製品	1
	鰐口	1
	釣具	1
	鋲金具	15
	五徳	1
	鉄鍋	1
	仏飯具	23
	銭貨	87
その他	碁石	1

0　　　　　　[1/30]　　　　2 m

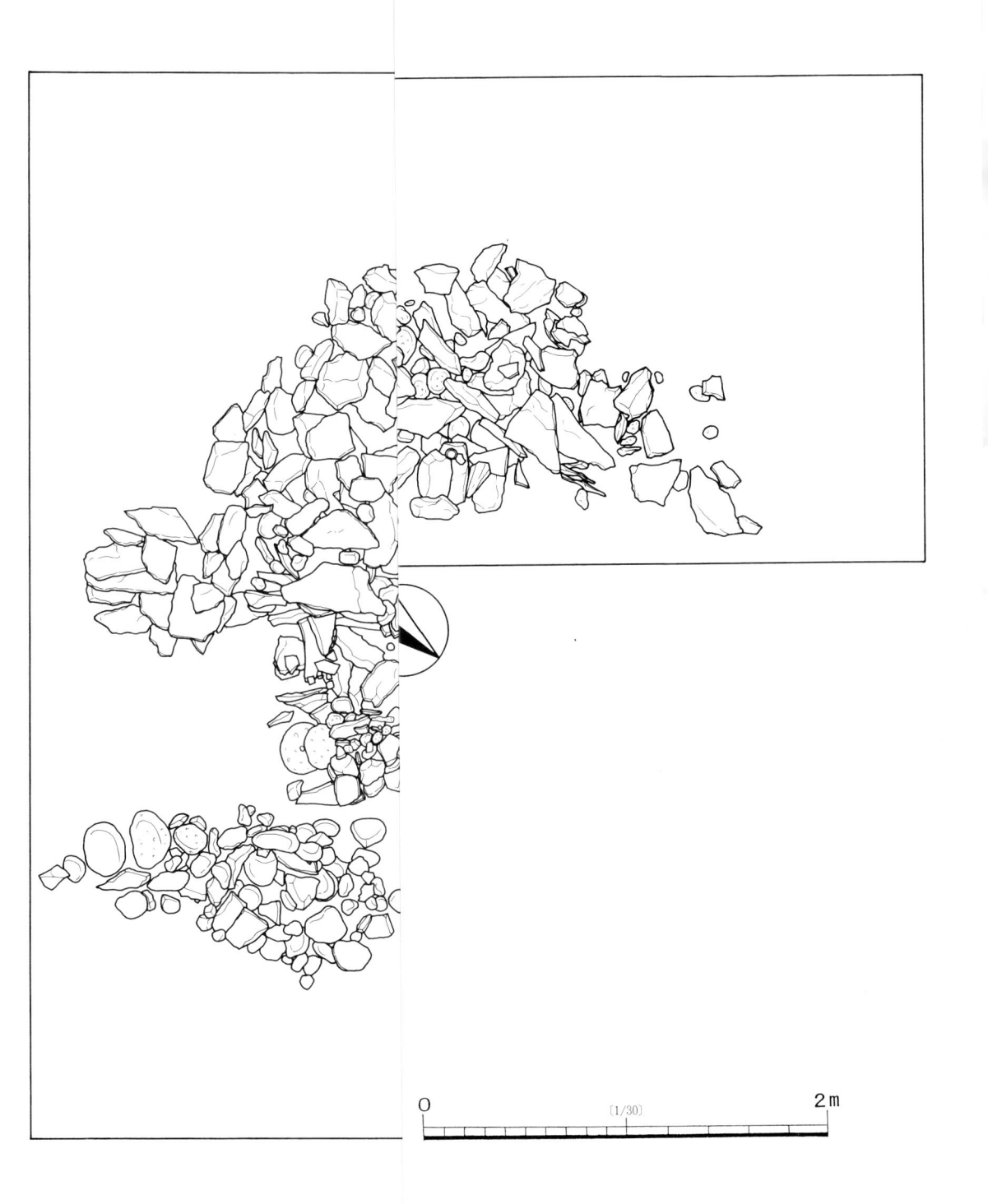

[1/30] 0   2 m

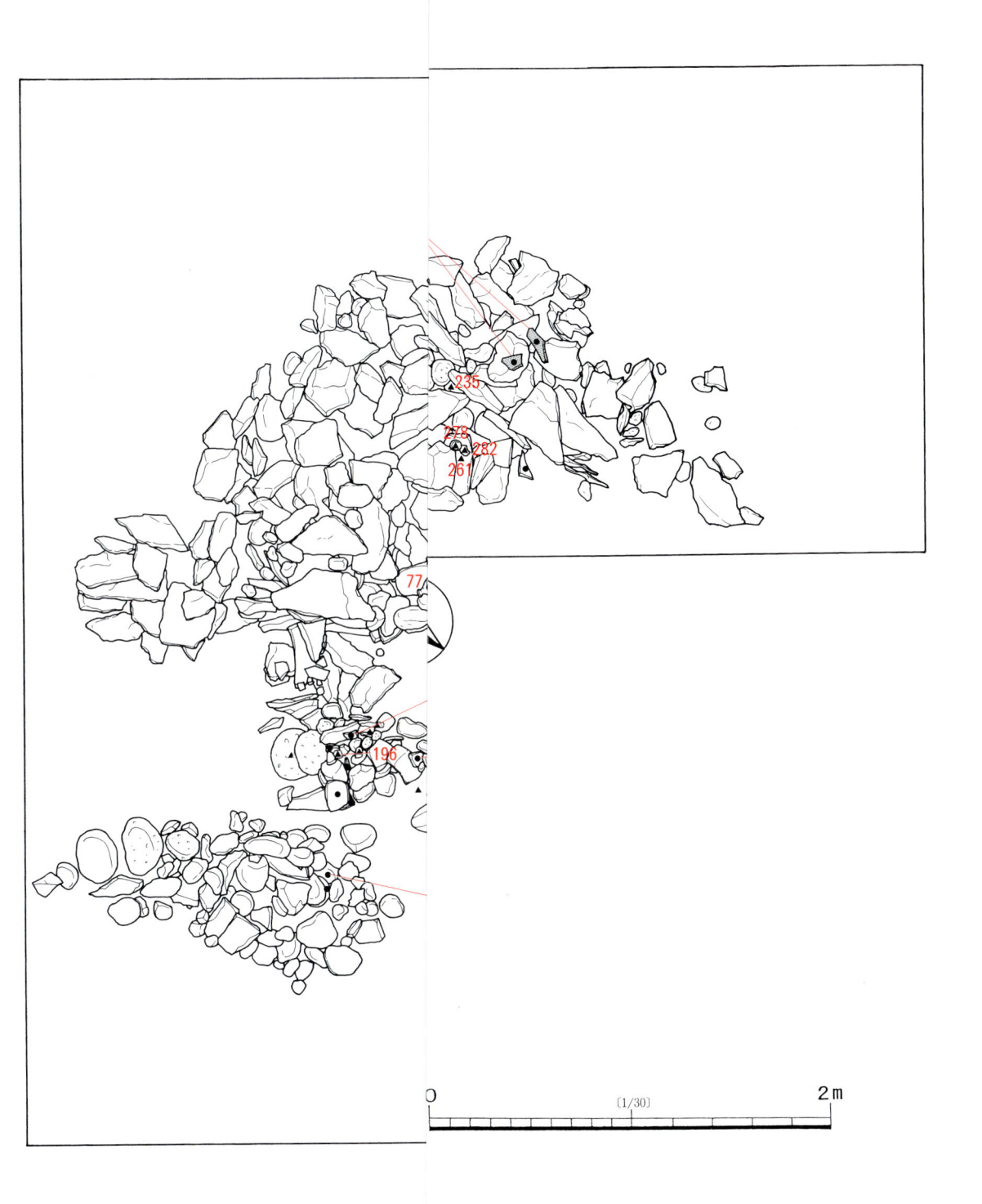

78.500m 78.500m

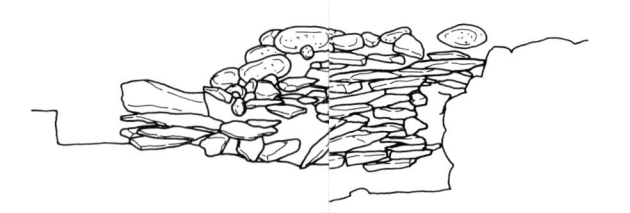

(1/30) 2m

第1号遺物集中立面図

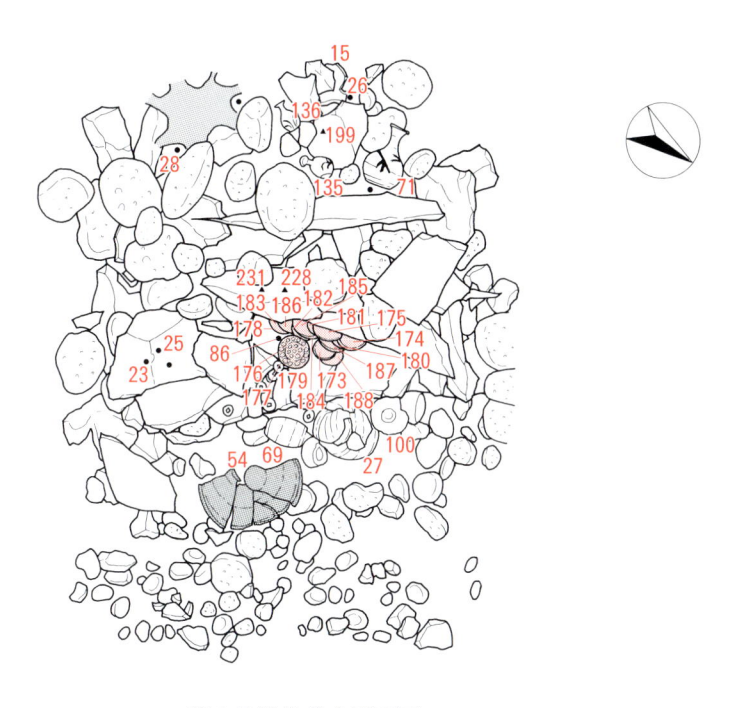

第1号遺物集中平面図

第32図　第1号遺物集中

― 65 ―

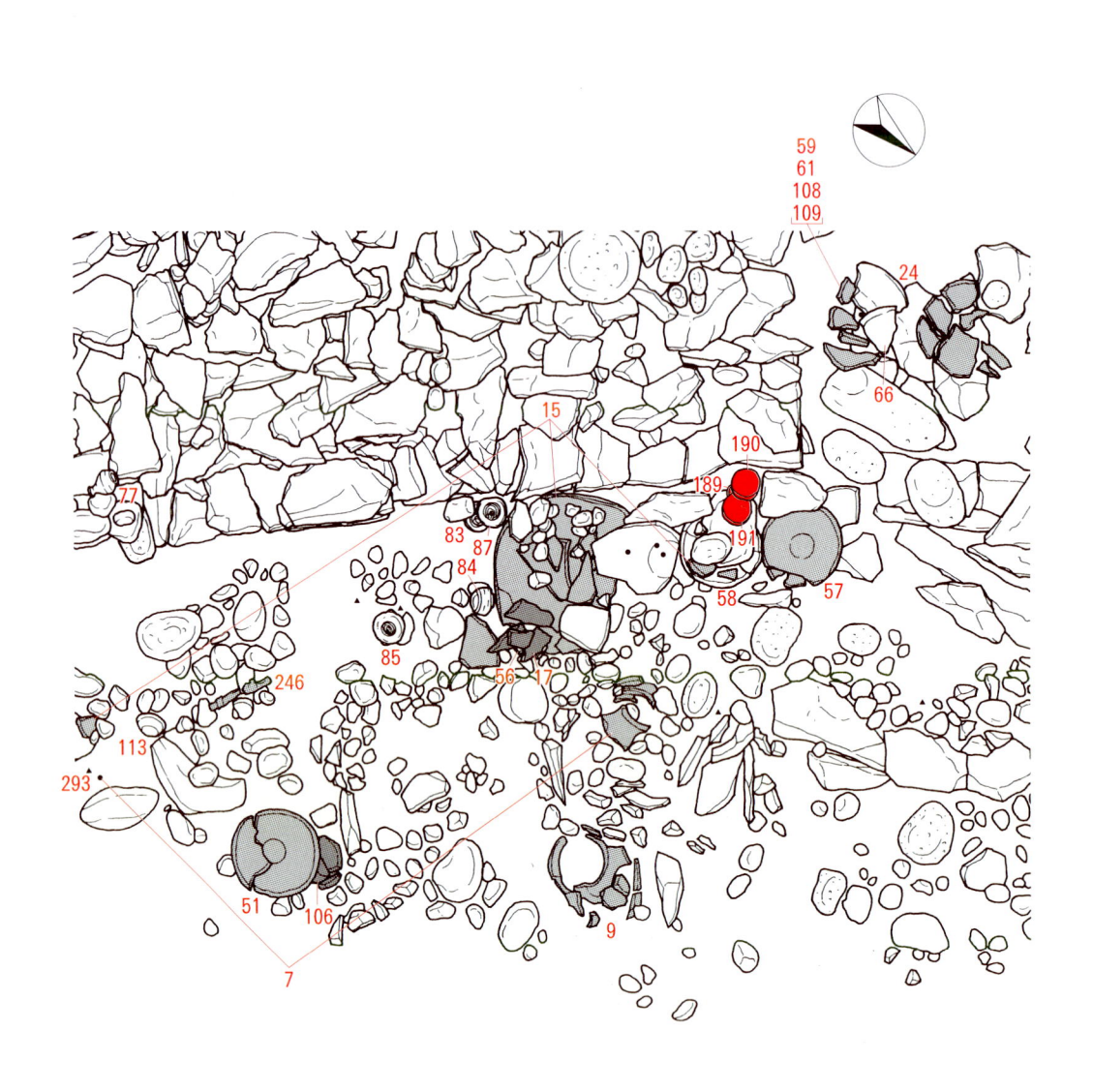

第33図　第2号遺物集中

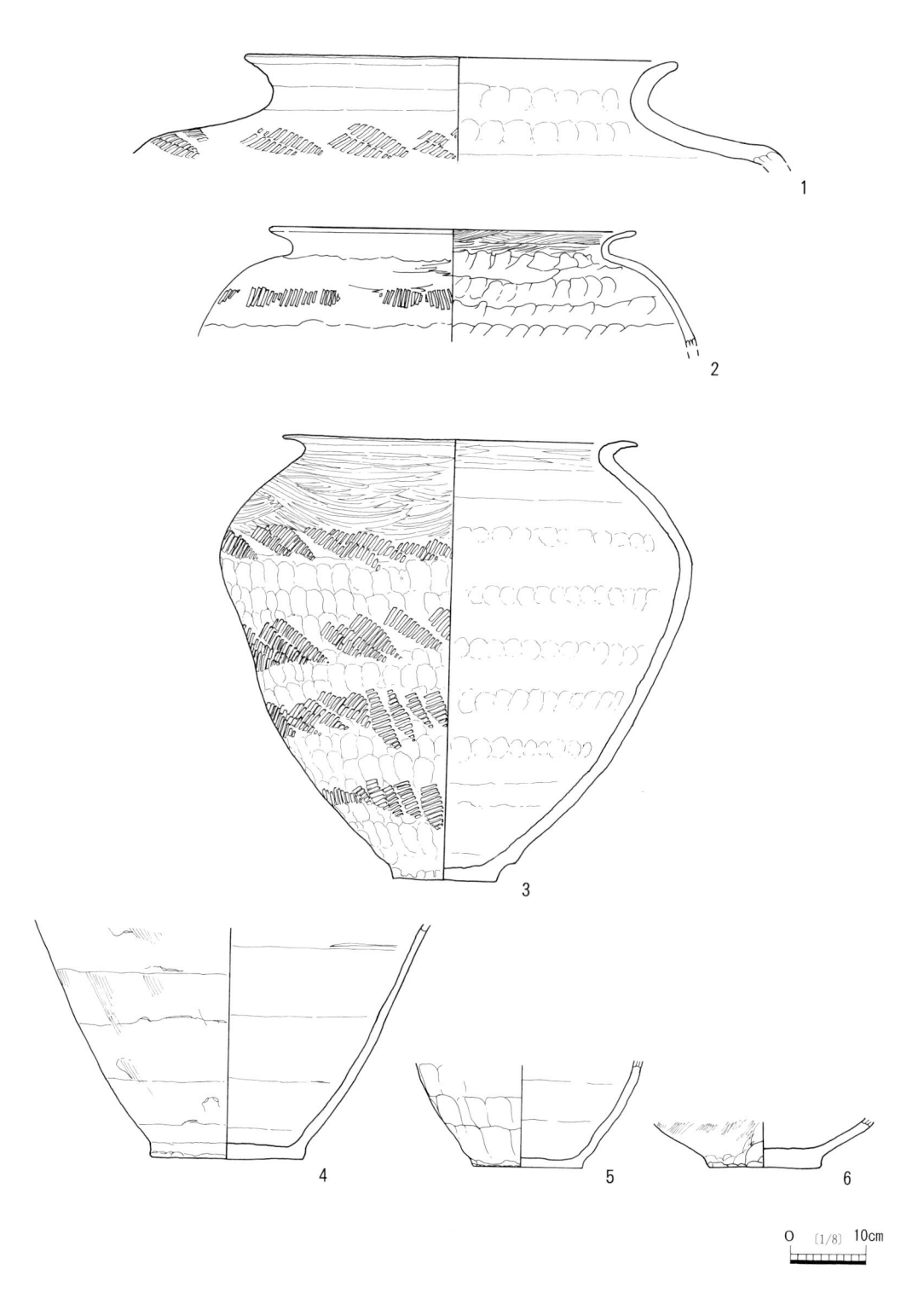

第34図　積石遺構第Ⅲ期出土遺物（1）

― 67 ―

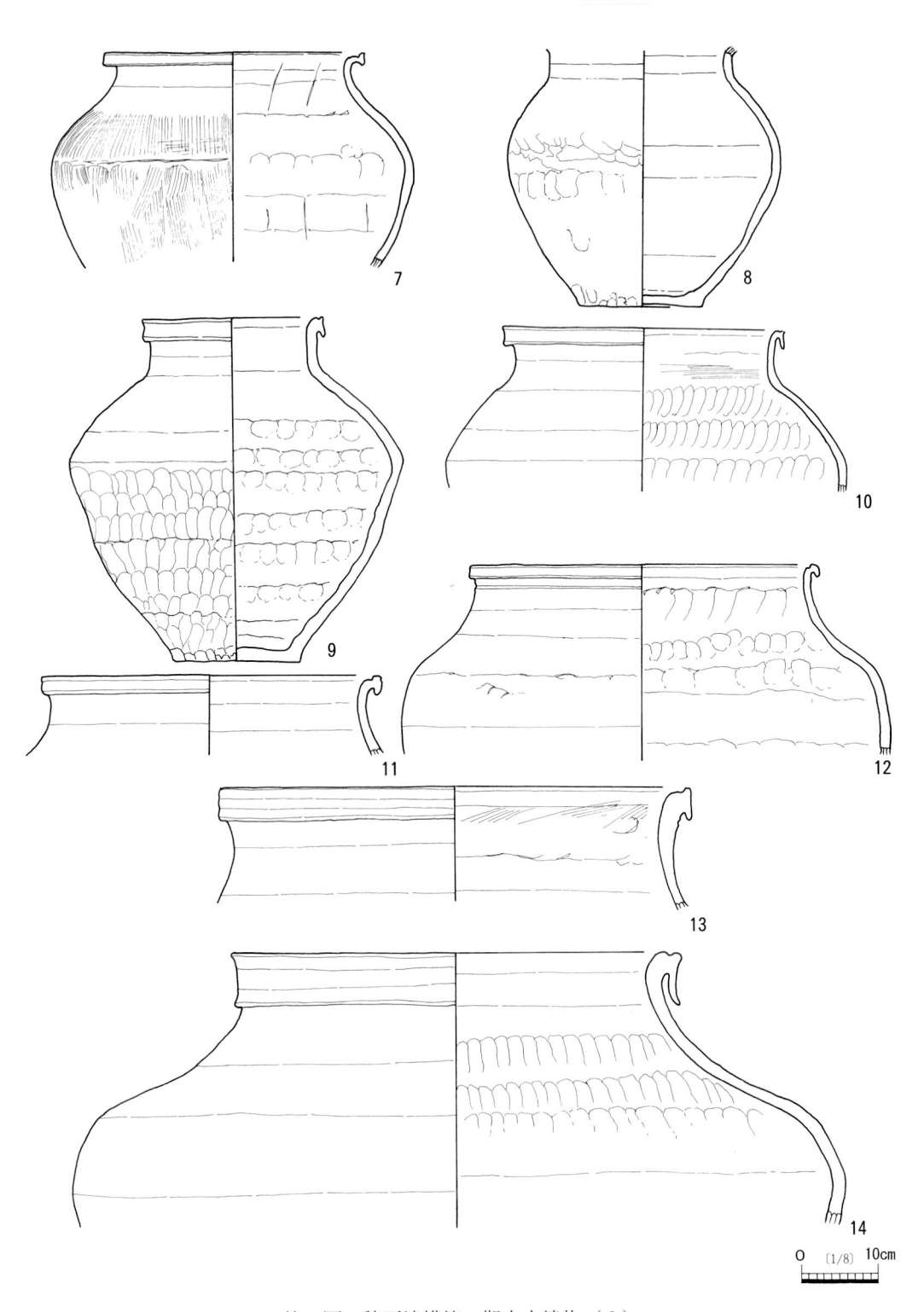

第35図　積石遺構第Ⅲ期出土遺物（2）

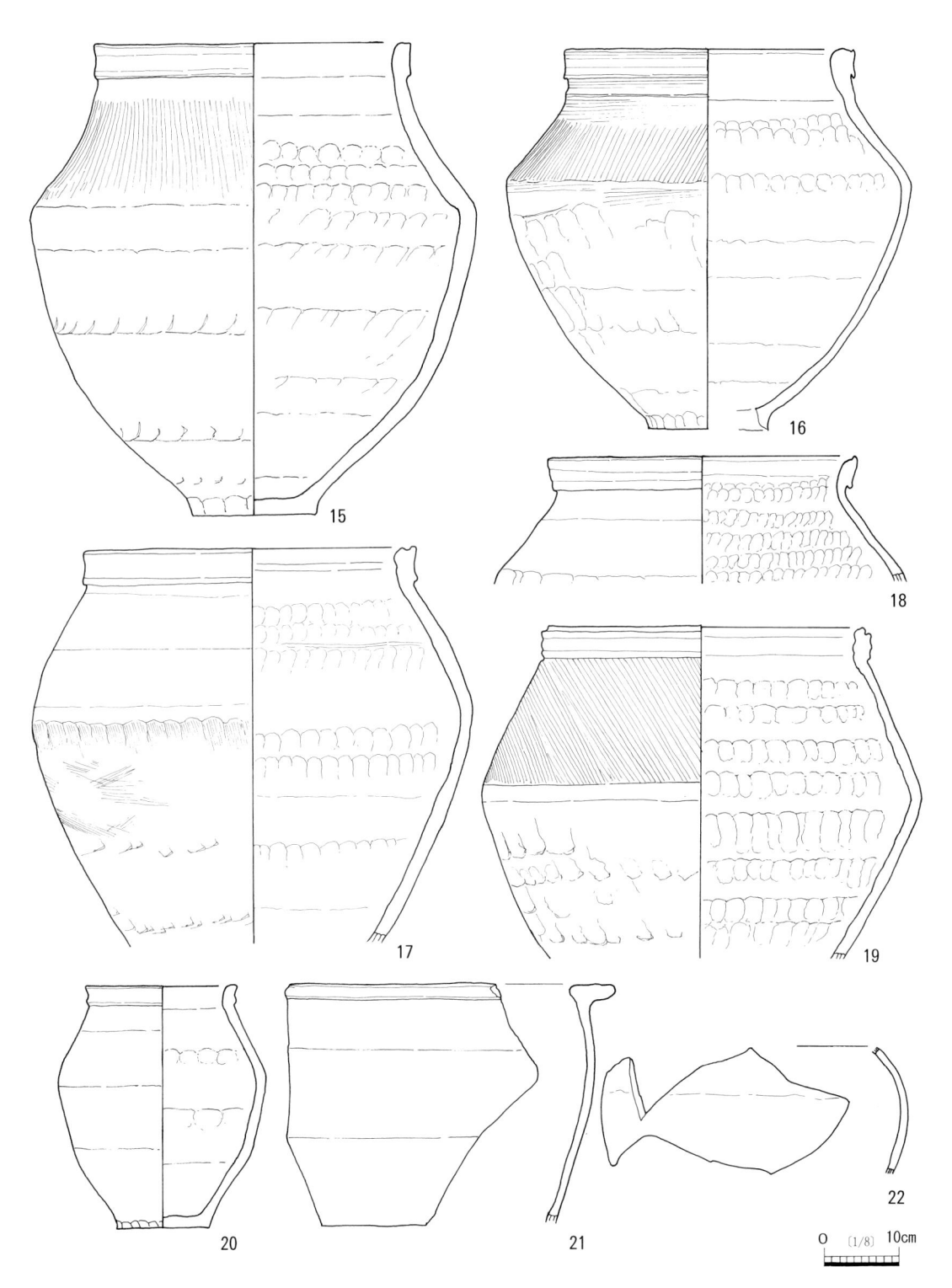

第36図　積石遺構第Ⅲ期出土遺物（3）

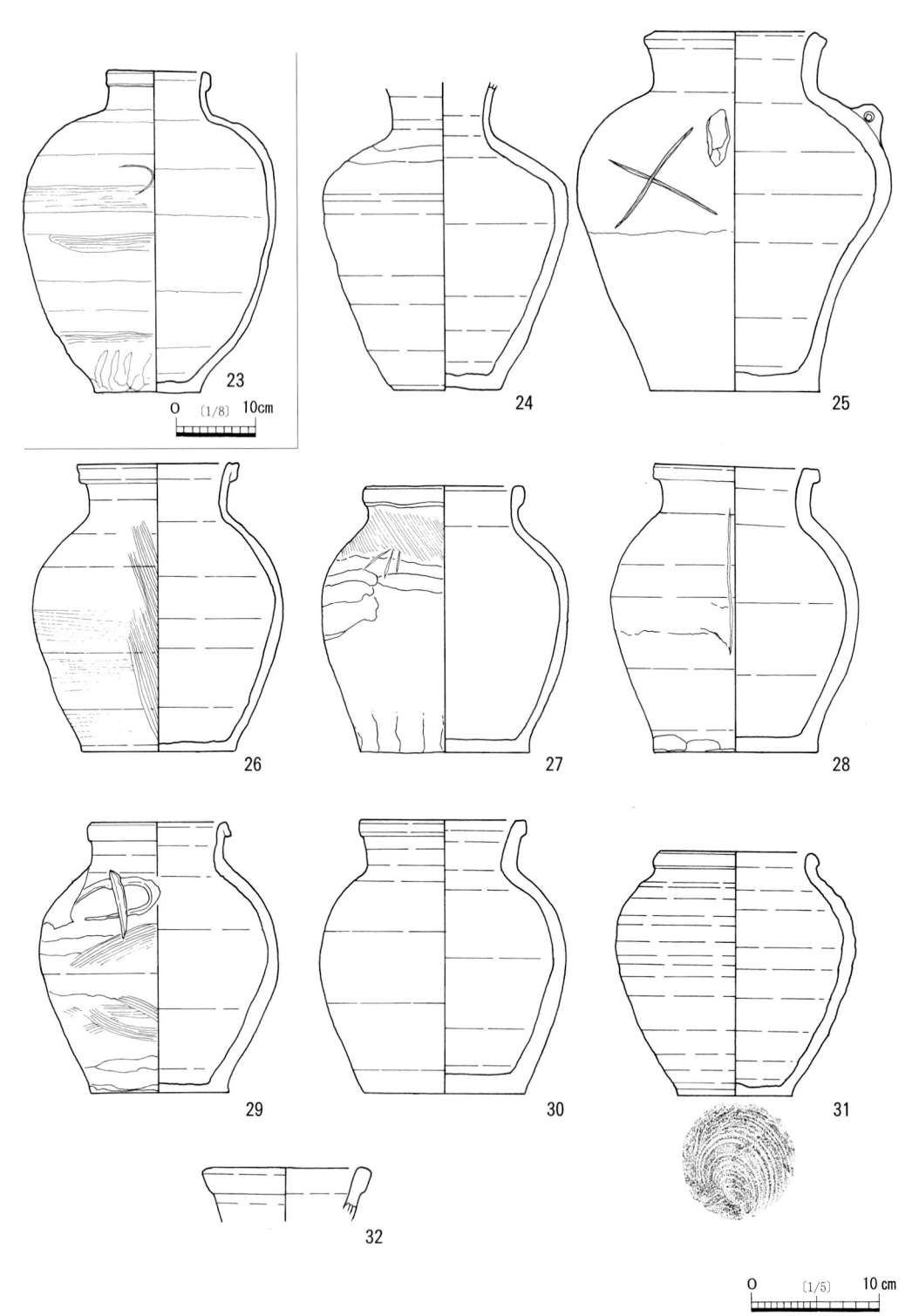

第37図　積石遺構第Ⅲ期出土遺物（4）

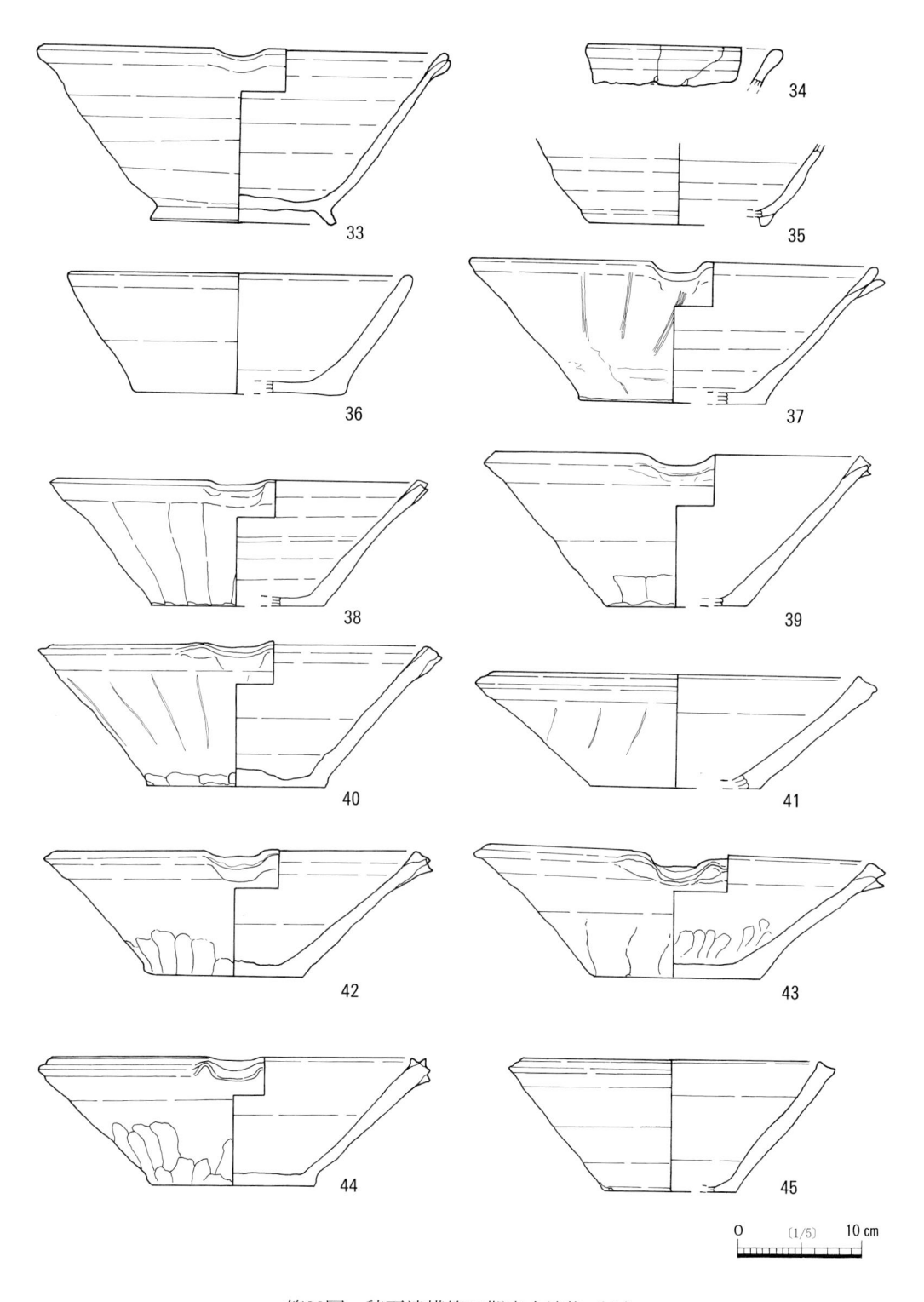

第38図　積石遺構第Ⅲ期出土遺物（5）

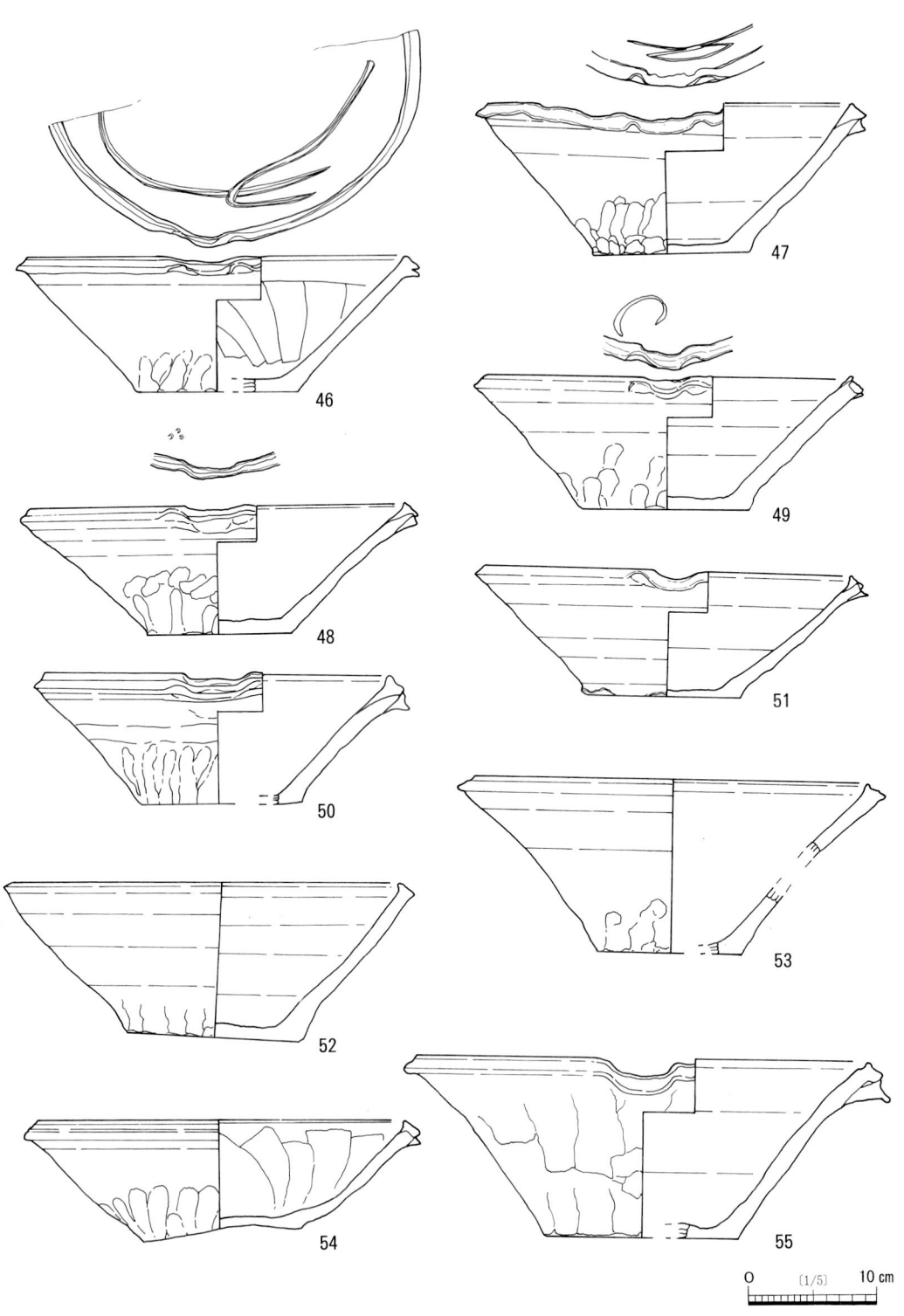

第39図　積石遺構第Ⅲ期出土遺物（6）

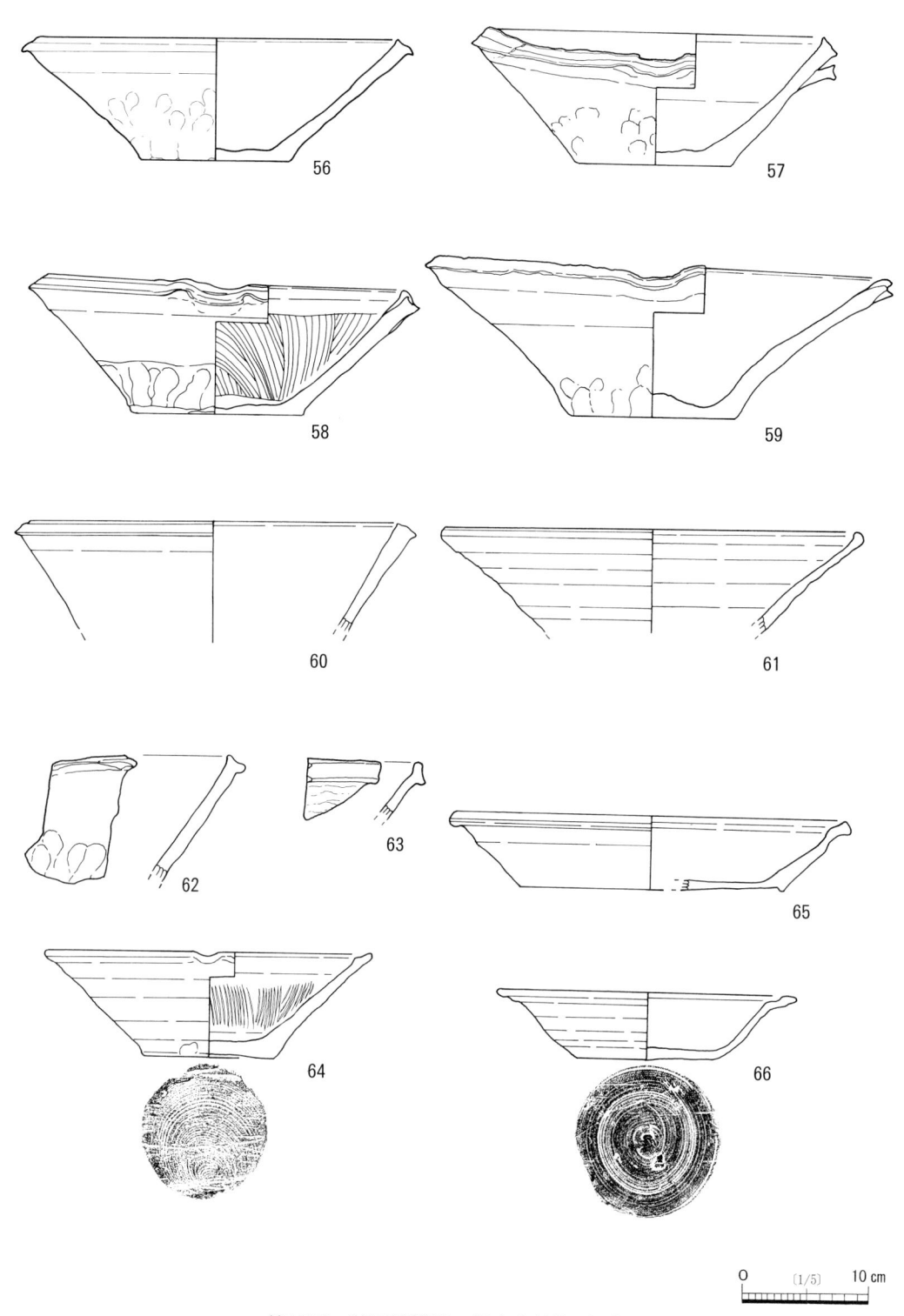

第40図　積石遺構第Ⅲ期出土遺物（7）

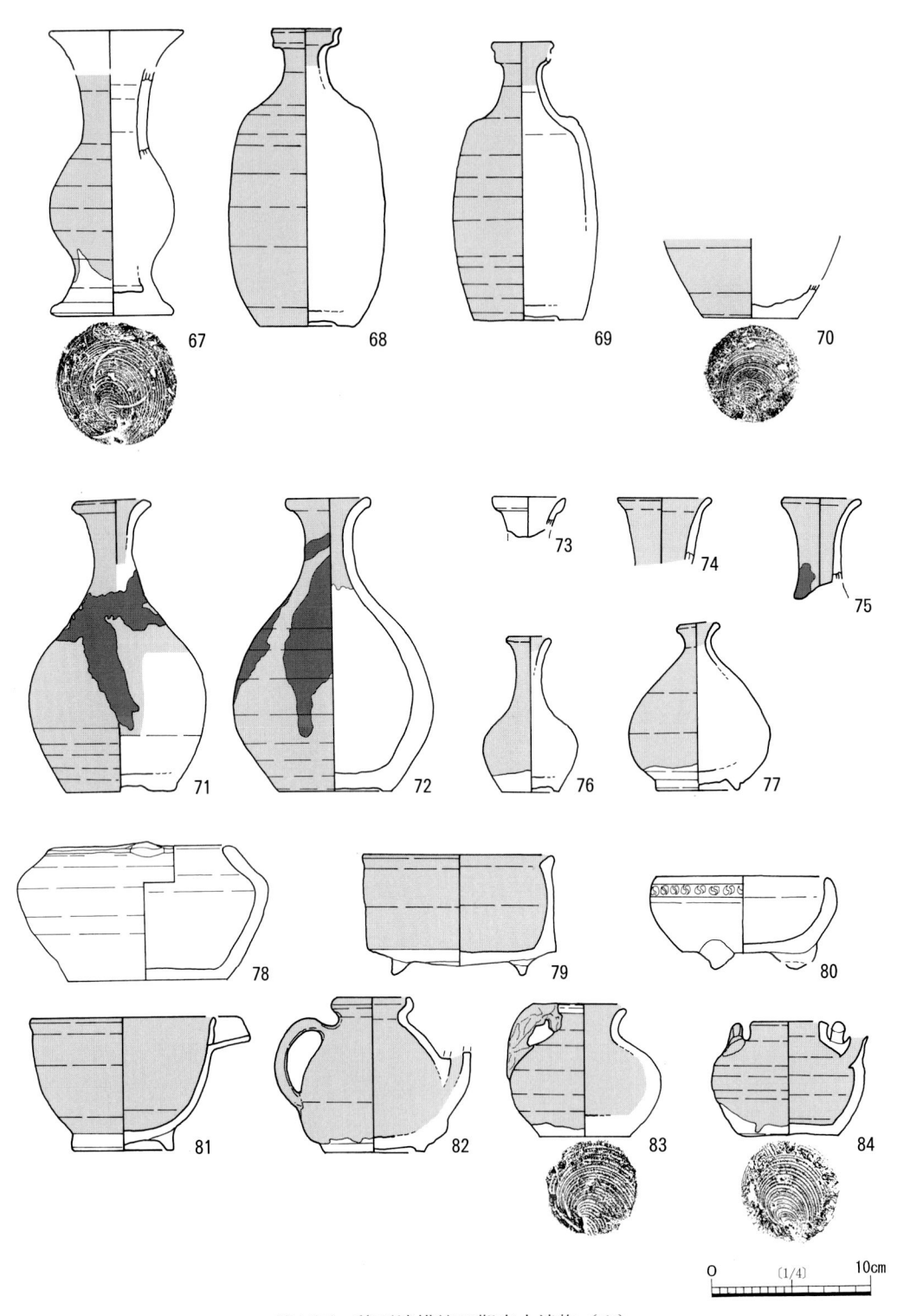

第41図　積石遺構第Ⅲ期出土遺物（8）

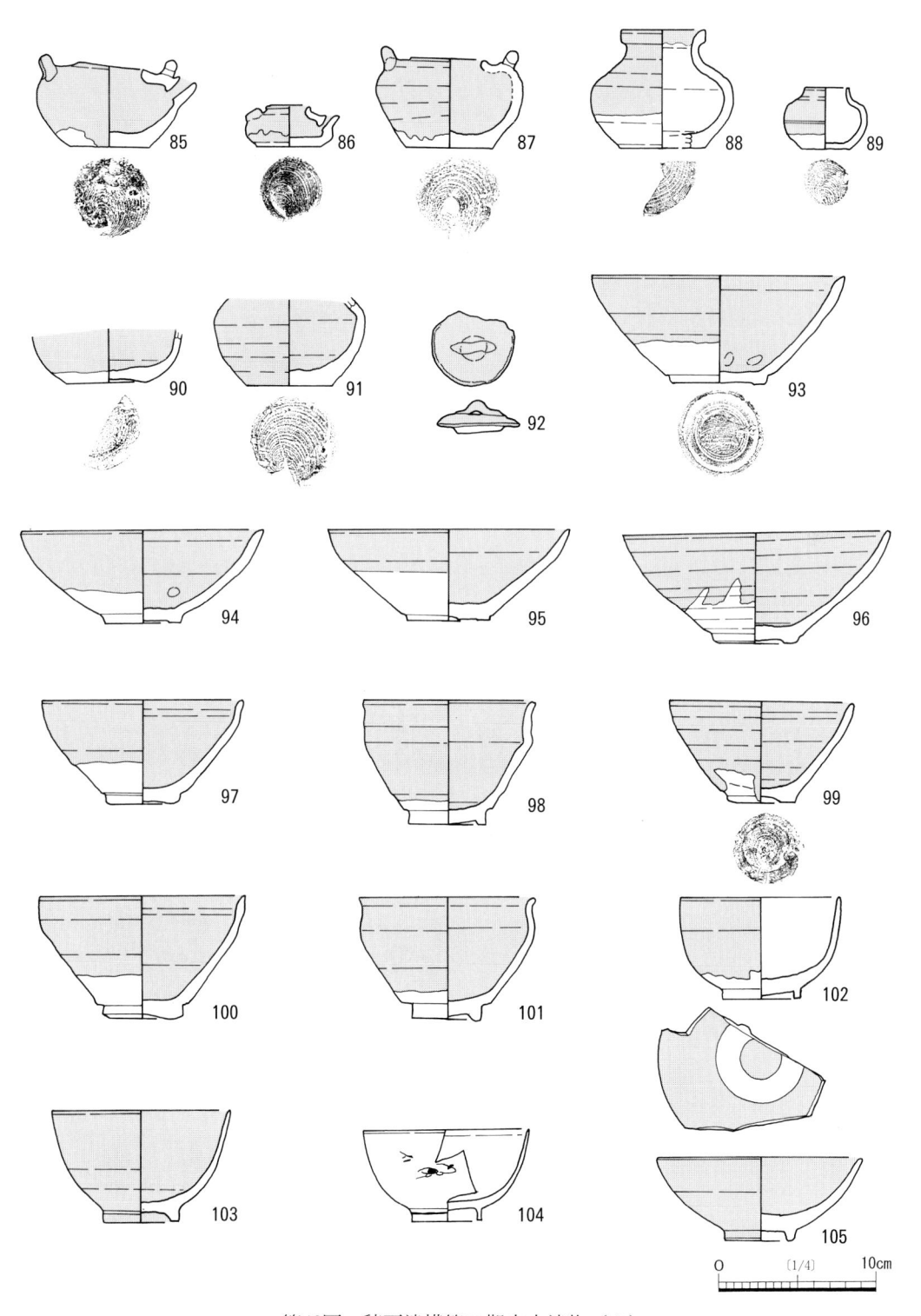

第42図 積石遺構第Ⅲ期出土遺物（9）

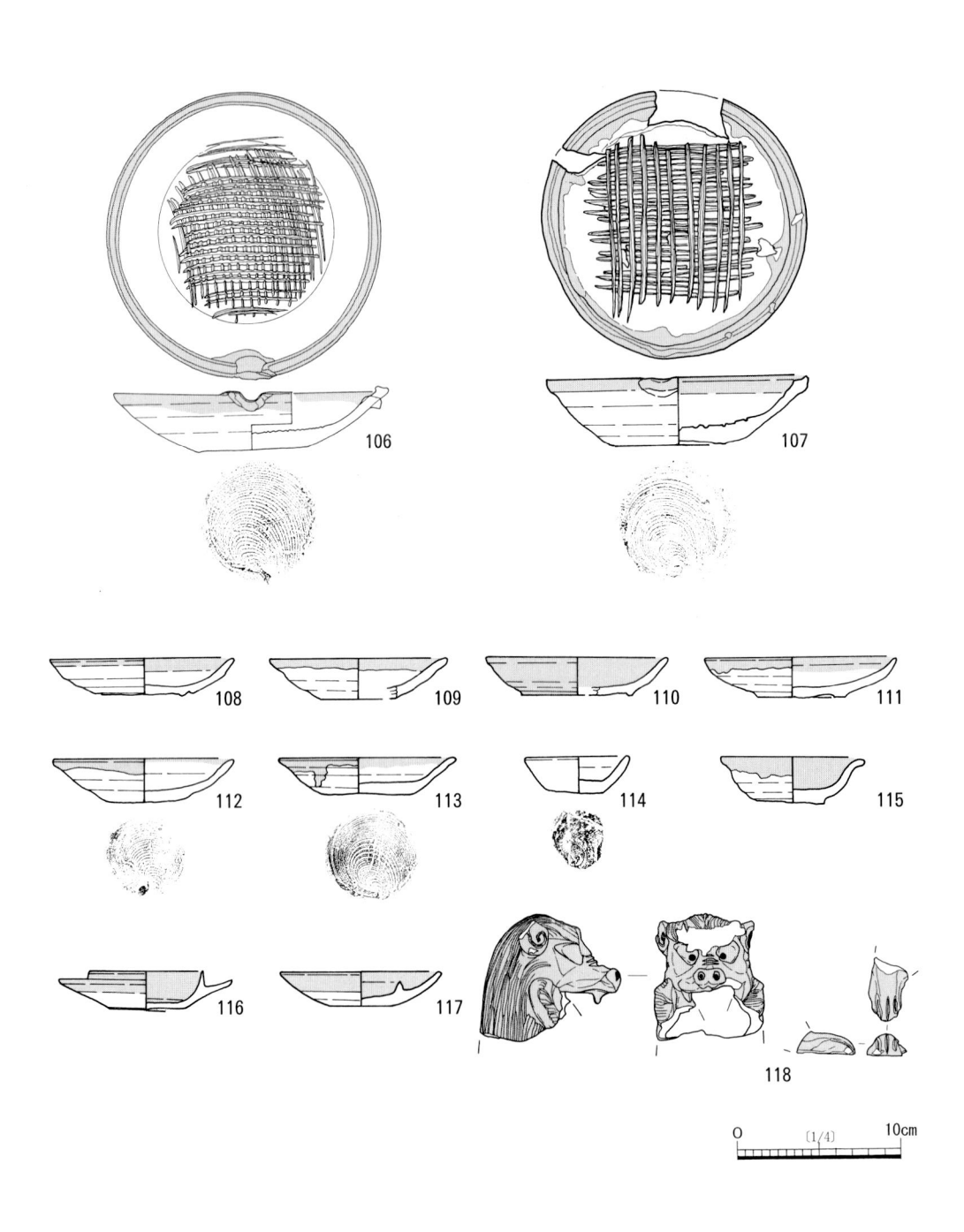

第43図　積石遺構第Ⅲ期出土遺物（10）

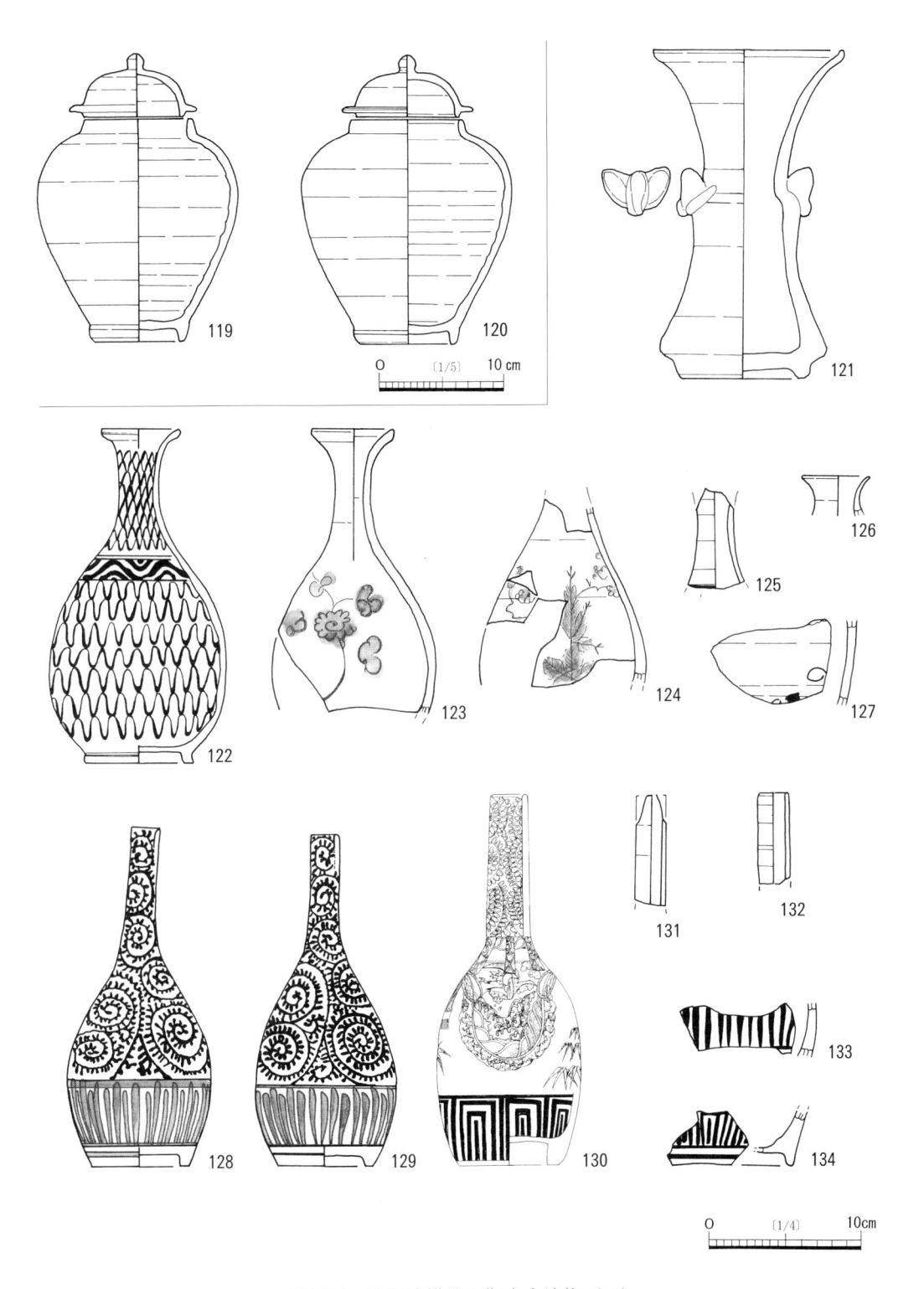

第44図　積石遺構第Ⅲ期出土遺物（11）

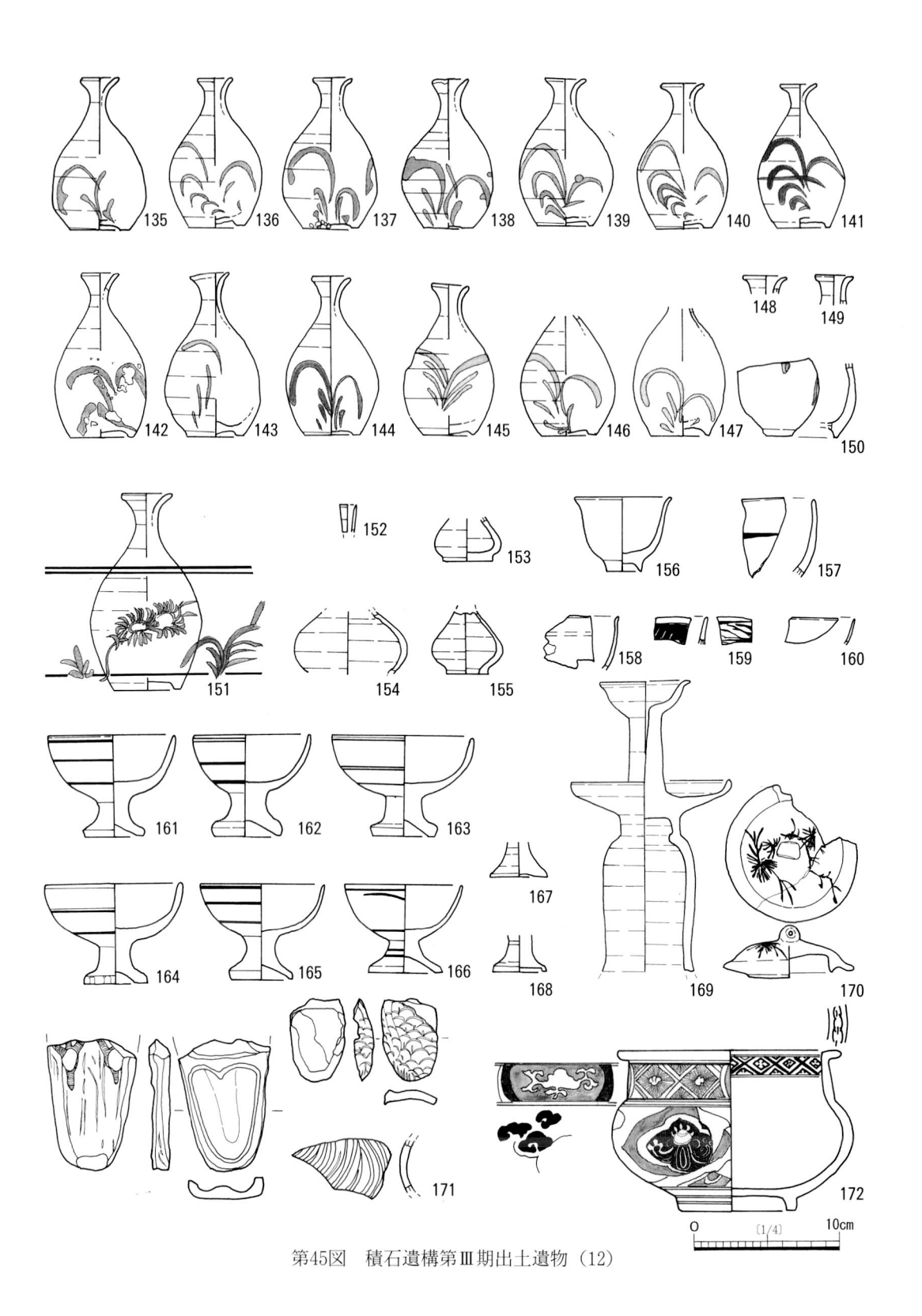

第45図　積石遺構第Ⅲ期出土遺物（12）

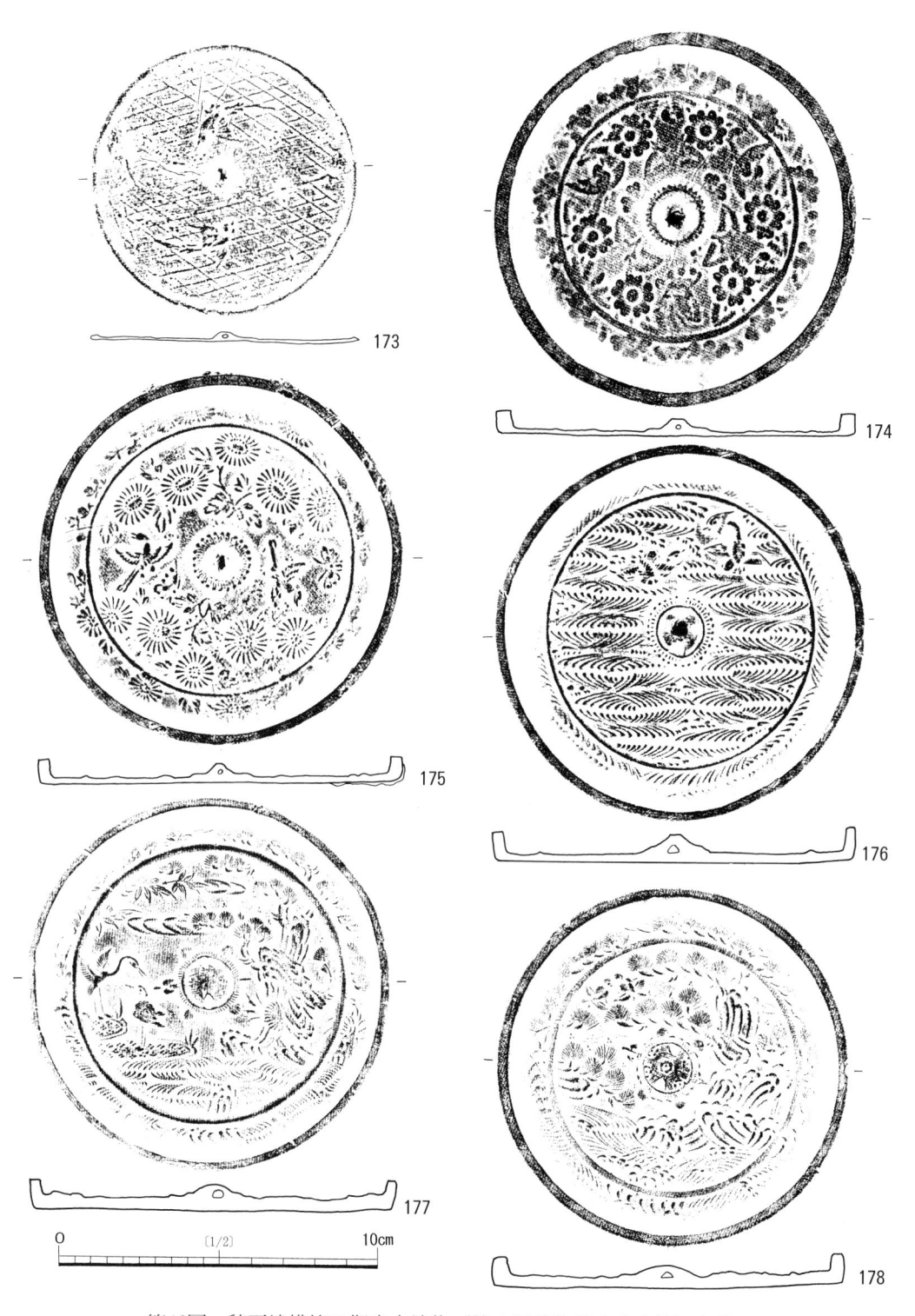

第46図　積石遺構第Ⅲ期出土遺物（第1号遺物集中出土鏡）(13)

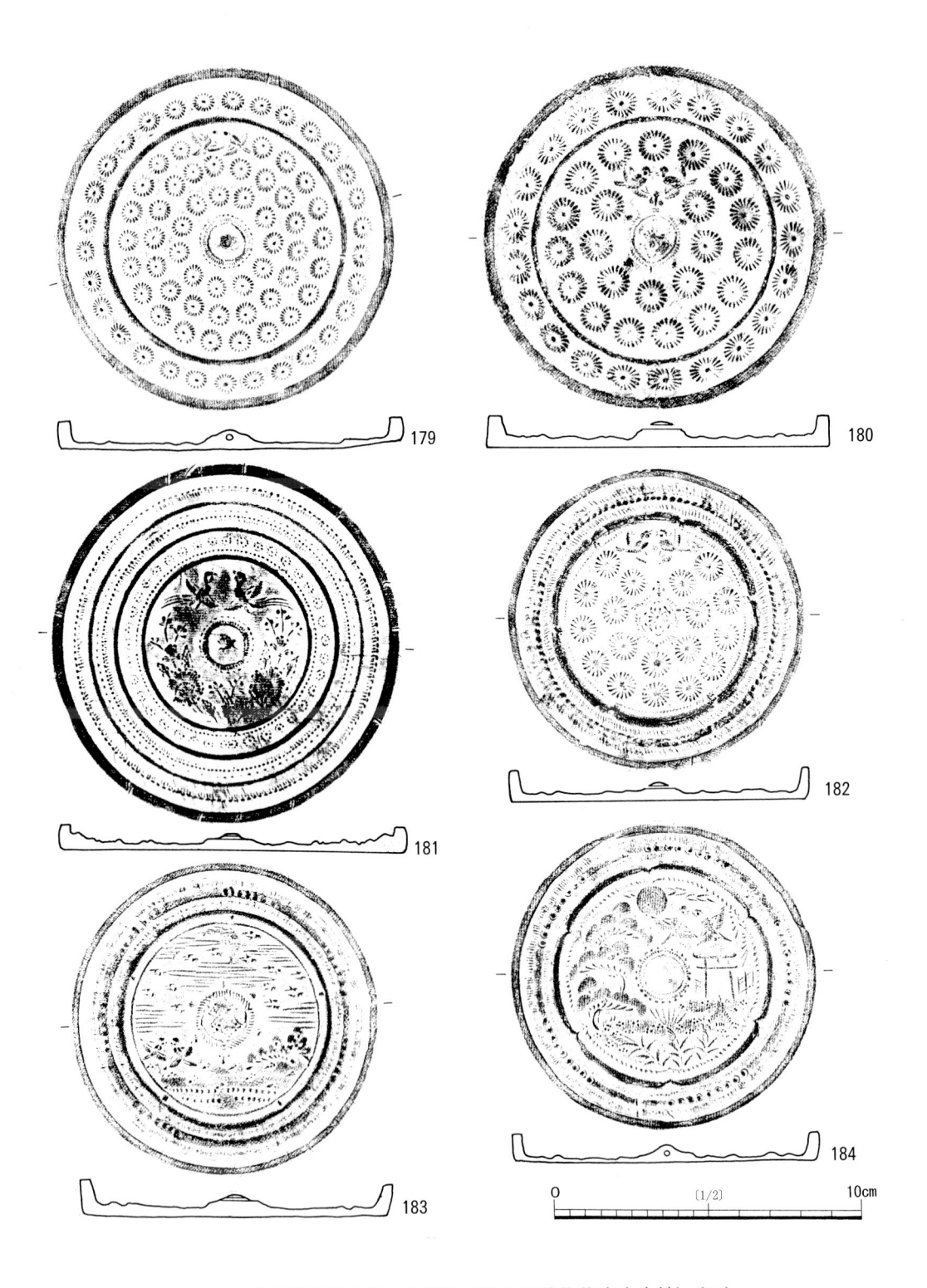

第47図 積石遺構第Ⅲ期出土遺物（第1号遺物集中出土鏡）(14)

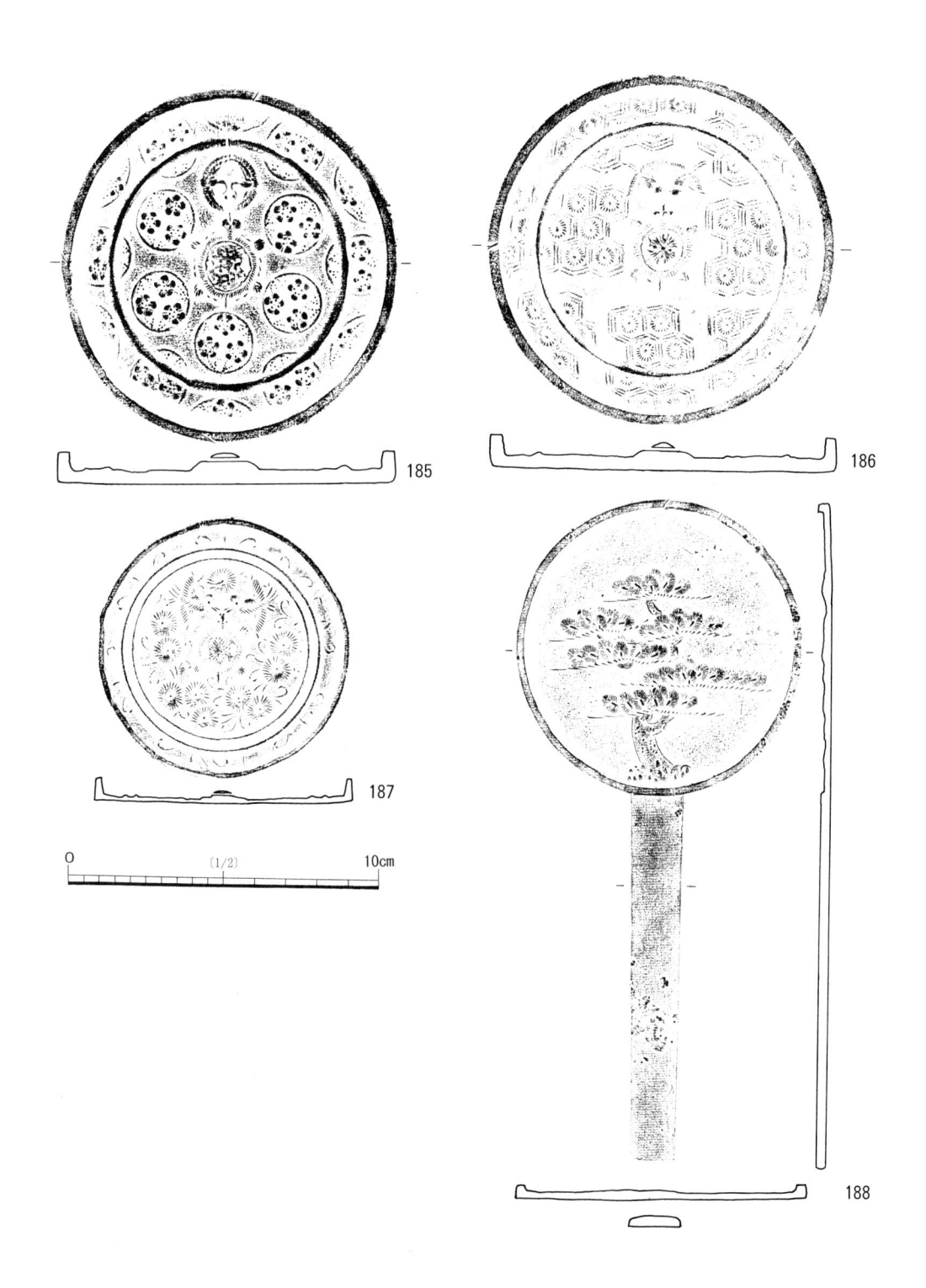

第48図 積石遺構第Ⅲ期出土遺物（第1号遺物集中出土鏡）(15)

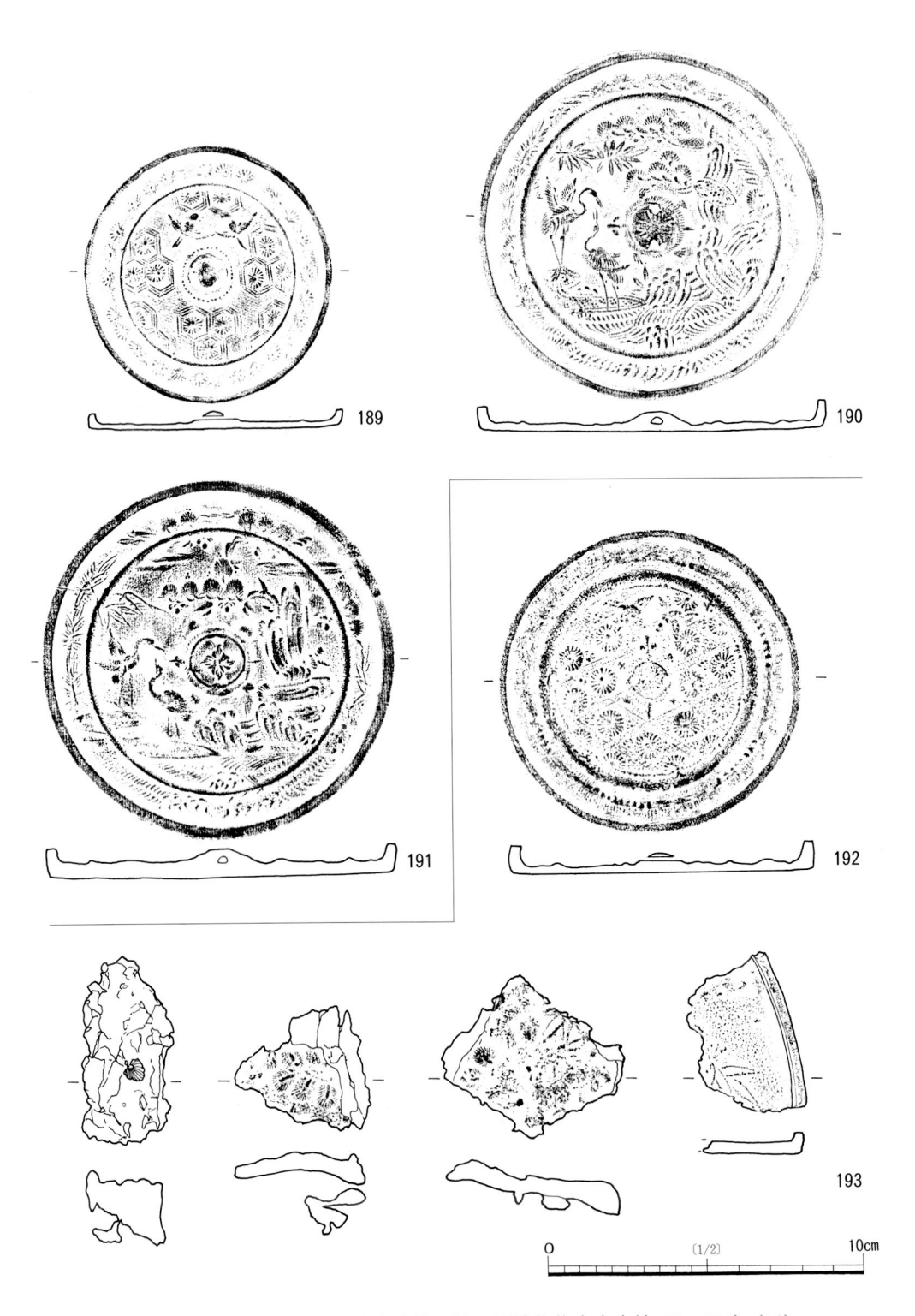

第49図　積石遺構第Ⅲ期出土遺物（第2号遺物集中出土鏡189～191）(16)

第50図 積石遺構第Ⅲ期出土遺物 (17)

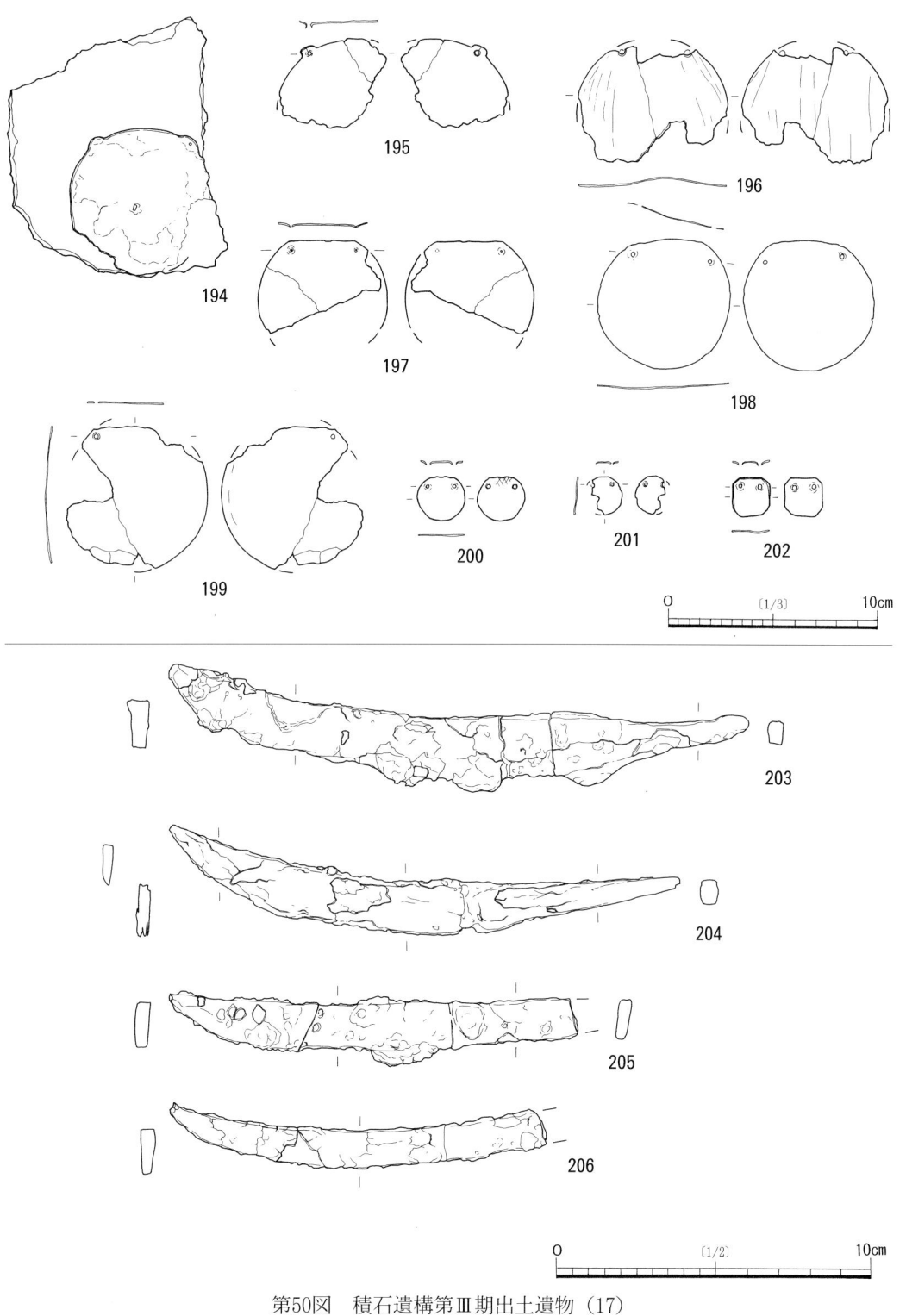

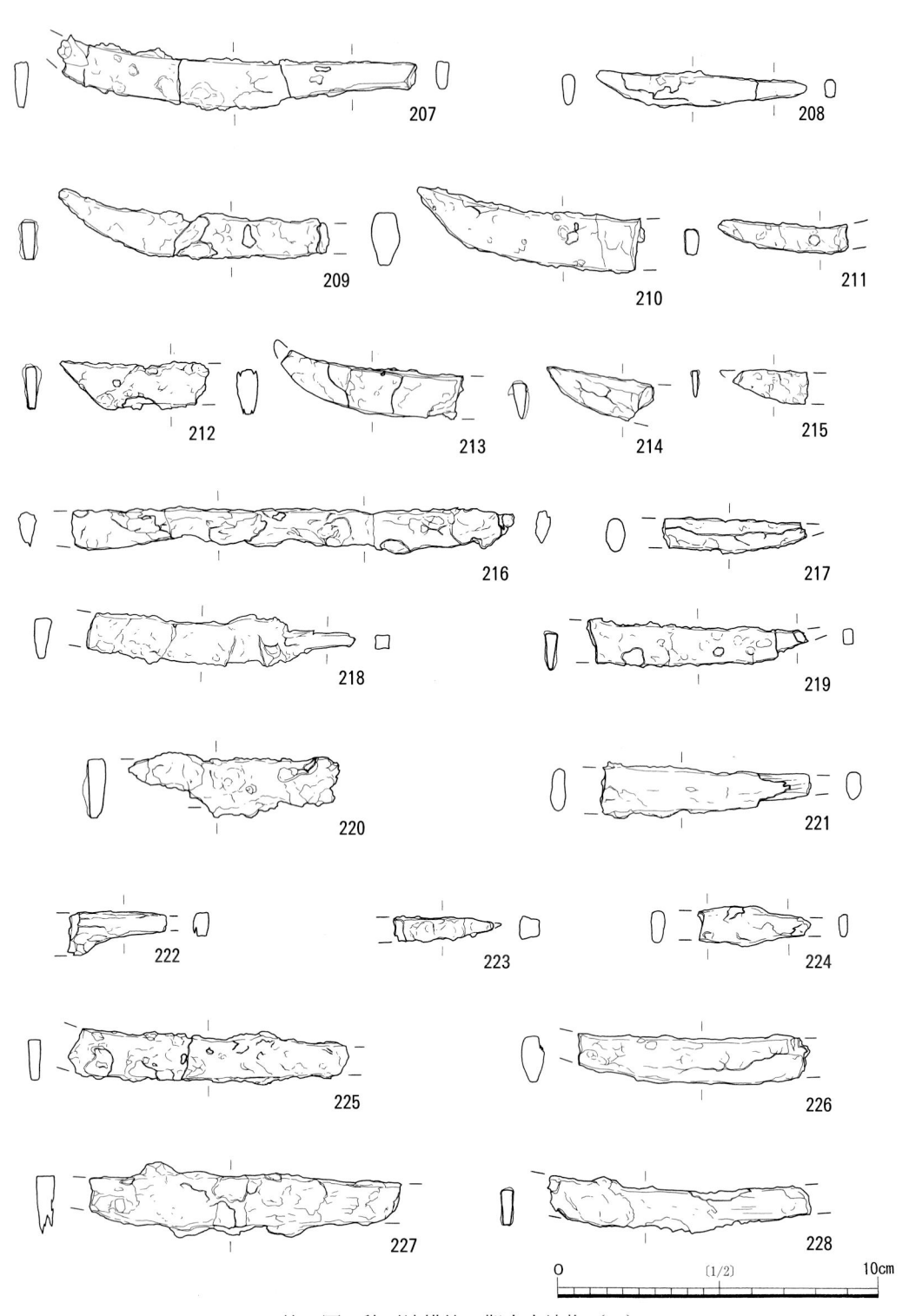

第51図　積石遺構第Ⅲ期出土遺物 (18)

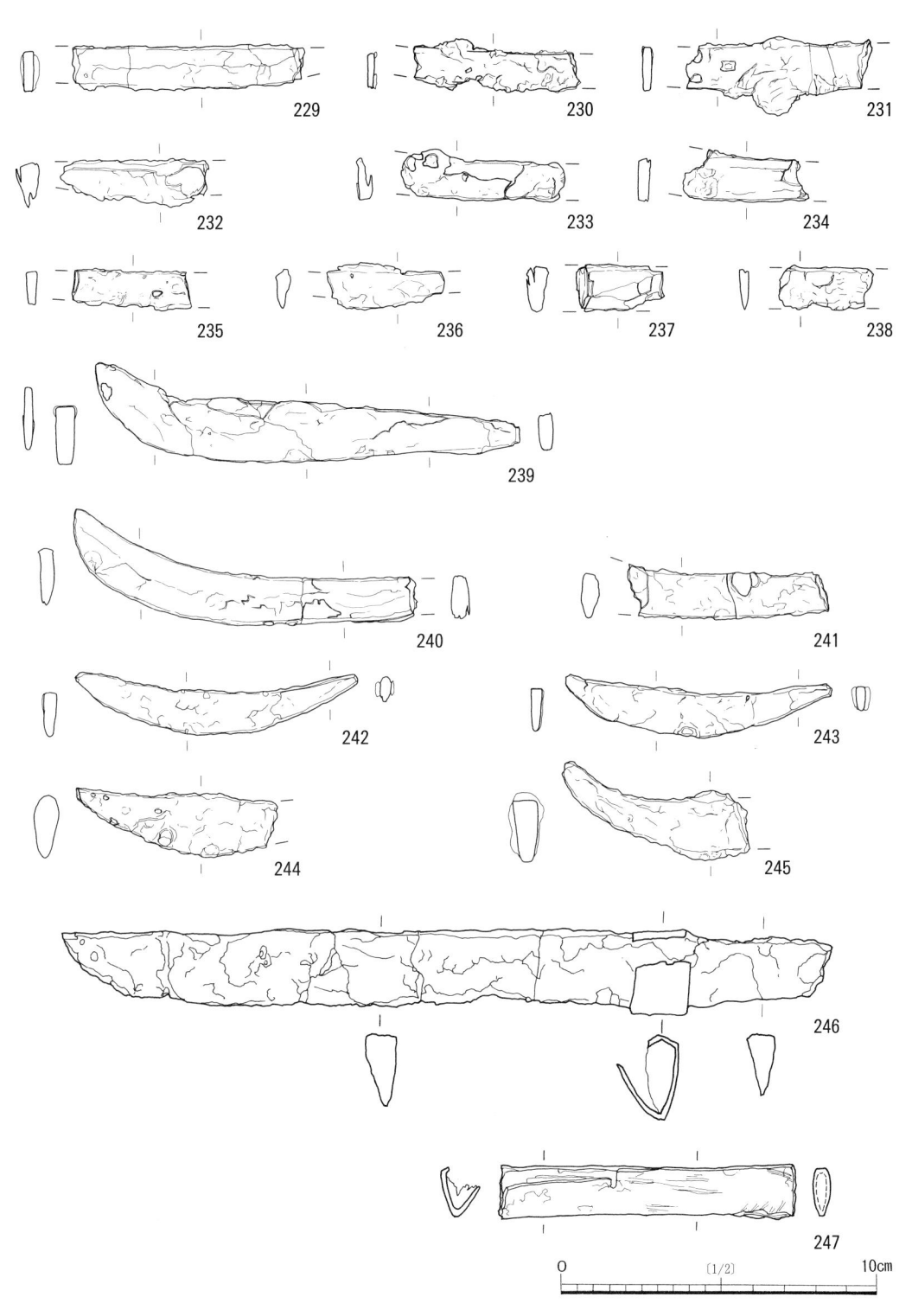

第52図　積石遺構第Ⅲ期出土遺物（19）

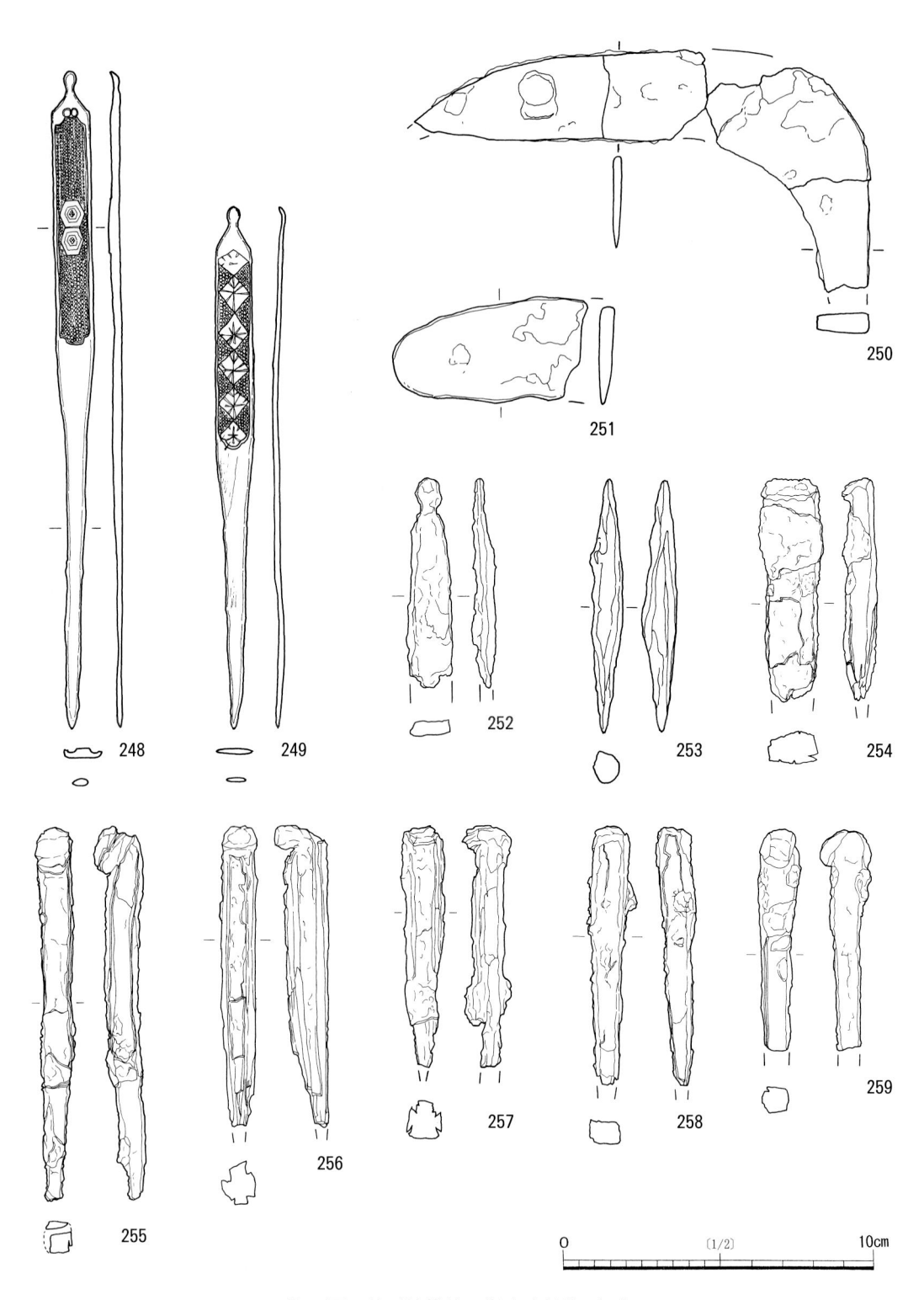

第53図　積石遺構第Ⅲ期出土遺物（20）

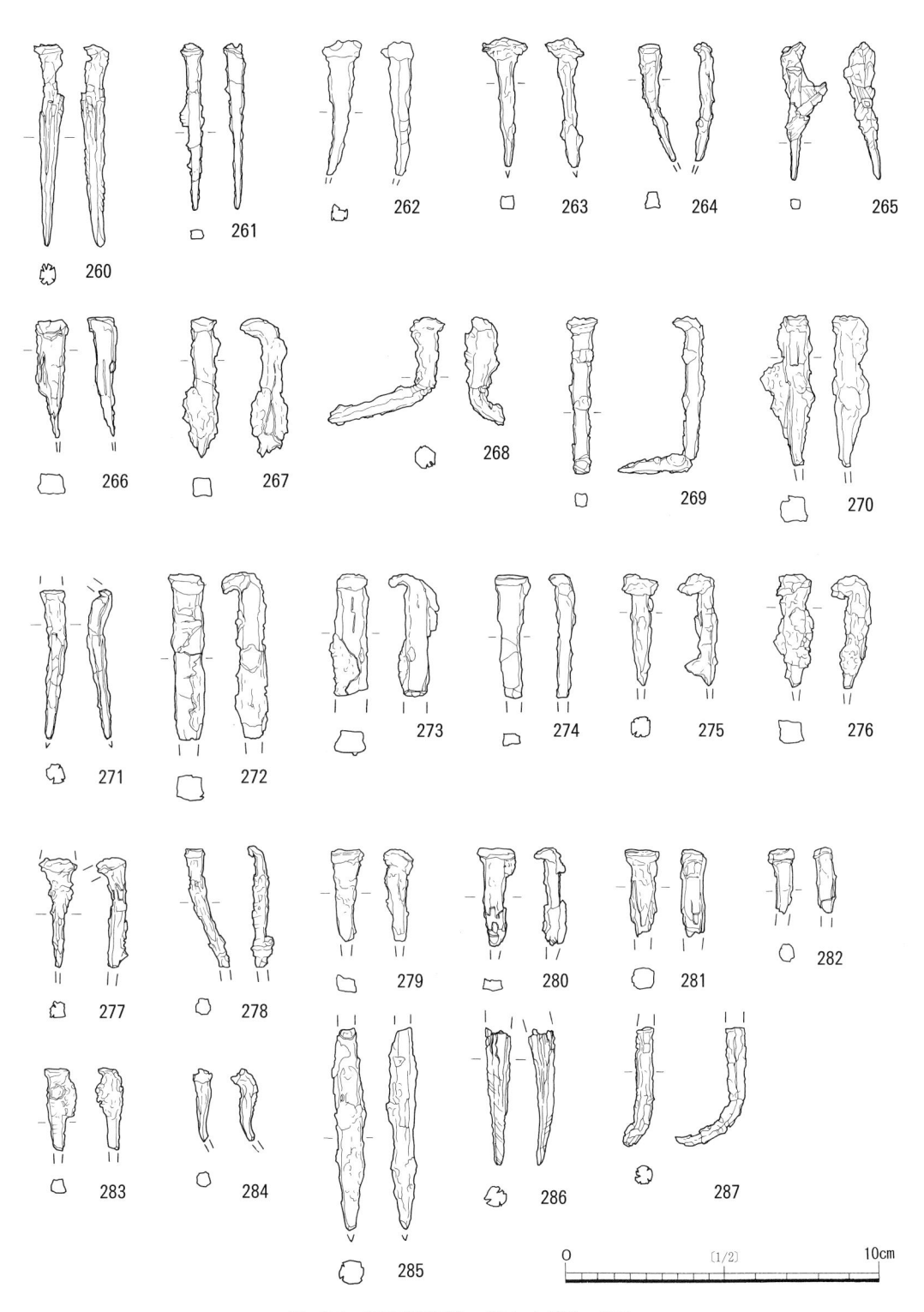

第54図　積石遺構第Ⅲ期出土遺物（21）

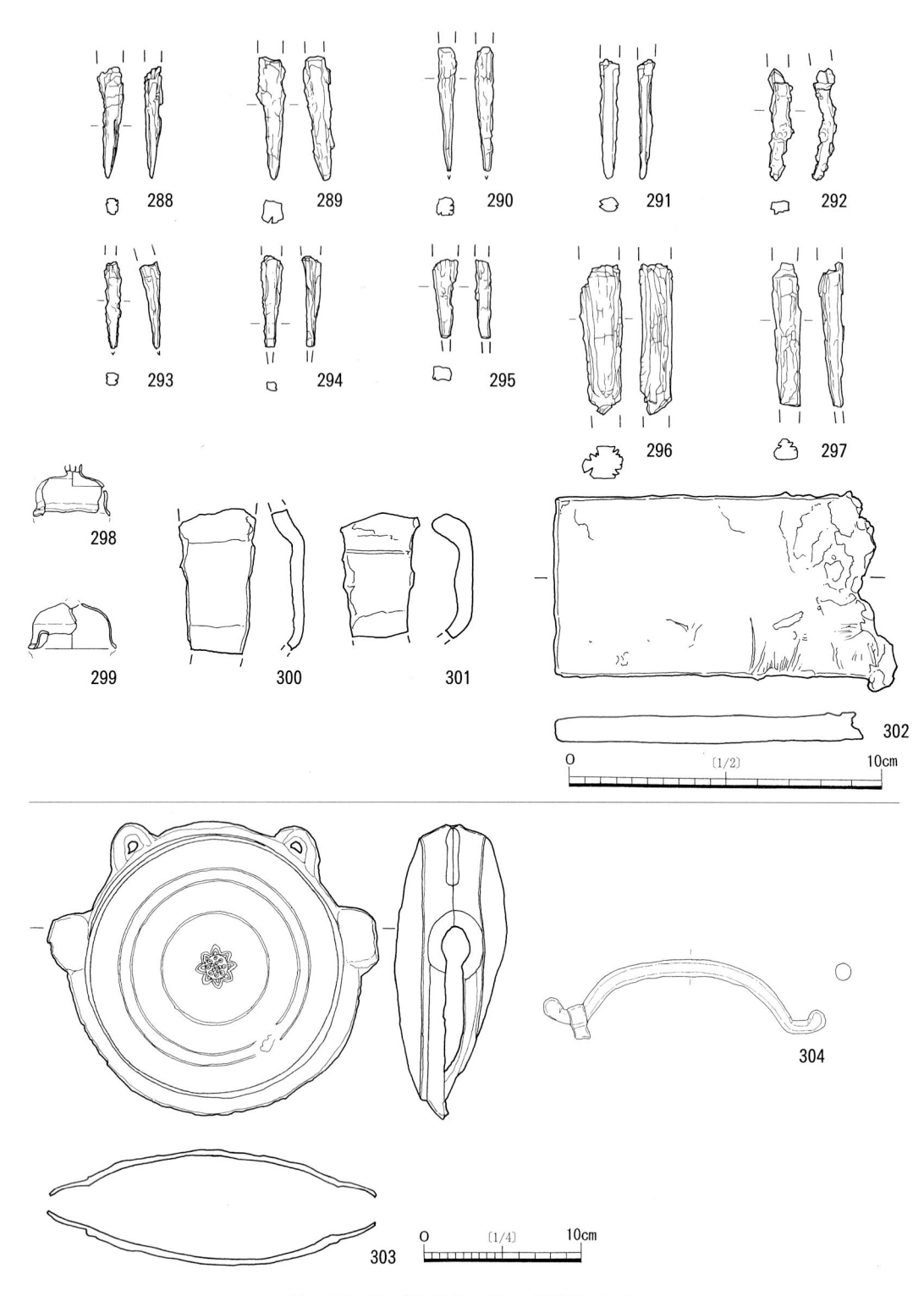

第55図　積石遺構第Ⅲ期出土遺物（22）

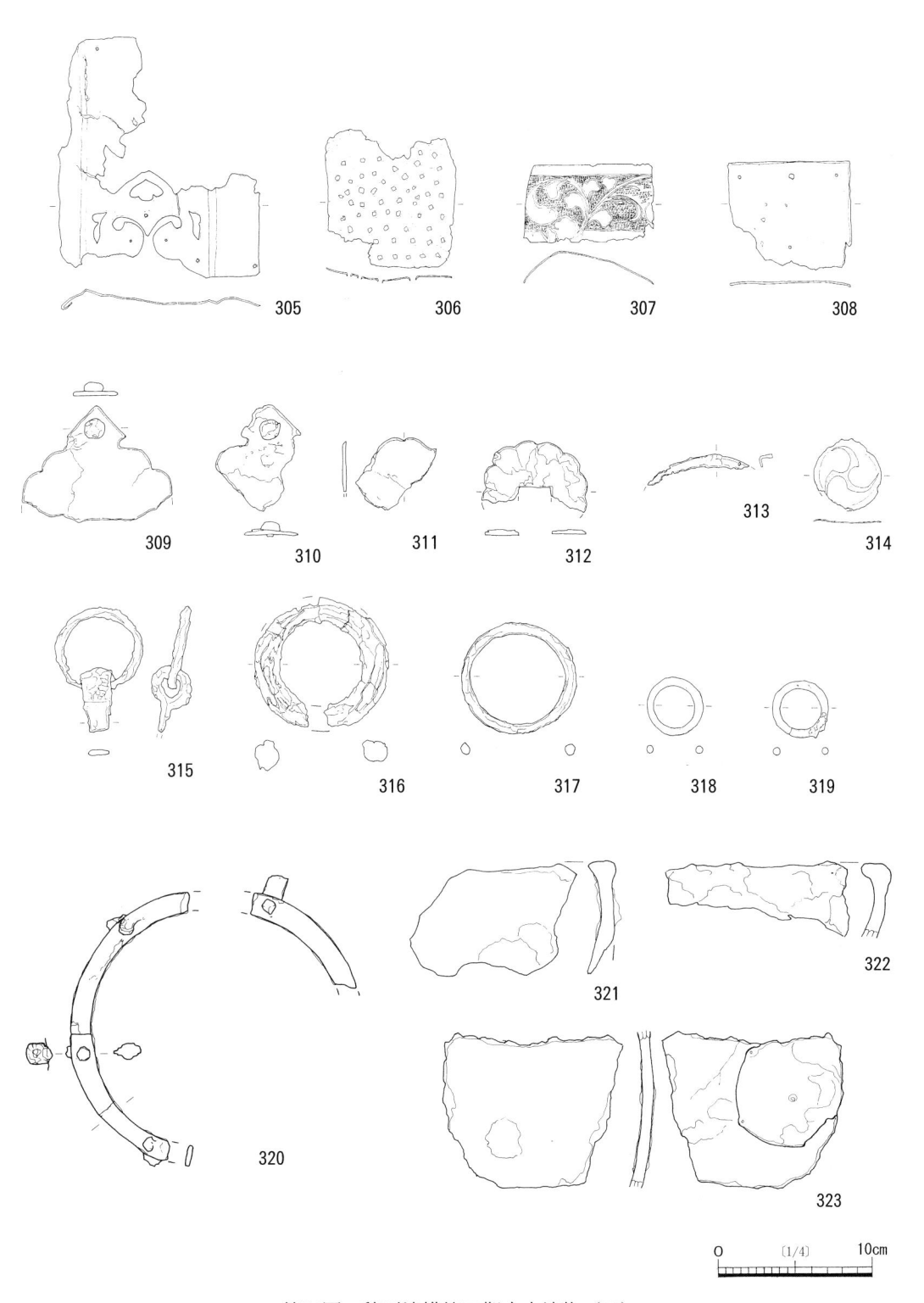

第56図　積石遺構第Ⅲ期出土遺物（23）

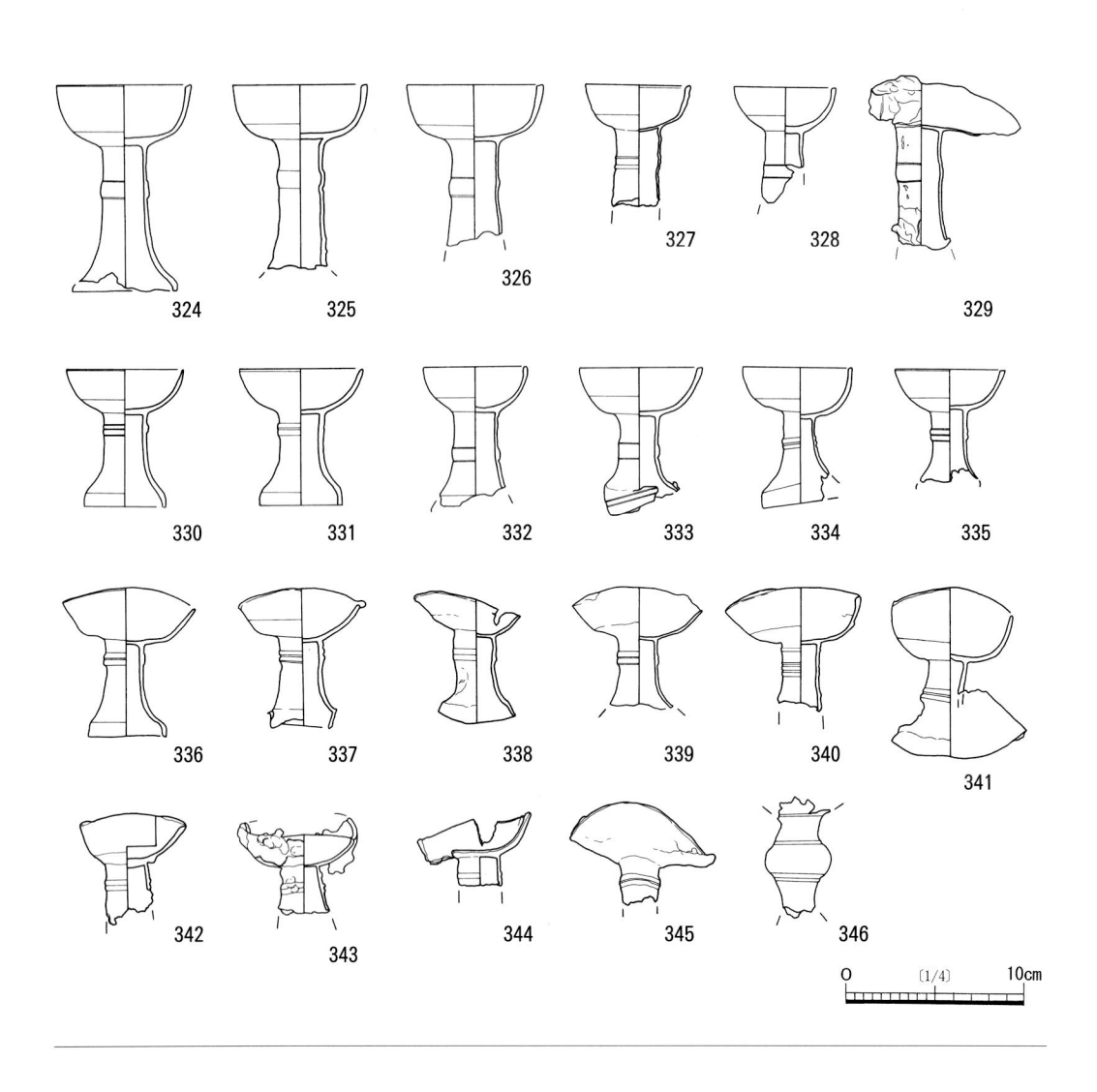

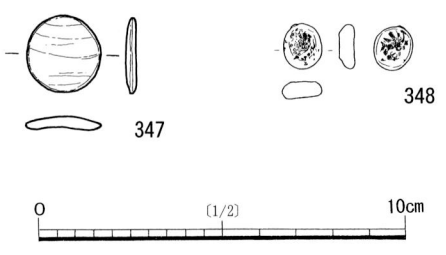

第57図　積石遺構第Ⅲ期出土遺物（24）

第6表　積石遺構第Ⅲ期遺物観察表

図版番号	種類	観察事項
第34図1	甕	材質炻器　法量口径55.4cm　残高12.8cm　重量3000.0g　成形紐作り　形状口縁広口形　外面特徴肩部に敲き目　胎土・色調暗灰色　製作地渥美　製作年代12世紀後半　遺存3割　備考第34図6と同一個体
第34図2	甕	材質炻器　法量口径46.4cm　残高12.0cm　重量1450.0g　成形紐作り　形状口縁広口形　外面特徴肩部に敲き目が巡る　内面特徴掌部による連続圧痕　胎土・色調灰色　製作地渥美　製作年代12世紀後半　遺存3割
第34図3	甕	材質炻器　法量口径45.0cm　胴径59.6cm　底径13.0cm　器高55.0cm　重量22000.0g　成形紐作り　形状口縁広口形　外面特徴胴部に4段の敲き目が巡る　内面特徴輪積痕・掌部による圧痕　胎土・色調暗灰白色　製作地渥美　製作年代12世紀後半　遺存9割
第34図4	甕	材質炻器　法量底径18.2cm　残高29.2cm　重量5500g　成形紐作り　外面特徴部分的にハケメ　胎土・色調灰褐色　製作地渥美　製作年代12世紀　遺存3割
第34図5	甕	材質炻器　法量底径14.0cm　残高12.6cm　重量1110.0g　成形紐作り　胎土・色調灰褐色　製作地渥美　製作年代12世紀　遺存3割
第34図6	甕	材質炻器　法量底径14.0cm　残高6.0cm　重量1800.0g　成形紐作り　胎土・色調暗灰色　製作地渥美　製作年代12世紀　遺存1割　備考第34図1と同一個体
第35図7	甕	材質炻器　法量口径28.6cm　胴径46.0cm　残高26.7cm　重量1950.0g　成形紐作り　形状口縁受口形　外面特徴肩部に縦位のハケメ顕著　内面特徴掌部による圧痕　胎土・色調暗赤褐色　製作地常滑　製作年代13世紀前半　遺存6割
第35図8	甕	材質炻器　法量胴径34.6cm　底径15.4cm　器高32.5cm　重量5490g　成形紐作り　形状口縁N字形　胎土・色調薄橙色　製作地常滑　製作年代13世紀前半　遺存9割
第35図9	長頸甕	材質炻器　法量口径23.4cm　胴径43.0cm　底径16.0cm　器高42.0cm　重量9500.0g　成形紐作り　形状口縁N字形　外面特徴ヘラケズリ　内面特徴掌部による圧痕　胎土・色調褐色　製作地常滑　製作年代13世紀後半　遺存7割
第35図10	甕	材質炻器　法量口径36.0cm　胴径50.8cm　残高20.0cm　重量1150.0g　成形紐作り　形状口縁N字形　内面特徴指頭圧痕　胎土・色調赤褐色　製作地常滑　製作年代13世紀後半　遺存5割
第35図11	甕	材質炻器　法量口径43.6cm　残高10.0cm　重量900.0g　成形紐作り　形状口縁N字形　胎土・色調褐色　製作地常滑　製作年代13世紀後半　遺存1割
第35図12	甕	材質炻器　法量口径44.4cm　胴径62.2cm　残高23.0cm　重量2450.0g　成形紐作り　形状口縁N字形　外面特徴ヘラケズリ・掌部による圧痕　胎土・色調暗褐色　製作地常滑　製作年代13世紀後半　遺存1割
第35図13	甕	材質炻器　法量口径60.0cm　残高15.0cm　重量1280.0g　成形紐作り　形状口縁N字形　胎土・色調暗褐色　製作地常滑　製作年代14世紀　遺存3割
第35図14	甕	材質炻器　法量口径57.6cm　胴径98.6cm　残高34.0cm　重量11000.0g　成形紐作り　形状口縁N字形　内面特徴掌部による連続圧痕　胎土・色調茶褐色　製作地常滑　製作年代14世紀後半　遺存4割
第36図15	甕	材質炻器　法量口径40.4cm　胴径57.8cm　底径16.0cm　器高59.2cm　重量20000.0g　成形紐作り　形状口縁外帯形　釉薬鉄サビ　外面特徴頸～胴部上半にハケメ　内面特徴掌部による圧痕　胎土・色調暗赤褐色　製作地常滑　製作年代15世紀前半　遺存9割
第36図16	甕	材質炻器　法量口径37.4cm　胴径52.2cm　底径15.0cm　器高48.0cm　重量8150.0g　成形紐作り　形状口縁外帯形　外面特徴肩部にハケメ顕著　内面特徴掌部による圧痕　胎土・色調暗赤褐色　製作地常滑　製作年代15世紀前半　遺存7割
第36図17	甕	材質炻器　法量口径43.0cm　胴径56.4cm　残高50.0cm　重量8060.0g　成形紐作り　形状口縁外帯形　外面特徴ヘラケズリ・ハケメ顕著　内面特徴掌部による圧痕　胎土・色調赤褐色　製作地常滑　製作年代15世紀前半　遺存8割
第36図18	甕	材質炻器　法量口径40.0cm　胴径43.4cm　残高16.0cm　重量1720.0g　成形紐作り　形状口縁外帯形　内面特徴連続指頭圧痕　胎土・色調暗灰褐色　製作地常滑　製作年代15世紀前半　遺存4割

図版番号	種類	観察事項
第36図 19	甕	材質炻器　法量口径42.6cm　胴径56.8cm　残高42.0cm　重量10525.0g　成形紐作り　形状口縁外帯三段形　釉薬内外鉄サビ　外面特徴肩部に粗いハケメ顕著・胴部下半にヘラケズリ　内面特徴掌部による圧痕　胎土・色調赤褐色　製作地常滑　製作年代18～19世紀　遺存6割
第36図 20	小甕	材質炻器　法量口径19.5cm　胴径27.0cm　底径11.9cm　器高30.2cm　重量4710.0g　成形紐作り　形状口縁外帯形　内面特徴掌部による圧痕　胎土・色調暗赤褐色　製作地常滑　製作年代15世紀前半　遺存完形
第36図 21	甕	材質炻器　法量残高30.0cm　重量1950.0g　成形紐作り　形状口縁T字形　釉薬鉄サビ　内面特徴掌部による圧痕　胎土・色調暗赤褐色　製作地常滑　製作年代19世紀前半　遺存1割
第36図 22	甕	材質炻器　法量残高15.8cm　重量820.0g　成形紐作り　内面特徴指頭圧痕　胎土・色調灰褐色　製作地常滑　製作年代14世紀　遺存2割
第37図 23	大壺	材質炻器　法量口径13.2cm　胴径31.6cm　底径13.5cm　器高38.9cm　重量6650.0g　成形紐作り　形状無耳壺　外面特徴肩部につ字様の窯印・胴部下半に横位のハケメ・底部直上ヘラケズリ　胎土・色調灰褐色　製作地常滑　製作年代16世紀前半　遺存完形
第37図 24	長頸壺	材質炻器　法量胴径19.1cm　底径8.4cm　残高23.4cm　重量2120.0g　成形紐作り　形状無耳壺　外面特徴肩部に2条の沈線が平行して巡る　胎土・色調暗灰色　製作地渥美　製作年代12世紀　遺存9割
第37図 25	壺	材質炻器　法量口径12.5cm　胴径24.1cm　底径13.0cm　器高27.5cm　重量3480.0g　成形紐作り　形状三耳壺　外面特徴胴部に×字様の窯印　胎土・色調暗褐色　製作地常滑　製作年代15世紀後半　遺存9割
第37図 26	壺	材質炻器　法量口径13.0cm　胴径19.6cm　底径12.0cm　器高21.9cm　重量1660.0g　成形紐作り　形状無耳壺・折返し口縁　外面特徴胴部ナデ調整　胎土・色調赤褐色　製作地常滑　製作年代15世紀後半　遺存完形
第37図 27	短頸壺	材質炻器　法量口径12.0cm　胴径19.3cm　底径13.2cm　器高20.2cm　重量2010.0g　成形紐作り　形状無耳壺　外面特徴頸部ハケメ・胴部ヘラケズリ・肩部に川字様の窯印　内面特徴ハケメ調整　胎土・色調橙色　製作地常滑　製作年代16世紀前半　遺存9割
第37図 28	壺	材質炻器　法量口径12.7cm　胴径19.2cm　底径12.5cm　器高22.0cm　重量2150.0g　成形紐作り　形状無耳壺　外面特徴頸部～胴部ナデ調整　胎土・色調暗赤褐色　製作地常滑　製作年代16世紀前半　遺存完形
第37図 29	壺	材質炻器　法量口径11.7cm　胴径18.6cm　底径10.8cm　器高20.7cm　重量1760.0g　成形紐作り　形状無耳壺・折返し口縁　外面特徴ナデ、ヘラケズリ・肩部にゆ字様の窯印　内面特徴口縁内面にナデ調整　胎土・色調暗赤褐色　製作地常滑　製作年代16世紀前半　遺存9割
第37図 30	壺	材質炻器　法量口径12.6cm　胴径18.9cm　底径12.4cm　器高20.9cm　重量1830.0g　成形紐作り　形状無耳壺　胎土・色調暗赤褐色　製作地常滑　製作年代16世紀後半　遺存完形
第37図 31	短頸壺	材質炻器　法量口径12.9cm　胴径18.6cm　底径8.9cm　器高13.5cm　重量1500.0g　成形ロクロ　形状無耳壺　釉薬鉄サビ　外面特徴底部回転糸切痕　胎土・色調赤褐色　製作地志登呂　製作年代16世紀後半　遺存9割
第37図 32	壺	材質炻器　法量口径13.4cm　残高4.6cm　重量47.7g　成形紐作り　胎土・色調赤褐色　製作年代16世紀　遺存1割
第38図 33	片口鉢	材質炻器　法量口径32.6cm　底径14.9cm　器高13.7cm　重量1690.0g　成形紐作り　形状口縁玉縁形・付高台　外面特徴胴下部を回転ヘラケズリ　胎土・色調暗灰色　製作地渥美　製作年代12世紀　遺存8割
第38図 34	片口鉢	材質炻器　法量残高3.0cm　重量59.2g　成形紐作り　形状口縁玉縁形　胎土・色調灰色　製作地渥美　製作年代12～13世紀　遺存1割
第38図 35	片口鉢	材質炻器　法量底径14.2cm　残高6.4cm　重量81.6g　成形紐作り　形状付高台　内面特徴見込が使用によって磨耗　胎土・色調暗灰色　製作地渥美　製作年代12～13世紀　遺存1割

図版番号	種類	観察事項
第38図 36	捏鉢	材質炻器　法量口径27.5cm　底径16.9cm　器高9.4cm　重量550.0ｇ　成形紐作り　形状口縁無装飾形　胎土・色調茶褐色　製作地常滑　製作年代13世紀後半～14世紀　遺存4割
第38図 37	片口鉢	材質炻器　法量口径33.0cm　底径15.0cm　器高11.0cm　重量450.0ｇ　成形紐作り　形状口縁無装飾形　外面特徴縦位沈線が巡る　胎土・色調暗褐色　製作地常滑　製作年代14世紀前半　遺存4割
第38図 38	片口鉢	材質炻器　法量口径30.0cm　底径13.6cm　器高9.9cm　重量990.0ｇ　成形紐作り　形状口縁無装飾形　外面特徴ハケメ顕著　胎土・色調暗褐色　製作地常滑　製作年代14世紀　遺存5割
第38図 39	片口鉢	材質炻器　法量口径30.8cm　底径11.0cm　器高12.0cm　重量1330.0ｇ　成形紐作り　形状口縁無装飾形・三口　胎土・色調赤褐色　製作地常滑　製作年代15世紀前半　遺存6割
第38図 40	片口鉢	材質炻器　法量口径31.7cm　底径14.1cm　器高11.1cm　重量2290.0ｇ　成形紐作り　形状口縁外張形・三口　外面特徴縦位沈線が巡る　胎土・色調褐色　製作地常滑　製作年代15世紀前半　遺存9割
第38図 41	片口鉢	材質炻器　法量口径32.0cm　底径13.0cm　器高8.9cm　重量460.0ｇ　成形紐作り　形状口縁Ｔ字形　外面特徴縦位沈線が巡る　胎土・色調赤褐色　製作地常滑　製作年代15世紀後半　遺存4割
第38図 42	片口鉢	材質炻器　法量口径30.6cm　底径12.5cm　器高10.1cm　重量1650.0ｇ　成形紐作り　形状口縁Ｔ字形　胎土・色調灰褐色　製作地瀬戸　製作年代15世紀後半　遺存8割
第38図 43	片口鉢	材質炻器　法量口径32.8cm　底径13.1cm　器高10.2cm　重量1950.0ｇ　成形紐作り　形状口縁Ｔ字形　胎土・色調暗褐色　製作地常滑　製作年代15世紀後半　遺存9割
第38図 44	片口鉢	材質炻器　法量口径28.5cm　底径13.0cm　器高10.0cm　重量1050.0ｇ　成形紐作り　形状口縁Ｔ字形　胎土・色調赤褐色　製作地常滑　製作年代15世紀後半　遺存5割
第38図 45	片口鉢	材質炻器　法量口径26.0cm　底径10.4cm　器高10.4cm　重量210.0ｇ　成形紐作り　形状口縁Ｔ字形　胎土・色調暗赤褐色　製作地常滑　製作年代15世紀後半　遺存2割
第39図 46	片口鉢	材質炻器　法量口径31.4cm　底径12.4cm　器高10.3cm　重量850.0ｇ　成形紐作り　形状口縁Ｔ字形　内面特徴ハケメ顕著・片口直下に太沈線による施文あり　胎土・色調暗褐色　製作地常滑　製作年代15世紀後半　遺存4割
第39図 47	片口鉢	材質炻器　法量口径30.3cm　底径12.0cm　器高11.7cm　重量1950.0ｇ　成形紐作り　形状口縁Ｔ字形　内面特徴片口直下に銀杏葉様の沈線　胎土・色調赤褐色　製作地常滑　製作年代15世紀後半　遺存9割
第39図 48	片口鉢	材質炻器　法量口径30.9cm　底径11.5cm　器高10.8cm　重量1750.0ｇ　成形紐作り　形状口縁Ｔ字形　内面特徴片口直下に月輪文様3点　胎土・色調暗褐色　製作地常滑　製作年代15世紀後半　遺存完形
第39図 49	片口鉢	材質炻器　法量口径29.9cm　底12.8径cm　器高10.2cm　重量2090.0ｇ　成形紐作り　形状口縁Ｔ字形　内面特徴片口直下に月輪様の沈線・見込みは使用によって磨耗　胎土・色調赤褐色　製作地常滑　製作年代15世紀後半　遺存完形
第39図 50	片口鉢	材質炻器　法量口径29.0cm　底径12.5cm　器高10.2cm　重量1800.0ｇ　成形紐作り　形状口縁Ｔ字形　胎土・色調赤褐色製作地常滑　製作年代15世紀後半　遺存9割
第39図 51	片口鉢	材質炻器　法量口径30.0cm　底径11.7cm　器高9.8cm　重量1900.0ｇ　成形紐作り　形状口縁Ｔ字型　胎土・色調暗褐色　製作地常滑　製作年代15世紀後半　遺存完形
第39図 52	片口鉢	材質炻器　法量口径32.0cm　底径13.7cm　器高12.4cm　重量2500.0ｇ　成形紐作り　形状口縁Ｔ字形　胎土・色調暗褐色　製作地常滑　製作年代15世紀後半　遺存9割
第39図 53	片口鉢	材質炻器　法量口径33.0cm　底径11.0cm　器高13.2cm　重量370.0ｇ　成形紐作り　形状口縁Ｔ字形　胎土・色調赤褐色　製作地常滑　製作年代15世紀後半　遺存2割
第39図 54	片口鉢	材質炻器　法量口径30.9cm　底径12.3cm　器高9.2cm　重量1200.0ｇ　成形紐作り　形状口縁Ｔ字形　胎土・色調赤褐色　製作地常滑　製作年代15世紀後半　遺存7割
第39図 55	片口鉢	材質炻器　法量口径37.0cm　底径15.0cm　器高13.5cm　重量1050.0ｇ　成形紐作り　形状口縁Ｔ字形　胎土・色調暗褐色　製作地常滑　製作年代15世紀後半　遺存4割

図版番号	種類	観察事項
第40図 56	片口鉢	材質炻器　法量口径30.4cm　底径11.6cm　器高9.3cm　重量970.0ｇ　成形紐作り　形状口縁T字形胎土・色調赤褐色　製作地常滑　製作年代15世紀後半　遺存5割
第40図 57	片口鉢	材質炻器　法量口径28.3cm　底径11.8cm　器高10.2cm　重量1680.0ｇ　成形紐作り　形状口縁T字形胎土・色調暗褐色　製作地常滑　製作年代15世紀後半　遺存完形　備考器体の歪み顕著
第40図 58	片口鉢	材質炻器　法量口径30.2cm　底径12.5cm　器高10.6cm　重量2000.0ｇ　成形紐作り　形状口縁T字形　内面特徴ハケメ顕著　胎土・色調赤褐色　製作地常滑　製作年代15世紀後半　遺存完形
第40図 59	片口鉢	材質炻器　法量口径36.5cm　底径13.0cm　器高12.1cm　重量2600.0ｇ　成形紐作り　形状口縁T字形　胎土・色調暗褐色　製作地常滑　製作年代15世紀　遺存完形
第40図 60	片口鉢	材質炻器　法量口径31.4cm　残高8.3cm　重量230.0ｇ　成形紐作り　形状口縁T字形　胎土・色調赤褐色　製作地常滑　製作年代15世紀後半　遺存2割
第40図 61	片口鉢	材質炻器　法量口径33.2cm　残高7.9cm　重量350.0ｇ　成形紐作り　形状口縁内折形　釉薬鉄サビ　胎土・色調茶褐色　製作地瀬戸　製作年代15世紀　遺存3割
第40図 62	片口鉢	材質炻器　法量残高9.6cm　重量142.9ｇ　成形紐作り　形状口縁T字形　胎土・色調赤褐色　製作地常滑　製作年代15世紀後半　遺存1割
第40図 63	片口鉢	材質炻器　法量残高4.5cm　重量28.7ｇ　成形紐作り　形状口縁外帯形　胎土・色調暗褐色　製作地瀬戸　製作年代16世紀　遺存1割
第40図 64	擂鉢	材質炻器　法量口径25.6cm　底径10.0cm　器高8.2cm　重量1090.0ｇ　成形紐作り　形状口縁受口形　釉薬鉄サビ　内面特徴ハケメ　胎土・色調砂混入・黄褐色　製作地瀬戸　製作年代16世紀後半　遺存完形
第40図 65	盤	材質炻器　法量口径31.6cm　底径20.6cm　器高5.6cm　重量620.0ｇ　成形紐作り　形状口縁鍔縁形　胎土・色調茶褐色　製作地常滑　製作年代13世紀　遺存5割
第40図 66	盤	材質陶器　法量口径23.4cm　底径11.0cm　器高5.2cm　重量410.0ｇ　成形紐作り　形状口縁折縁形　釉薬灰釉（黄釉）　胎土・色調白黄色　製作地瀬戸　製作年代15世紀　遺存6割
第41図 67	仏花瓶	材質陶器　法量底径7.8cm　残高15.0cm　重量480.0ｇ　成形ロクロ　形状尊形　釉薬鉄釉　外面特徴底部回転糸切痕　胎土・色調灰色　製作地瀬戸・美濃　製作年代15世紀　遺存8割
第41図 68	瓶	材質陶器　法量口径4.3cm　底径5.7cm　器高18.0cm　重量610.0ｇ　成形ロクロ　形状口縁盤口形・碁筒底高台　釉薬灰釉　胎土・色調暗灰色　製作地瀬戸　製作年代17世紀前半　遺存完形
第41図 69	瓶	材質陶器　法量口径3.9cm　底径6.8cm　器高17.0cm　重量600.0ｇ　成形ロクロ　形状口縁盤口形・碁筒底高台　釉薬灰釉　胎土・色調暗灰色　製作地瀬戸　製作年代17世紀前半　遺存遺存9割
第41図 70	瓶	材質陶器　法量口径5.9cm　残高4.95cm　重量134.3ｇ　成形ロクロ　釉薬灰釉　外面特徴底部回転糸切痕　胎土・色調灰色　製作地瀬戸　遺存2割
第41図 71	瓶	材質陶器　法量口径5.05cm　底径6.9cm　器高11.5cm　重量800.0ｇ　成形ロクロ　形状口縁広口形・碁筒底高台　釉薬鉄釉地に黒釉掛け　胎土・色調白黄色　製作地美濃　製作年代17世紀中葉　遺存完形
第41図 72	瓶	材質陶器　法量口径5.4cm　底径7.0cm　器高18.0cm　重量800.0ｇ　成形ロクロ　形状口縁広口形・碁筒底高台　釉薬鉄釉地に褐釉掛け　胎土・色調白黄色　製作地美濃　製作年代17世紀中葉　遺存遺存9割
第41図 73	瓶	材質陶器　法量口径4.6cm　残高2.45cm　重量16.3ｇ　成形ロクロ　形状口縁外帯形　釉薬鉄サビ　胎土・色調橙色　製作地瀬戸・美濃　製作年代18世紀後半～19世紀前半　遺存1割
第41図 74	瓶	材質陶器　法量口径5.9cm　残高4.0cm　重量10.7ｇ　成形ロクロ　形状広口形　釉薬長石釉　胎土・色調白黄色　遺存1割

図版番号	種類	観察事項
第41図 75	瓶	材質陶器　法量口径5.2cm　残高6.1cm　重量44.2ｇ　成形ロクロ　形状口縁広口形　釉薬鉄釉地に緑釉掛け　胎土・色調白黄色　製作地美濃　製作年代17世紀中葉　遺存2割
第41図 76	小瓶	材質陶器　法量口径2.8cm　底径3.55cm　器高9.5cm　重量129.1ｇ　成形ロクロ　形状口縁広口形・碁筒底高台　釉薬鉄釉　胎土・色調白黄色　製作地瀬戸　製作年代17世紀前半　遺存完形
第41図 77	油壺	材質陶器　法量口径2.7cm　胴径8.75cm　底径5.0cm　器高10.2cm　重量240.0ｇ　成形ロクロ　形状丸形・付高台　釉薬黒釉・高台周辺鉄サビ　胎土・色調暗橙色　製作地唐津系　製作年代18世紀　遺存9割
第41図 78	鳶口	材質炻器　法量口径10.85cm　底径10.1cm　器高8.2cm　重量750.0ｇ　成形ロクロ　形状算盤球形　胎土・色調暗褐色　製作地常滑　製作年代13世紀　遺存9割
第41図 79	香炉	材質陶器　法量口径11.9cm　底径11.7cm　器高7.4cm　重量225.0ｇ　成形ロクロ　形状有三足筒形　釉薬鉄釉　胎土・色調白黄色　製作地瀬戸　製作年代15世紀　遺存6割
第41図 80	香炉	材質瓦質　法量口径10.7cm　底径7.75cm　器高5.6cm　重量197.3ｇ　成形ロクロ　形状有三足内弯形　外面特徴口縁直下に連続抱巴文　胎土・色調暗灰色　製作地瀬戸　製作年代15世紀　遺存9割
第41図 81	片口	材質陶器　法量口径11.8cm　底径6.4cm　器高8.1cm　重量155.9ｇ　成形ロクロ　形状丸形・付高台　釉薬灰釉　胎土・色調白黄色　製作地瀬戸・美濃　製作年代18世紀　遺存6割
第41図 82	水注	材質陶器　法量口径4.6cm　底径6.2cm　器高9.5cm　重量350.0ｇ　成形ロクロ　形状丸形・削り出し高台　釉薬灰釉（黄釉）　胎土・色調白色　製作地美濃　製作年代17世紀後半　遺存9割
第41図 83	水注	材質陶器　法量口径4.1cm　胴径9.55cm　底径5.7cm　器高8.3cm　重量325.0ｇ　成形ロクロ　形状丸形　釉薬鉄釉・高台周辺は鉄サビ　外面特徴底部回転糸切痕　胎土・色調黄褐色　製作地瀬戸・美濃　製作年代16世紀後半　遺存完形
第41図 84	水注	材質陶器　法量口径4.0cm　胴径9.6cm　底径5.4cm　器高7.0cm　重量260.0ｇ　成形ロクロ　形状丸形　釉薬鉄釉　外面特徴底部回転糸切痕　胎土・色調白黄色　製作地瀬戸・美濃　製作年代16世紀　遺存完形
第42図 85	水注	材質陶器　法量口径3.9cm　胴径9.8cm　底径4.9cm　器高5.75cm　重量240.0ｇ　成形ロクロ　形状扁平形　釉薬鉄釉　外面特徴底部回転糸切痕　胎土・色調赤褐色　製作地瀬戸・美濃　製作年代16世紀　遺存完形
第42図 86	水注	材質陶器　法量口径2.8cm　胴径5.5cm　底径3.9cm　器高2.45cm　重量47.4ｇ　成形ロクロ　形状小型扁平形　釉薬剥落　外面特徴底部回転糸切痕　胎土・色調白黄色　製作地瀬戸　製作年代16世紀　遺存完形
第42図 87	双耳小壺	材質陶器　法量口径4.1cm　底径5.2cm　器高9.0cm　重量193.0ｇ　成形ロクロ　形状扁平形・双耳　釉薬鉄釉　外面特徴底部回転糸切痕　内面特徴ロクロ目顕著　胎土・色調暗灰色　製作地美濃　製作年代16世紀　遺存完形
第42図 88	小壺	材質陶器　法量口径5.35cm　底径5.4cm　器高7.2cm　重量71.3ｇ　成形ロクロ　形状片口　釉薬灰釉（白濁釉）　胎土・色調暗灰色　製作地瀬戸・美濃　製作年代16世紀　遺存4割
第42図 89	小壺	材質陶器　法量口径2.8cm　胴径5.4cm　底径2.95cm　器高4.85cm　重量50.0ｇ　成形ロクロ　形状扁平形　釉薬鉄釉　外面特徴胴部に沈線一周　胎土・色調白黄色　製作地美濃　製作年代14～15世紀　遺存完形
第42図 90	小壺	材質陶器　法量底径5.2cm　残高3.4cm　重量41.4ｇ　成形ロクロ　釉薬鉄釉　外面特徴底部回転糸切痕　胎土・色調暗灰色　製作地瀬戸・美濃　製作年代16世紀　遺存3割
第42図 91	小壺	材質陶器　法量胴径9.5cm　底径5.5cm　残高5.4cm　重量123.5ｇ　成形ロクロ　釉薬鉄釉　外面特徴底部回転糸切痕　胎土・色調白黄色　製作地瀬戸・美濃　製作年代16世紀　遺存4割
第42図 92	蓋	材質陶器　法量幅5.1cm　器高2.0cm　重量29.1ｇ　成形ロクロ　形状把手付き　釉薬鉄釉・裏面は鉄サビ　外面特徴裏面回転糸切痕　胎土・色調赤褐色　製作地美濃　遺存9割

図版番号	種類	観察事項
第42図 93	碗	材質陶器　法量口径15.7cm　底径5.7cm　器高6.6cm　重量410.0ｇ　成形ロクロ　形状平形・削り出し高台　釉薬灰釉　胎土・色調灰白色　製作地瀬戸　製作年代15世紀　遺存完形
第42図 94	碗	材質陶器　法量口径15.0cm　底径4.6cm　器高5.7cm　重量300.0ｇ　成形ロクロ　形状平形・削り出し高台　釉薬灰釉　胎土・色調灰白色　製作地瀬戸　製作年代15世紀　遺存完形
第42図 95	碗	材質陶器　法量口径14.95cm　底径5.1cm　器高5.6cm　重量82.5ｇ　成形ロクロ　形状平形・削出し高台　釉薬灰釉　胎土・色調暗白黄色　製作地瀬戸　製作年代15世紀　遺存4割
第42図 96	碗	材質陶器　法量口径17.1cm　底径5.0cm　器高6.7cm　重量350.0ｇ　成形ロクロ　形状平形・削り出し高台　釉薬灰釉　胎土・色調灰白色　製作地瀬戸　製作年代15世紀　遺存9割
第42図 97	碗	材質陶器　法量口径12.5cm　底径4.45cm　器高6.4cm　重量230.0ｇ　成形ロクロ　形状天目形・内反り高台　釉薬鉄釉　胎土・色調白色　製作地瀬戸・美濃　製作年代15世紀後半　遺存9割
第42図 98	碗	材質陶器　法量口径10.6cm　底径4.9cm　器高7.5cm　重量80.7ｇ　成形ロクロ　形状天目形・削り出し輪高台　釉薬長石釉　胎土・色調白色　製作地瀬戸・美濃　製作年代15世紀末～16世紀前半　遺存4割　備考白天目
第42図 99	碗	材質陶器　法量口径11.7cm　底径4.3cm　器高6.3cm　重量220.0ｇ　成形ロクロ　形状天目形・内反り高台　釉薬鉄釉　胎土・色調白黄色　製作地瀬戸・美濃　製作年代16世紀　遺存完形
第42図 100	碗	材質陶器　法量口径12.5cm　底径5.5cm　器高7.5cm　重量250.0ｇ　成形ロクロ　形状天目形・内反り高台　釉薬鉄釉　胎土・色調白黄色　製作地瀬戸・美濃　製作年代16世紀　遺存8割
第42図 101	碗	材質陶器　法量口径10.9cm　底径4.3cm　器高7.5cm　重量200.0ｇ　成形ロクロ　形状天目形・削り出し輪高台　釉薬鉄釉　胎土・色調白色　製作地瀬戸・美濃　製作年代17世紀　遺存9割
第42図 102	碗	材質陶器　法量口径10.0cm　底径4.8cm　器高6.3cm　重量127.7ｇ　成形ロクロ　形状腰張形・付高台　釉薬鉄釉　胎土・色調白黄色　製作地美濃　製作年代17世紀後半～18世紀前半　遺存6割
第42図 103	碗	材質陶器　法量口径11.2cm　底径4.6cm　器高6.9cm　重量113.0ｇ　成形ロクロ　形状丸形・付高台　釉薬灰釉　胎土・色調黄褐色　製作地肥前　製作年代17世紀　遺存6割　備考京焼風陶器
第42図 104	碗	材質陶器　法量口径10.3cm　底径4.3cm　器高5.6cm　重量42.3ｇ　成形ロクロ　形状丸形・付高台　釉薬染付　胎土・色調暗灰色　製作地瀬戸　製作年代17～18世紀　遺存3割　備考陶胎染付
第42図 105	皿	材質陶器　法量口径13.0cm　底径4.5cm　器高5.1cm　重量89.2ｇ　成形ロクロ　形状平形・付高台　釉薬灰釉　内面特徴輪禿　胎土・色調白黄色　製作地肥前　製作年代17世紀後半　遺存4割　備考輪禿皿
第43図 106	卸し皿	材質陶器　法量口径17.0cm　底径6.8cm　器高4.7cm　重量360.0ｇ　成形ロクロ　形状平形・片口　釉薬灰釉　内面特徴卸し目　胎土・色調暗灰黄色　製作地瀬戸　製作年代15世紀　遺存完形
第43図 107	卸し皿	材質陶器　法量口径16.2cm　底径6.8cm　器高4.0cm　重量390.0ｇ　成形ロクロ　形状平形・片口　釉薬灰釉　内面特徴卸し目　胎土・色調白黄色　製作地瀬戸　製作年代15世紀　遺存9割
第43図 108	小皿	材質陶器　法量口径11.4cm　底径5.1cm　器高2.2cm　重量71.2ｇ　成形ロクロ　形状平形・削り出し高台　釉薬灰釉　胎土・色調暗灰色　製作地瀬戸　製作年代15世紀　遺存4割
第43図 109	小皿	材質陶器　法量口径11.0cm　底径4.8cm　器高2.5cm　重量30.9ｇ　成形ロクロ　形状平形　釉薬灰釉　胎土・色調白黄色　製作地瀬戸　製作年代15世紀　遺存4割

図版番号	種類	観察事項
第43図 110	小皿	材質陶器　法量口径11.2cm　底径6.7cm　器高2.4cm　重量33.2g　成形ロクロ　形状平形・削り出し高台　釉薬灰釉　胎土・色調白黄色　製作地瀬戸　製作年代15世紀　遺存4割
第43図 111	小皿	材質陶器　法量口径11.8cm　底径5.5cm　器高2.4cm　重量134.4g　成形ロクロ　形状平形・削り出し高台　釉薬灰釉　胎土・色調白黄色　製作地瀬戸　製作年代15世紀　遺存完形
第43図 112	小皿	材質陶器　法量口径11.2cm　底径5.0cm　器高2.6cm　重量112.8g　成形ロクロ　形状平形　釉薬灰釉　胎土・色調暗灰色　製作地瀬戸　製作年代15世紀　遺存完形
第43図 113	小皿	材質陶器　法量口径11.0cm　底径5.6cm　器高2.2cm　重量116.2g　成形ロクロ　形状平形　釉薬灰釉　外面特徴底部回転糸切り痕　胎土・色調白黄色　製作地瀬戸　製作年代15世紀　遺存完形
第43図 114	かわらけ	材質土師質　法量口径6.5cm　底径3.2cm　器高2.3cm　重量34.8g　成形ロクロ　形状平形　外面特徴底部回転糸切痕・板上圧痕　胎土・色調黄褐色　製作地東相模　製作年代15世紀末〜16世紀初頭　遺存9割
第43図 115	小皿	材質陶器　法量口径8.9cm　底径4.2cm　器高2.8cm　重量79.8g　成形ロクロ　形状折縁形・削り出し高台　釉薬鉄釉　胎土・色調暗灰色　製作地瀬戸・美濃　製作年代16世紀　遺存9割
第43図 116	灯明皿	材質陶器　法量口径(内側)7.0cm（外側）10.8cm　底径4.6cm　器高2.4cm　重量41.4g　成形ロクロ　形状平形　釉薬鉄サビ　内面特徴受付き　胎土・色調暗褐色　製作地瀬戸　製作年代18世紀中葉　遺存4割
第43図 117	灯明皿	材質陶器　法量口径(内側)5.0cm（外側）10.0cm　底径4.2cm　器高2.1cm　重量38.2g　成形ロクロ　形状平形　釉薬鉄サビ　内面特徴受付き　胎土・色調明灰色　製作地瀬戸　製作年代18世紀後半〜19世紀中葉　遺存4割
第43図 118	狛犬	材質陶器　法量頭部残高7.7cm　幅6.8cm・右脚部残高1.4cm　重量頭部170.0g　右脚部30.0g　成形手捏ね　釉薬鉄釉　外面特徴頭部に目・耳・鼻などを貼付した後、3〜4条の櫛描きで毛を表現　胎土・色調明灰色　製作地美濃　製作年代15世紀前半　遺存頭部及び右脚部先端
第44図 119	蓋付壺	材質磁器　法量(壺)口径9.0cm　胴径16.2cm　底径7.3cm　器高17.7cm　（蓋）幅10.4cm　器高5.0cm　重量850.0g　成形ロクロ　形状無耳壺・削り出し高台　釉薬白釉　胎土・色調灰白色　製作地肥前　製作年代18世紀前半　遺存9割
第44図 120	蓋付壺	材質磁器　法量(壺)口径8.7cm　胴径16.8cm　底径7.8cm　器高17.8cm　（蓋）幅10.5cm　器高5.0cm　重量850.0g　成形ロクロ　形状無耳壺・削り出し高台　釉薬白釉　胎土・色調灰白色　製作地肥前　製作年代18世紀前半　遺存9割
第44図 121	青磁花瓶	材質磁器　法量口径12.6cm　底8.3cm　器高20.6cm　重量930.0g　成形ロクロ　形状双耳立鼓形　釉薬青磁釉　胎土・色調灰白色　製作地肥前　製作年代17世紀　遺存8割
第44図 122	瓶	材質磁器　法量口径5.3cm　底径7.0cm　器高20.9cm　重量350.0g　成形ロクロ　形状広口辣韮形・削り出し高台　絵付染付　釉薬透明釉　外面特徴網目紋　胎土・色調灰白色　製作地肥前　製作年代17世紀後半　遺存7割
第44図 123	瓶	材質磁器　法量口径5.2cm　底径?cm　残高17.6cm　重量300.0g　成形ロクロ　形状広口辣韮形　絵付染付　釉薬透明釉　外面特徴花紋　胎土・色調灰白色　製作地肥前　製作年代17世紀　遺存7割
第44図 124	瓶	材質磁器　法量残高11.8cm　重量240.0g　成形ロクロ　形状辣韮形　絵付染付　釉薬透明釉　外面特徴松梅樹紋　胎土・色調灰白色　製作地肥前　製作年代17世紀　遺存4割
第44図 125	瓶	材質磁器　法量残高6.5cm　重量17.7g　成形ロクロ　形状広口辣韮形　絵付染付　釉薬透明釉　胎土・色調白色　製作地肥前　製作年代17世紀　遺存1割
第44図 126	瓶	材質磁器　法量口径4.7cm　残高2.5cm　重量5.3g　成形ロクロ　形状広口形　釉薬青磁釉　胎土・色調灰白色　製作地肥前　遺存1割
第44図 127	瓶	材質磁器　法量残高5.4cm　重量30.8g　成形ロクロ　形状辣韮形　絵付染付　釉薬透明釉　外面特徴草花紋　胎土・色調白色　製作地肥前　製作年代17世紀　遺存1割

図版番号	種類	観察事項
第44図 128	瓶	材質磁器　法量口径1.9cm　底径6.5cm　器高21.4cm　重量350.0ｇ　成形ロクロ　形状鶴首辣韮形・碁筒底高台　絵付染付　釉薬透明釉　外面特徴唐草紋　胎土・色調灰白色　製作地肥前　製作年代19世紀前半　遺存9割　備考御神酒徳利
第44図 129	瓶	材質磁器　法量口径1.8cm　底径3.2cm　器高20.9cm　重量340ｇ　成形ロクロ　形状鶴首辣韮形・碁筒底高台　絵付染付　釉薬透明釉　外面特徴蛸唐草紋　胎土・色調灰白色　製作地肥前　製作年代19世紀前半　遺存9割　備考御神酒徳利
第44図 130	瓶	材質磁器　法量口径2.3cm　底径6.5cm　器高23.3cm　重量350.0ｇ　成形ロクロ　形状鶴首辣韮形・碁筒底高台　絵付印判手　釉薬透明釉　外面特徴頸部蛸唐草紋・胴部鶴波竹紋　胎土・色調灰白色　製作地肥前　製作年代20世紀初頭　遺存完形　備考御神酒徳利
第44図 131	瓶	材質磁器　法量口径2.0cm　残高7.0cm　重量24.3ｇ　成形ロクロ　形状鶴首形釉薬透明釉　胎土・色調白色　製作地肥前　製作年代17世紀　遺存2割
第44図 132	瓶	材質磁器　法量口径2.0cm　残高6.0cm　重量21.8ｇ　成形ロクロ　形状鶴首形釉薬透明釉　胎土・色調白色　製作地肥前　製作年代17世紀　遺存1割　備考御神酒徳利
第44図 133	瓶	材質磁器　法量残高3.4cm　重量14.9ｇ　成形ロクロ　形状辣韮形　絵付染付　釉薬透明釉　外面特徴櫛目紋　胎土・色調白色　製作地肥前　製作年代18世紀　遺存1割
第44図 134	瓶	材質磁器　法量残高3.9cm　重量23.9ｇ　成形ロクロ　形状辣韮形・碁筒底高台　絵付染付　釉薬透明釉　外面特徴櫛目紋　胎土・色調白色　製作地肥前　製作年代19世紀　遺存1割
第45図 135	小瓶	材質磁器　法量口径2.7cm　底径4.0cm　器高10.2cm　重量133.8ｇ　成形ロクロ　形状広口辣韮形・碁筒底高台　絵付染付　釉薬透明釉　外面特徴草葉紋　胎土・色調白色　製作地肥前　製作年代17世紀前半　遺存完形
第45図 136	小瓶	材質磁器　法量口径2.6cm　底径3.8cm　器高9.8cm　重量119.4ｇ　成形ロクロ　形状広口辣韮形・碁筒底高台　絵付染付　釉薬透明釉　外面特徴草葉紋　胎土・色調白色　製作地肥前　製作年代17世紀前半　遺存完形
第45図 137	小瓶	材質磁器　法量口径2.7cm　底径3.7cm　器高10.0cm　重量134.2ｇ　成形ロクロ　形状広口辣韮形・碁筒底高台　絵付染付　釉薬透明釉　外面特徴草葉紋　胎土・色調白色　製作地肥前　製作年代17世紀前半　遺存完形
第45図 138	小瓶	材質磁器　法量口径2.0cm　底径3.6cm　器高10.0cm　重量140.4ｇ　成形ロクロ　形状広口辣韮形・碁筒底高台　絵付染付　釉薬透明釉　外面特徴草葉紋　胎土・色調白色　製作地肥前　製作年代17世紀前半　遺存完形
第45図 139	小瓶	材質磁器　法量口径2.8cm　底径3.8cm　器高9.9cm　重量141.4ｇ　成形ロクロ　形状広口辣韮形・碁筒底高台　絵付染付　釉薬透明釉　外面特徴草葉紋　胎土・色調白色製作地肥前　製作年代17世紀前半　遺存完形
第45図 140	小瓶	材質磁器　法量口径3.0cm　底径3.9cm　器高9.7cm　重量130.9ｇ　成形ロクロ　形状広口辣韮形・碁筒底高台　絵付染付　釉薬透明釉　外面特徴草葉紋　胎土・色調白色　製作地肥前　製作年代17世紀前半　遺存完形
第45図 141	小瓶	材質磁器　法量口径2.6cm　底径3.7cm　器高9.5cm　重量124.3ｇ　成形ロクロ　形状広口辣韮形・碁筒底高台　絵付染付　釉薬透明釉　外面特徴草葉紋　胎土・色調白色　製作地肥前　製作年代17世紀前半　遺存完形
第45図 142	小瓶	材質磁器　法量口径2.7cm　底径4.3cm　器高11.0cm　重量175.9ｇ　成形ロクロ　形状広口辣韮形・碁筒底高台　絵付染付　釉薬透明釉　外面特徴草葉紋　胎土・色調白色　製作地肥前　製作年代17世紀前半　遺存完形
第45図 143	小瓶	材質磁器　法量口径2.8cm　底径4.0cm　器高11.1cm　重量145.8ｇ　成形ロクロ　形状広口辣韮形・碁筒底高台　絵付染付　釉薬透明釉　外面特徴草葉紋　胎土・色調白色　製作地肥前　製作年代17世紀前半　遺存完形
第45図 144	小瓶	材質磁器　法量口径2.6cm　底径4.1cm　器高10.5cm　重量122.0ｇ　成形ロクロ　形状広口辣韮形・碁筒底高台　絵付染付　釉薬透明釉　外面特徴草葉紋　胎土・色調白色　製作地肥前　製作年代17世紀前半　遺存完形

図版番号	種類	観察事項
第45図 145	小瓶	材質磁器　法量口径2.7cm　底径3.6cm　器高10.2cm　重量106.4ｇ　成形ロクロ　形状広口辣韭形・碁筒底高台　絵付染付　釉薬透明釉　外面特徴草葉紋　胎土・色調白色　製作地肥前　製作年代17世紀前半　遺存完形
第45図 146	小瓶	材質磁器　法量底径3.6cm　残高8.0cm　重量128.1ｇ　成形ロクロ　形状広口辣韭形・碁筒底高台　絵付染付　釉薬透明釉　外面特徴草葉紋　胎土・色調白色　製作地肥前　製作年代17世紀前半　遺存8割
第45図 147	小瓶	材質磁器　法量底径4.0cm　残高8.5cm　重量130.8ｇ　成形ロクロ　形状広口辣韭形・碁筒底高台　絵付染付　釉薬透明釉　外面特徴草葉紋　胎土・色調白色　製作地肥前　製作年代17世紀前半　遺存8割
第45図 148	小瓶	材質磁器　法量口径2.9cm　残高1.1cm　重量4.8ｇ　成形ロクロ　形状広口形釉薬透明釉　胎土・色調白色　製作地肥前　製作年代17世紀前半　遺存1割
第45図 149	小瓶	材質磁器　法量口径2.1cm　残高1.8cm　重量6.8ｇ　成形ロクロ　形状広口形釉薬透明釉　胎土・色調白色　製作地肥前　製作年代17世紀前半　遺存1割
第45図 150	小瓶	材質磁器法量残高5.0cm　重量36.0ｇ　成形ロクロ　形状辣韭形・碁筒底高台　絵付染付　釉薬透明釉　胎土・色調白色　製作地肥前　製作年代17世紀前半　遺存2割
第45図 151	瓶	材質磁器　法量口径3.4cm　底径4.8cm　器高13.0cm　重量162.6ｇ　成形ロクロ　形状広口辣韭形・碁筒底高台　絵付染付　釉薬透明釉　外面特徴草花紋・圏線紋　胎土・色調白色　製作地肥前　製作年代17世紀前半　遺存9割
第45図 152	小瓶	材質磁器　法量口径1.1cm　残高1.8cm　重量2.0ｇ　成形ロクロ　形状鶴首形　釉薬透明釉　胎土・色調白色　製作地肥前　遺存1割
第45図 153	小瓶	材質磁器　法量底径3.5cm　残高2.8cm　重量29.3ｇ　成形ロクロ　形状辣韭形・削り出し高台　釉薬白釉　胎土・色調白色　製作地肥前　製作年代17世紀中葉　遺存7割
第45図 154	小瓶	材質磁器　法量残高5.5cm　重量25.3ｇ　成形ロクロ　形状辣韭形　釉薬透明釉　胎土・色調白色　製作地肥前　製作年代17世紀　遺存6割
第45図 155	小瓶	材質磁器　法量底径2.8cm　残高4.2cm　重量14.0ｇ　成形ロクロ　形状辣韭形・削り出し高台　釉薬白釉　胎土・色調白色　製作地肥前　製作年代17世紀中葉　遺存8割
第45図 156	小坏	材質磁器　法量口径6.6cm　底径2.4cm　器高5.0cm　重量28.0ｇ　成形ロクロ　形状端反り形・付高台　釉薬白釉　胎土・色調白色　製作地肥前　製作年代17世紀　遺存5割
第45図 157	碗	材質磁器　法量残高5.3cm　重量7.3ｇ　成形ロクロ　形状丸形　絵付染付　釉薬透明釉　胎土・色調白色　製作地肥前　製作年代18世紀　遺存1割
第45図 158	碗	材質磁器　法量残高3.4cm　重量10.8ｇ　成形ロクロ　形状端反り形　釉薬青磁釉　胎土・色調灰白色　遺存2割
第45図 159	碗	材質磁器　法量残高1.9cm　重量2.1ｇ　成形ロクロ　絵付染付　釉薬透明釉　外面特徴草花紋　内面特徴草花紋　胎土・色調白色　製作地肥前　遺存1割
第45図 160	碗	材質磁器　法量残高1.7cm　重量1.7ｇ　成形ロクロ　釉薬透明釉　胎土・色調白色　製作地肥前　遺存1割
第45図 161	仏飯器	材質磁器　法量口径8.8cm　底径4.0cm　器高6.8cm　重量136.6ｇ　成形ロクロ　形状台底挟り込み形　絵付染付　釉薬透明釉　外面特徴碗部圏線紋　胎土・色調白色　製作地肥前　製作年代17世紀後半　遺存完形
第45図 162	仏飯器	材質磁器　法量口径8.7cm　底径3.8cm　器高6.8cm　重量136.9ｇ　成形ロクロ　形状台底挟り込み形　絵付染付　釉薬透明釉　外面特徴碗部圏線紋　胎土・色調白色　製作地肥前　製作年代17世紀後半　遺存完形
第45図 163	仏飯器	材質磁器　法量口径9.3cm　底径4.2cm　器高6.7cm　重量145.3ｇ　成形ロクロ　形状台底挟り込み形　絵付染付　釉薬透明釉　外面特徴碗部圏線紋　胎土・色調白色　製作地肥前　製作年代17世紀後半　遺存完形
第45図 164	仏飯器	材質磁器　法量口径9.3cm　底径4.3cm　器高6.7cm　重量143.0ｇ　成形ロクロ　形状台底挟り込み形　絵付染付　釉薬透明釉　外面特徴碗部圏線紋　胎土・色調白色　製作地肥前　製作年代17世紀後半　遺存完形

図版番号	種類	観察事項
第45図 165	仏飯器	材質磁器　法量口径8.7cm　底径3.8cm　器高6.4cm　重量84.9g　成形ロクロ　形状台底抉り込み形　絵付染付　釉薬透明釉　外面特徴碗部圏線紋　胎土・色調白色　製作地肥前　製作年代17世紀後半　遺存完形
第45図 166	仏飯器	材質磁器　法量口径8.0cm　底径5.1cm　器高6.0cm　重量54.4g　成形ロクロ　形状台底抉り込み形　絵付染付　釉薬透明釉　外面特徴碗～脚部圏線紋　胎土・色調白色　製作地肥前　製作年代17世紀後半　遺存完形
第45図 167	仏飯器	材質磁器　法量底径4.0cm　残高2.2cm　重量22.4g　成形ロクロ　形状台底輪高台形　釉薬透明釉　胎土・色調白色　製作地肥前　製作年代17世紀後半　遺存2割
第45図 168	仏飯器	材質磁器　法量底径3.6cm　残高2.5cm　重量21.8g　成形ロクロ　形状台底輪高台形　釉薬透明釉　胎土・色調白色　製作地肥前　製作年代17世紀後半　遺存2割
第45図 169	燭台	材質磁器　法量口径(上)6.2cm(下)10.8cm　器高19.8cm　重量260.0g　成形ロクロ　形状有脚受付燭台　釉薬透明釉　胎土・色調灰白色　製作地伊万里　製作年代17世紀前半　遺存9割
第45図 170	蓋	材質磁器　法量幅9.0cm　器高3.5cm　重量92.2g　成形ロクロ　絵付染付　釉薬透明釉　外面特徴草花紋　胎土・色調灰白色　製作地肥前　製作年代17世紀後半　遺存9割
第45図 171-1	合子	材質磁器　法量最大幅8.8cm　重量66.5g　成形手捏ね　形状水鳥形　釉薬白釉・黄釉　外面特徴水鳥の脚部が乗る　胎土・色調灰白色　製作地京焼　製作年代17世紀　遺存1割　備考仁清窯
第45図 171-2	合子	材質磁器　法量最大幅5.5cm　重量17.5g　成形手捏ね　形状水鳥形　釉薬白釉　外面特徴羽状紋　胎土・色調灰白色　製作地京焼　製作年代17世紀　遺存1割　備考仁清窯
第45図 171-3	合子	材質磁器　法量最大幅6.7cm　重量15.5g　成形手捏ね　形状水鳥形　釉薬白釉　外面特徴羽状紋　胎土・色調灰白色　製作地京焼　製作年代17世紀　遺存1割　備考仁清窯
第45図 172	香炉	材質磁器　法量口径15.2cm　底径8.0cm　器高10.7cm　重量550.0g　成形ロクロ　形状袴腰形・付高台　絵付色絵　釉薬透明釉　胎土・色調白色　製作地肥前　製作年代18世紀　遺存8割
第46図 173	鏡	材質青銅　法量鏡面径8.4cm　背面径8.4cm　縁高0.15cm　縁巾0.3cm　重量30.5g　名称網代紋双鳥鏡　縁式蒲鉾式細縁　界圏無圏　鈕式円錐形素鈕　製作年代12世紀前半
第46図 174	鏡	材質青銅　法量鏡面径11.3cm　背面径11.35cm　縁高0.7cm　縁巾0.5cm　重量198.1g　名称山吹散双雀鏡　縁式直角式太縁　界圏単圏中線　鈕式花蕊中隆鈕　製作年代12世紀後半
第46図 175	鏡	材質青銅　法量鏡面径11.3cm　背面径11.45cm　縁高0.75cm　縁巾0.45cm　重量200g　名称菊枝蝶鳥鏡　縁式直角式中縁　界圏単圏中線　鈕式花蕊中隆鈕　製作年代13世紀前半　備考鋳成精美
第46図 176	鏡	材質青銅　法量鏡面径11.15cm　背面径11.4cm　縁高1.0cm　縁巾0.45cm　重量240g　名称流水紋鴛鴦鏡　縁式直角式中縁　界圏単圏中線　鈕式花蕊中隆鈕　製作年代13世紀中頃　備考鋳成精美
第47図 177	鏡	材質青銅　法量鏡面径9.55cm　背面径9.8cm　縁高1.0cm　縁巾0.40cm　重量164.4g　名称菊花散双雀鏡　縁式直角式中縁　界圏特殊界圏　鈕式花菱紋亀鈕　製作年代14世紀中頃　備考擬漢鏡
第47図 178	鏡	材質青銅　法量鏡面径11.0cm　背面径11.2cm　縁高1.05cm　縁巾0.45cm　重量328g　名称亀甲地紋双雀鏡　縁式直角式中縁　界圏単圏中線　鈕式菊花菱紋亀鈕　製作年代15世紀前半　備考重厚
第47図 179	鏡	材質青銅　法量鏡面径11.13cm　背面径11.15cm　縁高1.05cm　縁巾0.58cm　重量341g　名称菊花散双雀鏡　縁式直角式中縁　界圏単圏中線　鈕式花菱紋亀鈕　製作年代15世紀前半　備考重厚
第48図 180	鏡	材質青銅　法量鏡面径10.98cm　背面径11.15cm　縁高0.9cm　縁巾0.55cm　重量263g　名称蓬莱鏡　縁式直角式中縁　界圏単圏中線　鈕式梅花亀甲紋円甲亀鈕　製作年代15世紀中頃～後半　備考重厚

図版番号	種類	観察事項
第48図 181	鏡	材質青銅　法量鏡面径8.35cm　背面径8.35cm　縁高0.75cm　縁巾0.30cm　重量116g　名称菊花散双雀鏡　縁式直角式細縁　界圏二重圏管状式細線　鈕式菊花菱紋亀鈕　製作年代15世紀後半〜16世紀前半
第47図 182	鏡	材質青銅　法量鏡面径10.82cm　背面径10.9cm　縁高1.0cm　縁巾0.43cm　重量400g　名称梅花浮線稜紋双鶴鏡　縁式直角式中縁　界圏単圏太線　鈕式亀鈕　製作年代15世紀前半　備考重厚
第46図 183	鏡	材質青銅　法量鏡面径11.15cm　背面径11.37cm　縁高0.09cm　縁巾0.53cm　重量180g　名称菊花散双雀鏡　縁式直角式中縁　界圏単圏中線　鈕式花蕊中隆鈕　製作年代14世紀前半
第47図 184	鏡	材質青銅　法量鏡面径9.8cm　背面径10.0cm　縁高0.7cm　縁巾0.46cm　重量174g　名称鳥居双雀鏡　縁式直角式中縁　界圏特殊界圏　鈕式花蕊中隆鈕　製作年代15世紀中頃　備考擬漢鏡
第46図 185	鏡	材質青銅　法量鏡面径11.4cm　背面径11.4cm　縁高8.25cm　縁巾0.38cm　重量330g　名称牡丹双鳳鏡　縁式直角式中縁　界圏特殊界圏　鈕式花蕊中隆鈕　製作年代14世紀前半　備考擬唐鏡
第48図 186	鏡	材質青銅　法量鏡面径10.0cm　背面径10.25cm　縁高1.1cm　縁巾0.55cm　重量236g　名称千鳥双雀鏡　縁式外傾式中縁　界圏特殊圏　鈕式亀甲文円甲亀鈕　製作年代15世紀
第47図 187	鏡	材質青銅　法量鏡面径11.15cm　背面径11.45cm　縁高0.9cm　縁巾0.35cm　重量373g　名称蓬莱鏡　縁式直角式中縁　界圏単圏中線　鈕式略花亀甲紋円甲亀鈕　製作年代15世紀前半　備考重厚
第48図 188	鏡	材質青銅　法量鏡面径9.3cm　背面径9.38cm　縁高0.43cm　縁巾0.35cm　柄長11.61cm　重量166g　名称五階松柄鏡　縁式直角式低縁　界圏無圏　鈕式無鈕　製作年代17世紀初頭
第49図 189	鏡	材質青銅　法量鏡面径8.06cm　背面径8.2cm　縁高0.53cm　縁巾0.4cm　重量73g　名称三盛亀甲紋散双雀鏡　縁式直角式細縁　界圏単圏細線　鈕式花蕊中隆鈕　製作年代14世紀中頃
第49図 190	鏡	材質青銅　法量鏡面径10.8cm　背面径11.0cm　縁高0.8cm　縁巾0.4cm　重量214g　名称蓬莱鏡　縁式直角式中縁　界圏単圏中線　鈕式四ツ割菊花菱紋円甲亀鈕　製作年代15世紀中頃〜後半
第49図 191	鏡	材質青銅　法量鏡面径10.99cm　背面径11.2cm　縁高0.9cm　縁巾0.45cm　重量397g　名称蓬莱鏡　縁式直角式中縁　界圏単圏中線　鈕式四ツ割菊花菱紋円甲亀鈕　製作年代15世紀中頃〜後半　備考重厚
第49図 192	鏡	材質青銅　法量鏡面径9.18cm　背面径9.65cm　縁高0.86cm　縁巾0.5cm　重量157g　名称菊花菱地紋双雀鏡　縁式直角式中縁　界圏特殊圏　鈕式亀鈕　製作年代15世紀中頃　備考擬漢鏡・表土〜第Ⅱ層より出土
第49図 193	鏡	材質青銅　法量鏡縁高0.63cm　縁巾0.4cm　重量300g　名称柄鏡　縁式直角式中縁　製作年代18世紀以降　備考被熱による熔解、破損が激しく4点に分離・松竹梅紋及び砂目地が残存・表土〜第Ⅱ層より出土
第50図 194	双孔儀鏡	材質銅　法量直径7.0cm　形状耳鈕付円形　規格大　孔の形状丸形　穿孔方法工具両面穿孔　遺存8割　出土地点　備考鉄鍋（第56図323）に溶着
第50図 195	双孔儀鏡	材質銅　法量直径7.0cm　厚0.05cm　重量5.0g　形状耳鈕付円形　規格大　孔の形状丸形　穿孔方法鋲打ち片側穿孔　遺存4割
第50図 196	双孔儀鏡	材質銅　法量直径7.0cm　厚0.05cm　重量11.4g　形状耳鈕付円形　規格大　孔の形状丸形　穿孔方法工具両面穿孔　遺存5割
第50図 197	双孔儀鏡	材質銅　法量直径6.0cm　厚0.075cm　重量5.5g　形状上切円形　規格大　孔の形状丸形　穿孔方法鋲打ち片側穿孔　遺存5割　備考右孔は未貫通
第50図 198	双孔儀鏡	材質銅　法量直径6.3cm　厚0.05cm　重量11.1g　形状上切円形　規格大　孔の形状不整方形　穿孔方法鋲打ち片側穿孔　遺存完形
第50図 199	双孔儀鏡	材質銅　法量直径7.0cm　厚0.05cm　重量13.5g　形状円形　規格大　孔の形状丸形　穿孔方法工具両面穿孔　遺存7割

図版番号	種類	観察事項
第50図 200	双孔儀鏡	材質銅　法量直径2.15cm　厚0.05cm　重量1.2ｇ　形状円形　規格小　孔の形状丸形　穿孔方法鏨打ち片側穿孔　遺存完形
第50図 201	双孔儀鏡	材質銅　法量直径1.8cm　厚0.025cm　重量0.3ｇ　形状円形　規格小　孔の形状丸形　穿孔方法鏨打ち片側穿孔　遺存6割
第50図 202	双孔儀鏡	材質銅　法量直径1.8cm　厚0.05cm　重量1.3ｇ　形状隅切方形　規格小　孔の形状丸形　穿孔方法鏨打ち片側穿孔　遺存完形
第50図 203	刀子	材質鉄　法量長18.2cm　幅1.55cm　厚0.6cm　重量58.9ｇ　形状刀型茎有り　遺存部位完形
第50図 204	刀子	材質鉄　法量長16.0cm　幅1.5cm　厚0.4cm　重量27.1ｇ　形状刀型　遺存部位完形
第50図 205	刀子	材質鉄　法量長12.8cm　幅1.3cm　厚0.5cm　重量24.3ｇ　形状刀型　遺存部位先端〜胴部
第50図 206	刀子	材質鉄　法量長11.8cm　幅1.1cm　厚0.4cm　重量14.1ｇ　形状刀型　遺存部位先端〜胴部
第51図 207	刀子	材質鉄　法量長11.2cm　幅1.3cm　厚0.4cm　重量13.8ｇ　形状刀型茎有り　遺存部位胴〜基部
第51図 208	刀子	材質鉄　法量長6.5cm　幅0.8cm　厚0.3cm　重量4.6ｇ　形状刀型茎有り　遺存部位完形
第51図 209	刀子	材質鉄　法量長8.4cm　幅1.2cm　厚0.4cm　重量7.8ｇ　形状刀型　遺存部位先端〜胴部
第51図 210	刀子	材質鉄　法量長7.0cm　幅1.5cm　厚0.6cm　重量15.8ｇ　形状刀型　遺存部位　先端〜胴部
第51図 211	刀子	材質鉄　法量長4.0cm　幅0.7cm　厚0.4cm　重量2.8ｇ　形状刀型　遺存部位先端〜胴部
第51図 212	刀子	材質鉄　法量長4.7cm　幅1.3cm　厚0.3cm　重量4.6ｇ　形状刀型　遺存部位先端〜胴部
第51図 213	刀子	材質鉄　法量長5.7cm　幅1.3cm　厚0.3cm　重量9.6ｇ　形状刀型　遺存部位先端〜胴部
第51図 214	刀子	材質鉄　法量長3.3cm　幅1.2cm　厚0.3cm　重量3.6ｇ　形状刀型　遺存部位先端
第51図 215	刀子	材質鉄　法量長2.4cm　幅0.9cm　厚0.2cm　重量1.2ｇ　形状刀型　遺存部位先端
第51図 216	刀子	材質鉄　法量長13.9cm　幅1.0cm　厚0.5cm　重量15.6ｇ　形状刀型　遺存部位胴〜基部
第51図 217	刀子	材質鉄　法量長4.4cm　幅1.0cm　厚0.6cm　重量5.6ｇ　形状刀型　遺存部位胴〜基部
第51図 218	刀子	材質鉄　法量長8.5cm　幅1.3cm　厚0.4cm　重量9.4ｇ　形状刀型茎有り　遺存部位胴〜基部
第51図 219	刀子	材質鉄　法量長6.7cm　幅1.2cm　厚0.3cm　重量5.0ｇ　形状刀型　遺存部位胴〜基部
第51図 220	刀子	材質鉄　法量長6.6cm　幅1.8cm　厚0.6cm　重量11.3ｇ　形状刀型　遺存部位胴部
第51図 221	刀子	材質鉄　法量長6.5cm　幅1.3cm　厚0.4cm　重量9.9ｇ　形状刀型茎有り　遺存部位　胴〜基部
第51図 222	刀子	材質鉄　法量長3.1cm　幅0.8cm　厚0.5cm　重量3.1ｇ　形状刀型茎有り　遺存部位　基部
第51図 223	刀子	材質鉄　法量長3.1cm　幅0.5cm　厚0.6cm　重量2.3ｇ　形状刀型　遺存部位基部

図版番号	種類	観察事項
第51図 224	刀　子	材質鉄　法量長3.6cm　幅1.0cm　厚0.4cm　重量2.9ｇ　形状刀型茎有り　遺存部位基部
第51図 225	刀　子	材質鉄　法量長8.8cm　幅1.1cm　厚0.4cm　重量12.2ｇ　形状刀型　遺存部位胴〜基部
第51図 226	刀　子	材質鉄　法量長7.2cm　幅1.2cm　厚0.7cm　重量16.9ｇ　形状刀型　遺存部位胴部
第51図 227	刀　子	材質鉄　法量長9.8cm　幅1.5cm　厚0.6cm　重量20.2ｇ　形状刀型　遺存部位胴部
第51図 228	刀　子	材質鉄　法量長8.2cm　幅1.2cm　厚0.3cm　重量10.1ｇ　形状刀型　遺存部位胴部
第52図 229	刀　子	材質鉄　法量長7.2cm　幅1.2cm　厚0.3cm　重量15.8ｇ　形状刀型　遺存部位胴部
第52図 230	刀　子	材質鉄　法量長5.2cm　幅1.2cm　厚0.2cm　重量4.6ｇ　形状刀型　遺存部位胴部
第52図 231	刀　子	材質鉄　法量長5.9cm　幅1.4cm　厚0.3cm　重量8.2ｇ　形状刀型　遺存部位胴部
第52図 232	刀　子	材質鉄　法量長4.7cm　幅1.3cm　厚0.5cm　重量6.7ｇ　形状刀型　遺存部位胴部
第52図 233	刀　子	材質鉄　法量長5.1cm　幅1.2cm　厚0.4cm　重量9.7ｇ　形状刀型　遺存部位胴部
第52図 234	刀　子	材質鉄　法量長3.9cm　幅1.3cm　厚0.3cm　重量4.4ｇ　形状刀型　遺存部位胴部
第52図 235	刀　子	材質鉄　法量長3.7cm　幅0.8cm　厚0.3cm　重量2.8ｇ　形状刀型　遺存部位胴部
第52図 236	刀　子	材質鉄　法量長3.7cm　幅0.9cm　厚0.5cm　重量3.7ｇ　形状刀型　遺存部位胴部
第52図 237	刀　子	材質鉄　法量長2.7cm　幅1.4cm　厚0.7cm　重量10.7ｇ　形状刀型　遺存部位胴部
第52図 238	刀　子	材質鉄　法量長3.0cm　幅1.3cm　厚0.3cm　重量2.9ｇ　形状刀型　遺存部位胴部
第52図 239	刀　子	材質鉄　法量長13.3cm　幅1.7cm　厚0.6cm　重量32.2ｇ　形状薙刀型　遺存部位完形
第52図 240	刀　子	材質鉄　法量長10.7cm　幅1.2cm　厚0.4cm　重量23.0ｇ　形状薙刀型　遺存部位先端〜胴部
第52図 241	刀　子	材質鉄　法量長6.3cm　幅1.4cm　厚0.6cm　重量9.2ｇ　形状薙刀型　遺存部位胴部
第52図 242	刀　子	材質鉄　法量長8.8cm　幅1.3cm　厚0.4cm　重量10.5ｇ　形状湾曲型　遺存部位完形
第52図 243	刀　子	材質鉄　法量長8.4cm　幅1.3cm　厚0.3cm　重量9.3ｇ　形状湾曲型　遺存部位完形
第52図 244	刀　子	材質鉄　法量長6.3cm　幅1.8cm　厚0.6cm　重量7.8ｇ　形状湾曲型　遺存部位先端〜胴部
第52図 245	刀　子	材質鉄　法量長5.8cm　幅1.5cm　厚0.8cm　重量12.7ｇ　形状湾曲型　遺存部位先端〜胴部
第52図 246	懐　刀	材質鉄　法量長24.2cm　幅2.4cm　厚1.0cm　重量87.0ｇ　形状直刀　遺存部位完形　備考鎺が残存
第52図 247	小柄	材質銅　法量長9.3cm　幅1.7cm　厚1.2cm　重量27.3ｇ　遺存完形　備考棟方が上半割れ

図版番号	種類	観察事項
第53図 248	笄	材質銅　法量長20.62cm　胴幅1.25cm　笄幅0.58cm　胴厚0.3cm　笄厚0.2cm　重量29.9g 製作年代16世紀後半～17世紀　遺存完形　備考連続亀甲花菱紋・地板は魚々子
第53図 249	笄	材質銅　法量長16.4cm　胴幅1.2cm　笄幅0.65cm　胴厚0.15cm　笄厚0.12cm　重量13.6g 製作年代14世紀後半～15世紀前半　遺存完形　備考六連花菱紋・地板は魚々子
第53図 250	鎌	材質鉄　法量長14.6cm　幅2.8cm　厚0.3cm　重量47.3g　遺存部位刃～基部
第53図 251	鎌	材質鉄　法量長6.3cm　幅3.1cm　厚0.5cm　重量20.2g　遺存部位刃部
第53図 252	錠	材質鉄　法量長6.2cm　幅1.5cm　厚0.6cm　重量7.6g　遺存部位頭～胴部
第53図 253	鉄製品	材質鉄　法量長8.0cm　幅0.9cm　厚1.0cm　重量9.5g　遺存完形
第53図 254	釘	材質鉄　法量長7.0cm　幅1.6cm　厚1.0cm　重量29.8g　遺存部位頭～胴部　備考船釘
第53図 255	釘	材質鉄　法量長11.7cm　幅0.8cm　厚1.0cm　重量25.5g　遺存部位完形
第53図 256	釘	材質鉄　法量長9.5cm　幅1.1cm　厚1.4cm　重量25.1g　遺存部位ほぼ完形
第53図 257	釘	材質鉄　法量長7.1cm　幅1.2cm　厚1.1cm　重量21.3g　遺存部位ほぼ完形
第53図 258	釘	材質鉄　法量長8.1cm　幅1.0cm　厚0.8cm　重量18.4g　遺存部位頭～胴部
第53図 259	釘	材質鉄　法量長7.0cm　幅0.8cm　厚0.8cm　重量16.9g　遺存部位頭～胴部
第54図 260	釘	材質鉄　法量長6.3cm　幅0.5cm　厚0.6cm　重量3.8g　遺存部位完形
第54図 261	釘	材質鉄　法量長5.2cm　幅0.4cm　厚0.3cm　重量2.0g　遺存部位完形
第54図 262	釘	材質鉄　法量長4.1cm　幅0.8cm　厚0.7cm　重量2.6g　遺存部位完形
第54図 263	釘	材質鉄　法量長4.0cm　幅0.4cm　厚0.4cm　重量2.2g　遺存部位ほぼ完形
第54図 264	釘	材質鉄　法量長3.6cm　幅0.5cm　厚0.5cm　重量1.4g　遺存部位ほぼ完形
第54図 265	釘	材質鉄　法量長4.3cm　幅0.2cm　厚0.3cm　重量2.3g　遺存部位胴～先端部
第54図 266	釘	材質鉄　法量長3.7cm　幅0.9cm　厚0.6cm　重量2.9g　遺存部位頭～胴部
第54図 267	釘	材質鉄　法量長4.4cm　幅0.7cm　厚0.6cm　重量4.3g　遺存部位完形
第54図 268	釘	材質鉄　法量長3.4cm　幅0.6cm　厚0.7cm　重量3.7g　遺存部位完形　備考曲がり
第54図 269	釘	材質鉄　法量長4.8cm　幅0.4cm　厚0.4cm　重量4.5g　遺存部位完形　備考折れ
第54図 270	釘	材質鉄　法量長4.7cm　幅0.8cm　厚0.9cm　重量7.3g　遺存部位頭～胴部
第54図 271	釘	材質鉄　法量長4.6cm　幅0.6cm　厚0.5cm　重量2.5g　遺存部位胴部

図版番号	種類	観察事項
第54図 272	釘	材質鉄　法量長5.2cm　幅0.8cm　厚0.8cm　重量10.8ｇ　遺存部位頭～胴部
第54図 273	釘	材質鉄　法量長3.8cm　幅0.9cm　厚0.8cm　重量8.1ｇ　遺存部位頭～胴部
第54図 274	釘	材質鉄　法量長3.8cm　幅0.6cm　厚0.3cm　重量3.0ｇ　遺存部位頭～胴部
第54図 275	釘	材質鉄　法量長3.5cm　幅0.6cm　厚0.6cm　重量2.7ｇ　遺存部位頭～胴部
第54図 276	釘	材質鉄　法量長3.5cm　幅0.8cm　厚0.7cm　重量3.7ｇ　遺存部位頭～胴部
第54図 277	釘	材質鉄　法量長3.4cm　幅0.4cm　厚0.5cm　重量1.9ｇ　遺存部位頭～胴部
第54図 278	釘	材質鉄　法量長3.7cm　幅0.4cm　厚0.5cm　重量1.5ｇ　遺存部位頭～胴部
第54図 279	釘	材質鉄　法量長2.8cm　幅0.6cm　厚0.5cm　重量2.7ｇ　遺存部位頭～胴部
第54図 280	釘	材質鉄　法量長3.0cm　幅0.6cm　厚0.4cm　重量2.6ｇ　遺存部位頭～胴部
第54図 281	釘	材質鉄　法量長2.7cm　幅0.8cm　厚0.6cm　重量 3.4ｇ　遺存部位頭～胴部
第54図 282	釘	材質鉄　法量長2.0cm　幅0.5cm　厚0.5cm　重量1.2ｇ　遺存部位頭～胴部
第54図 283	釘	材質鉄　法量長2.5cm　幅0.5cm　厚0.4cm　重量1.8ｇ　遺存部位頭～胴部
第54図 284	釘	材質鉄　法量長2.2cm　幅0.4cm　厚0.5cm　重量0.9ｇ　遺存部位胴部
第54図 285	釘	材質鉄　法量長6.2cm　幅0.7cm　厚0.7cm　重量8.5ｇ　遺存部位胴～先端部
第54図 286	釘	材質鉄　法量長4.25cm　幅0.7cm　厚0.6cm　重量2.2ｇ　遺存部位胴～先端部
第54図 287	釘	材質鉄　法量長3.7cm　幅0.5cm　厚0.6cm　重量2.3ｇ　遺存部位胴～先端部
第55図 288	釘	材質鉄　法量長3.5cm　幅0.4cm　厚0.5cm　重量1.7ｇ　遺存部位胴～先端部
第55図 289	釘	材質鉄　法量長3.9cm　幅0.7cm　厚0.7cm　重量4.2ｇ　遺存部位胴～先端部
第55図 290	釘	材質鉄　法量長3.9 cm　幅0.5 cm　厚0.6cm　重量1.7ｇ　遺存部位胴～先端部
第55図 291	釘	材質鉄　法量長3.7cm　幅0.5cm　厚0.3cm　重量1.7ｇ　遺存部位胴～先端部
第55図 292	釘	材質鉄　法量長3.5cm　幅0.6cm　厚0.4cm　重量1.5ｇ　遺存部位胴～先端部
第55図 293	釘	材質鉄　法量長2.7cm　幅0.4cm　厚0.3cm　重量0.9ｇ　遺存部位胴～先端部
第55図 294	釘	材質鉄　法量長2.8cm　幅0.3cm　厚0.2cm　重量1.2ｇ　遺存部位胴部
第55図 295	釘	材質鉄　法量長2.5cm　幅0.5cm　厚0.4cm　重量1.1ｇ　遺存部位胴部

図版番号	種類	観察事項
第55図 296	釘	材質鉄　法量長4.7cm　幅1.4cm　厚0.9cm　重量11.0ｇ　遺存部位胴部
第55図 297	釘	材質鉄　法量長4.5cm　幅0.7cm　厚0.6cm　重量5.0ｇ　遺存部位胴部
第55図 298	鈴	材質銅　法量幅2.45cm　残高1.4cm　重量3.0ｇ　遺存5割　備考鈕有り
第55図 299	鈴	材質銅　法量幅2.8cm　残高1.4cm　重量1.9ｇ　遺存3割
第55図 300	鉄製品	材質鉄　法量長4.5cm　幅2.5cm　厚0.4cm　重量14.4ｇ　形状凹状
第55図 301	鉄製品	材質鉄　法量長3.9cm　幅2.9cm　厚0.4cm　重量17.9ｇ　形状凹状
第55図 302	銅製品	材質銅　法量長5.6cm　幅10.9cm　厚1.0cm　重量250ｇ　形状長方形　出土層位表土～第Ⅱ層より出土
第55図 303	鰐口	材質青銅　法量面径16.9cm　長18.3cm　幅21.6cm　厚7.0cm　重量1600.0ｇ　製作年代17世紀～18世紀　遺存完形　備考表土～第Ⅱ層より出土
第55図 304	釣具	材質銅　法量幅18.0cm　厚1.0cm　重量119.2ｇ　備考表土～第Ⅱ層より出土
第56図 305	飾り金具	材質銅　法量長15.0cm　幅12.7cm　厚0.1cm　重量52.9ｇ　備考表土～第Ⅱ層より出土
第56図 306	飾り金具	材質銅　法量長8.0cm　幅7.7cm　厚0.1cm　重量12.2ｇ　形状方形　備考表土～第Ⅱ層より出土
第56図 307	飾り金具	材質銅　法量長4.8cm　幅8.4cm　厚0.1cm　重量12.4ｇ　備考表土～第Ⅱ層より出土
第56図 308	飾り金具	材質銅　法量長6.7cm　幅7.9cm　厚0.1cm　重量24.3ｇ　形状方形　備考表土～第Ⅱ層より出土
第56図 309	飾り金具	材質鉄　法量長7.2cm　幅9.6cm　厚0.25cm　重量42.2ｇ　備考表土～第Ⅱ層より出土
第56図 310	飾り金具	材質鉄　法量長6.7cm　幅5.5cm　厚0.2cm　重量20.2ｇ　備考表土～第Ⅱ層より出土
第56図 311	飾り金具	材質鉄　法量幅5.15cm　厚0.3cm　重量10.7ｇ　備考表土～第Ⅱ層より出土
第56図 312	飾り金具	材質鉄　法量幅6.8cm　厚0.4cm　重量15.5ｇ　形状鍔状　遺存6割　備考表土～第Ⅱ層より出土
第56図 313	飾り金具	材質銅　法量幅6.6cm　厚0.85cm　重量2.4ｇ　形状円形　遺存1割　備考表土～第Ⅱ層より出土
第56図 314	飾り金具	材質銅　法量直径4.4cm　厚0.05cm　重量3.8ｇ　形状円形　遺存9割　備考表土～第Ⅱ層より出土　備考巴紋・紋様内に魚々子
第56図 315	飾り金具	材質鉄　法量長7.8cm　環直径5.6cm　厚0.25cm　重量31.5ｇ　備考表土～第Ⅱ層より出土
第56図 316	飾り金具	材質鉄　法量直径8.6cm　厚1.9cm　重量109.2ｇ　形状環　遺存9割　備考表土～第Ⅱ層より出土
第56図 317	飾り金具	材質鉄　法量直径7.4cm　厚0.7cm　重量41.6ｇ　形状環　遺存完形　備考表土～第Ⅱ層より出土
第56図 318	飾り金具	材質銅　法量直径3.6cm　厚0.5cm　重量12.1ｇ　形状環　遺存完形　備考表土～第Ⅱ層より出土
第56図 319	飾り金具	材質銅　法量直径3.6cm　厚0.5cm　重量11.9ｇ　形状環　遺存完形　備考表土～第Ⅱ層より出土

図版番号	種類	観察事項
第56図 320	五徳	材質鉄　法量厚0.3cm　重量68.4g　遺存6割
第56図 321	鉄鍋	材質鉄　法量残高7.1cm　重量105.7g　形状口縁部断面T字型　遺存1割
第56図 322	鉄鍋	材質鉄　法量残高4.8cm　重量90.5g　形状口縁部断面T字型　遺存1割
第56図 323	鉄鍋	材質鉄　法量残高9.7cm　重量160.3g　遺存1割　備考双孔儀鏡（第50図194）が溶着
第57図 324	仏飯具	材質青銅　法量口径7.6cm　器高11.3cm　重量210g　製作年代16世紀中葉～17世紀初頭　遺存ほぼ完形　備考表土～第Ⅱ層より出土
第57図 325	仏飯具	材質青銅　法量口径7.6cm　残高10.2cm　重量184.5g　製作年代16世紀中葉～17世紀初頭　遺存9割　備考表土～第Ⅱ層より出土
第57図 326	仏飯具	材質青銅　法量口径7.6cm　残高9.0cm　重量158.7g　製作年代16世紀中葉～17世紀初頭　遺存8割　備考表土～第Ⅱ層より出土
第57図 327	仏飯具	材質青銅　法量口径5.9cm　残高6.7cm　重量88.6g　製作年代16世紀中葉～17世紀初頭　遺存8割　備考表土～第Ⅱ層より出土
第57図 328	仏飯具	材質青銅　法量口径5.7cm　残高6.4cm　重量70.4g　製作年代16世紀中葉～17世紀初頭　遺存6割　備考表土～第Ⅱ層より出土
第57図 329	仏飯具	材質青銅　法量残高9.5cm　重量150.1g　製作年代16世紀中葉～17世紀初頭　遺存7割　備考被熱による歪み・表土～第Ⅱ層より出土
第57図 330	仏飯具	材質青銅　法量口径6.6cm　底径4.6cm　器高7.6cm　重量145.0g　製作年代16世紀中葉～17世紀初頭　遺存完形　備考表土～第Ⅱ層より出土
第57図 331	仏飯具	材質青銅　法量口径7.0cm　底径4.6cm　器高7.5cm　重量123.7g　製作年代16世紀中葉～17世紀初頭　遺存完形　備考表土～第Ⅱ層より出土
第57図 332	仏飯具	材質青銅　法量口径5.9cm　残高7.7cm　重量83.1g　製作年代16世紀中葉～17世紀初頭　遺存9割　備考表土～第Ⅱ層より出土
第57図 333	仏飯具	材質青銅　法量口径6.9cm　残高8.6cm　重量154.7g　製作年代16世紀中葉～17世紀初頭　遺存9割　備考表土～第Ⅱ層より出土
第57図 334	仏飯具	材質青銅　法量口径6.2cm　残高7.8cm　重量129.3g　製作年代16世紀中葉～17世紀初頭　遺存9割　備考被熱による歪み・表土～第Ⅱ層より出土
第57図 335	仏飯具	材質青銅　法量口径6.1cm　残高6.1cm　重量90.7g　製作年代16世紀中葉～17世紀初頭　遺存9割　備考表土～第Ⅱ層より出土
第57図 336	仏飯具	材質青銅　法量底径4.4cm　残高8.2cm　重量138.6g　製作年代16世紀中葉～17世紀初頭　遺存完形　備考被熱による歪み・表土～第Ⅱ層より出土
第57図 337	仏飯具	材質青銅　法量残高7.7cm　重量107.3g　製作年代16世紀中葉～17世紀初頭　遺存9割　備考表土～第Ⅱ層より出土
第57図 338	仏飯具	材質青銅　法量残高7.2cm　重量83.0g　製作年代16世紀中葉～17世紀初頭　遺存9割　備考被熱による歪み・表土～第Ⅱ層より出土
第57図 339	仏飯具	材質青銅　法量残高6.8cm　重量91.7g　製作年代16世紀中葉～17世紀初頭　遺存7割　備考表土～第Ⅱ層より出土
第57図 340	仏飯具	材質青銅　法量口径7.55cm　残高6.75cm　重量104.3g　製作年代16世紀中葉～17世紀初頭　遺存7割　備考被熱による歪み・表土～第Ⅱ層より出土
第57図 341	仏飯具	材質青銅　法量残高10.0cm　重量120.2g　製作年代16世紀中葉～17世紀初頭　遺存9割　備考被熱による歪み・表土～第Ⅱ層より出土
第57図 342	仏飯具	材質青銅　法量残高6.1cm　重量80.3g　製作年代16世紀中葉～17世紀初頭　遺存5割　備考被熱による歪み・表土～第Ⅱ層より出土
第57図 343	仏飯具	材質青銅　法量残高5.3cm　重量82.6g　製作年代16世紀中葉～17世紀初頭　遺存3割　備考被熱による歪み・表土～第Ⅱ層より出土

図版番号	種類	観察事項
第57図 344	仏飯具	材質青銅　法量残高4.0cm　重量52.5g　製作年代16世紀中葉～17世紀初頭　遺存3割　備考被熱による歪み・表土～第Ⅱ層より出土
第57図 345	仏飯具	材質青銅　法量残高6.0cm　重量67.0g　形状　製作年代16世紀中葉～17世紀初頭　遺存5割　備考被熱による歪み・表土～第Ⅱ層より出土
第57図 346	仏飯具	材質青銅　法量残高6.7cm　重量71.1g　製作年代16世紀中葉～17世紀初頭　遺存3割　備考表土～第Ⅱ層より出土
第57図 347	碁石	材質貝　法量直径2.1cm　厚0.3cm　重量2.3g　遺存完形　備考白色
第57図 348	古豆板銀	材質銀　法量長1.2cm　厚0.4cm　重量3.7g　遺存完形　備考側面に刻印あり　拓本図第64図46
349	銭貨	材質銅　銭貨名開元通寶　書体K　初鋳年621　重量2.8g
350	銭貨	材質銅　銭貨名元豊通寶　書体T　初鋳年1078　重量2.8g　拓本図第63図19
351	銭貨	材質銅　銭貨名元祐通寶　書体G　初鋳年1086　重量2.8g　拓本図第63図21
352	銭貨	材質銅　銭貨名○宋元寶　重量1.6g　備考破損
353	銭貨	材質銅　銭貨名不明　重量0.8g　備考破損
354	銭貨	材質銅　銭貨名寛永通寶古　書体K　初鋳年1636　重量3.5g
355	銭貨	材質銅　銭貨名寛永通寶波　書体K　初鋳年1768　重量5.1g　備考11波　拓本図第64図36
356	銭貨	材質銅　銭貨名開元通寶　書体K　初鋳年621　重量2.4g
357	銭貨	材質銅　銭貨名開元通寶　書体K　初鋳年621　重量2.4g
358	銭貨	材質銅　銭貨名景徳元寶　書体K　初鋳年1004　重量3.0g　拓本図第63図5
359	銭貨	材質銅　銭貨名皇宋通寶　書体K　初鋳年1038　重量2.9g
360	銭貨	材質銅　銭貨名皇宋通寶　書体T　初鋳年1038　重量3.0g　備考模鋳銭？
361	銭貨	材質銅　銭貨名皇宋通寶　書体K　初鋳年1038　重量2.9g　備考模鋳銭？
362	銭貨	材質銅　銭貨名嘉祐元寶　書体K　初鋳年1056　重量3.5g　備考星孔　拓本図第63図13
363	銭貨	材質銅　銭貨名熙寧元寶　書体K　初鋳年1068　重量3.5g　拓本図第63図18
364	銭貨	材質銅　銭貨名元豊通寶　書体G　初鋳年1078　重量3.2g
365	銭貨	材質銅　銭貨名元豊通寶　書体G　初鋳年1078　重量2.6g
366	銭貨	材質銅　銭貨名元豊通寶　書体G　初鋳年1078　重量3.1g
367	銭貨	材質銅　銭貨名元豊通寶　書体T　初鋳年1078　重量3.2g
368	銭貨	材質銅　銭貨名元祐通寶　書体G　初鋳年1086　重量2.8g
369	銭貨	材質銅　銭貨名元祐通寶　書体G　初鋳年1086　重量3.7g
370	銭貨	材質銅　銭貨名聖宋元寶　書体T　初鋳年1101　重量2.8g
371	銭貨	材質銅　銭貨名聖宋元寶　書体T　初鋳年1101　重量2.5g
372	銭貨	材質銅　銭貨名大観通寶　書体K　初鋳年1107　重量3.2g
373	銭貨	材質銅　銭貨名政和通寶　書体BK　初鋳年1111　重量2.5g　備考丸孔
374	銭貨	材質銅　銭貨名永楽通寶　書体K　初鋳年1408　重量4.0g
375	銭貨	材質銅　銭貨名不明　重量1.9g　備考模鋳銭？
376	銭貨	材質銅　銭貨名不明　重量1.4g　備考模鋳銭？鉄銭？丸孔　拓本図第64図39
377	銭貨	材質銅　銭貨名寛永通寶古　書体K　初鋳年1636　重量3.3g
378	銭貨	材質銅　銭貨名寛永通寶古　書体K　初鋳年1636　重量3.5g　備考破損

図版番号	種類	観察事項
379	銭貨	材質銅　銭貨名寛永通寶古　書体K　初鋳年1636　重量3.2ｇ
380	銭貨	材質銅　銭貨名寛永通寶古　書体K　初鋳年1636　重量3.2ｇ
381	銭貨	材質銅　銭貨名寛永通寶古　書体K　初鋳年1636　重量3.7ｇ　拓本図第64図33
382	銭貨	材質銅　銭貨名寛永通寶古　書体K　初鋳年1636　重量2.7ｇ
383	銭貨	材質銅　銭貨名寛永通寶古　書体K　初鋳年1636　重量2.8ｇ
384	銭貨	材質銅　銭貨名寛永通寶古　書体K　初鋳年1636　重量2.9ｇ
385	銭貨	材質銅　銭貨名寛永通寶古　書体K　初鋳年1636　重量3.0ｇ
386	銭貨	材質銅　銭貨名寛永通寶古　書体K　初鋳年1636　重量3.0ｇ
387	銭貨	材質銅　銭貨名寛永通寶文　書体K　初鋳年1668　重量3.2ｇ
388	銭貨	材質銅　銭貨名寛永通寶文　書体K　初鋳年1668　重量3.0ｇ
389	銭貨	材質銅　銭貨名寛永通寶文　書体K　初鋳年1668　重量3.7ｇ
390	銭貨	材質銅　銭貨名寛永通寶文　書体K　初鋳年1668　重量3.4ｇ
391	銭貨	材質銅　銭貨名寛永通寶文　書体K　初鋳年1668　重量3.8ｇ
392	銭貨	材質銅　銭貨名開元通寶　書体K　初鋳年621　重量2.3ｇ　備考破損
393	銭貨	材質銅　銭貨名天聖元寶　書体T　初鋳年1023　重量1.2ｇ
394	銭貨	材質銅　銭貨名皇宋通寶　書体K　初鋳年1038　重量2.8ｇ
395	銭貨	材質銅　銭貨名熙寧元寶　書体T　初鋳年1068　重量3.9ｇ
396	銭貨	材質銅　銭貨名熙寧元寶　書体K　初鋳年1068　重量2.7ｇ
397	銭貨	材質銅　銭貨名熙寧元寶　書体K　初鋳年1068　重量2.7ｇ　備考破損
398	銭貨	材質銅　銭貨名元祐通寶　書体T　初鋳年1086　重量2.3ｇ
399	銭貨	材質銅　銭貨名元祐通寶　書体T　初鋳年1086　重量3.1ｇ
400	銭貨	材質銅　銭貨名元符通寶　書体T　初鋳年1098　重量2.8ｇ　備考孔ずれ　拓本図第63図23
401	銭貨	材質銅　銭貨名大観通寶　書体K　初鋳年1107　重量3.5ｇ
402	銭貨	材質銅　銭貨名政和通寶　書体BK　初鋳年1111　重量2.5ｇ　拓本図第64図43
403	銭貨	材質銅　銭貨名政和通寶　書体BK　初鋳年1111　重量2.2ｇ　拓本図第64図44
404	銭貨	材質銅　銭貨名嘉定通寶　書体K　初鋳年1208　重量2.9ｇ　備考背上付き「八」　拓本図第64図28
405	銭貨	材質銅　銭貨名永楽通寶　書体K　初鋳年1408　重量2.8ｇ　備考破損
406	銭貨	材質銅　銭貨名○○元寶　書体G　初鋳年　重量1.7ｇ　備考半裁
407	銭貨	材質銅　銭貨名○聖元○　書体G　初鋳年　重量0.8ｇ　備考破損
408	銭貨	材質銅　銭貨名紹○○寶　書体G　初鋳年　重量0.8ｇ　備考破損・半裁
409	銭貨	材質鉄？　銭貨名不明　重量6.4ｇ　備考鉄銭
410	銭貨	材質銅　銭貨名皇宋通寶　書体T　初鋳年1038　重量2.4ｇ
411	銭貨	材質銅　銭貨名政和通寶　書体T　初鋳年1111　重量2.4ｇ　備考破損
412	銭貨	材質銅　銭貨名嘉祐元寶　書体K　初鋳年1056　重量2.7ｇ
413	銭貨	材質銅　銭貨名元豊通寶　書体T　初鋳年1078　重量2.8ｇ　備考模鋳銭？
414	銭貨	材質銅　銭貨名元豊通寶　書体G　初鋳年1078　重量3.5ｇ
415	銭貨	材質銅　銭貨名開元通寶紀地銭　書体K　初鋳年845　重量2.3ｇ　備考孔ずれ・背上付月

図版番号	種類	観察事項
416	銭貨	材質銅　銭貨名祥符元寶　書体K　初鋳年1008　重量2.3g　備考四つ穴　拓本図第64図45
417	銭貨	材質銅　銭貨名天聖元寶　書体T　初鋳年1023　重量2.3g
418	銭貨	材質銅　銭貨名元祐通寶　書体G　初鋳年1086　重量2.6g
419	銭貨	材質銅　銭貨名紹聖元寶　書体G　初鋳年1094　重量3.1g　備考丸孔　拓本図第63図22
420	銭貨	材質銅　銭貨名寛永通寶文　書体K　初鋳年1668　重量3.7g　拓本図第64図34
421	銭貨	材質銅　銭貨名至和元寶　書体K　初鋳年1054　重量1.8g　備考半裁　拓本図第63図12
422	銭貨	材質銅　銭貨名熙寧元寶　書体T　初鋳年1068　重量2.9g　備考模鋳銭？　拓本図第63図17
423	銭貨	材質銅　銭貨名熙寧元寶　書体T　初鋳年1068　重量1.2g　備考破損
424	銭貨	材質銅　銭貨名寛永通寶古　書体K　初鋳年1636　重量3.2g
425	銭貨	材質銅　銭貨名寛永通寶古　書体K　初鋳年1636　重量3.0g
426	銭貨	材質銅　銭貨名寛永通寶古　書体K　初鋳年1636　重量3.4g
427	銭貨	材質銅　銭貨名寛永通寶古　書体K　初鋳年1636　重量3.4g
428	銭貨	材質銅　銭貨名寛永通寶文　書体K　初鋳年1668　重量3.1g
429	銭貨	材質銅　銭貨名寛永通寶文　書体K　初鋳年1668　重量3.1g
430	銭貨	材質銅　銭貨名寛永通寶新　書体K　初鋳年1697　重量2.1g　備考鋳穴
431	銭貨	材質銅　銭貨名皇宋通寶　書体K　初鋳年1038　重量2.6g
432	銭貨	材質銅　銭貨名大観通寶　書体K　初鋳年1107　重量3.7g
433	銭貨	材質銅　銭貨名寛永通寶文　書体K　初鋳年1668　重量2.6g
434	銭貨	材質銅　銭貨名皇宋通寶　書体K　初鋳年1038　重量2.8g

第2節　トレンチ調査区の遺構と遺物

（1）第1トレンチ（第58図）

　本殿前に長軸14.55m×東西4.4m×幅1m程の規模で設定したT字形のトレンチである。表土層標高は76.2m前後を測る。発掘深度が10数cmと非常に浅く、また確認された層位も1層（暗褐色土・締まり強い・粘性強い）のみである。

　トレンチからは円礫・角礫が多数検出され、本殿周辺の境内地に於いても集石遺構が存在することが確認された。礫の検出状況は本殿付近に集中しており、集石遺構の中心は本殿神域下にあると推定される。特殊な検出状況としては小礫集中地点が確認されている。小礫の密集範囲は1m弱程と小規模なものであるが、構成礫が角礫・小礫であることに加え、刀子（第59図21・22）・釘（第59図25〜27）・鉄片（第59図29）などの金属製品や、常滑窯甕（第59図5）・瀬戸美濃系天目茶碗（第59図10）などの陶器が多数出土しており、祭祀行為の痕跡を示している。トレンチ内の他の遺物の分布状況は疎らである。出土遺物は陶磁器17点・双孔儀鏡1点・刀子4点・釘5点・鉄製品2点である（第59図・第7表）。中世陶器が主体を占めるが、近世肥前系磁器（第59図14〜17）も少量出土している。

　出土遺物の多くは中世中葉〜近世中葉の所産であることから、当集石遺構の時期も同時期に収まると考えられる。ただし第1トレンチは集石遺構の周縁部であり、本殿神域下中心地の年代がより遡及する可能性がある。

（2）第2トレンチ（第60図）

　拝殿北側に東西9m×幅0.6mで設定したトレンチである。表土層標高は76.2m前後を測る。遺構・礫などは検出されていない。土層は基盤層であるローム層まで計14層が確認された。層序は部分的に切り合い関係を有し、縄文〜古代の遺構や拝殿建立時の整地の跡と考えられる。第12層では天上山白ママ層（838年）が確認された。

　出土遺物は陶磁器5点・釘3点・鉄屑6点である（第61図・第9表）。陶磁器は12世紀後半の渥美窯甕（第61図2）から16世紀の瀬戸系鉢（第61図3）まで散布しているが、特に12世紀代所産の龍泉窯青磁碗（第61図5）が本遺跡唯一の貿易陶磁として注目される。また、調査区西端では鉄屑（第61図9〜14）の密集出土状況が確認されたが、遺構は検出されなかった。

（須藤友章）

第7表　第1トレンチ遺物組成表

材質	種類	出土点数
炻器・陶器	甕	6
	壺	1
	盤	1
	碗	2
	小皿	1
須恵器	坏	1
土師質	焙烙	1
磁器	瓶	2
	碗	2
金属	双孔儀鏡	1
	刀子	4
	釘	5
	鉄片	2
	銭貨	7

第8表　第2トレンチ遺物組成表

材質	種類	出土点数
炻器・陶器	甕	2
	鉢	1
	小皿	1
磁器	碗	1
	釘	3
金属	鉄屑	6

第1トレンチ

第2トレンチ

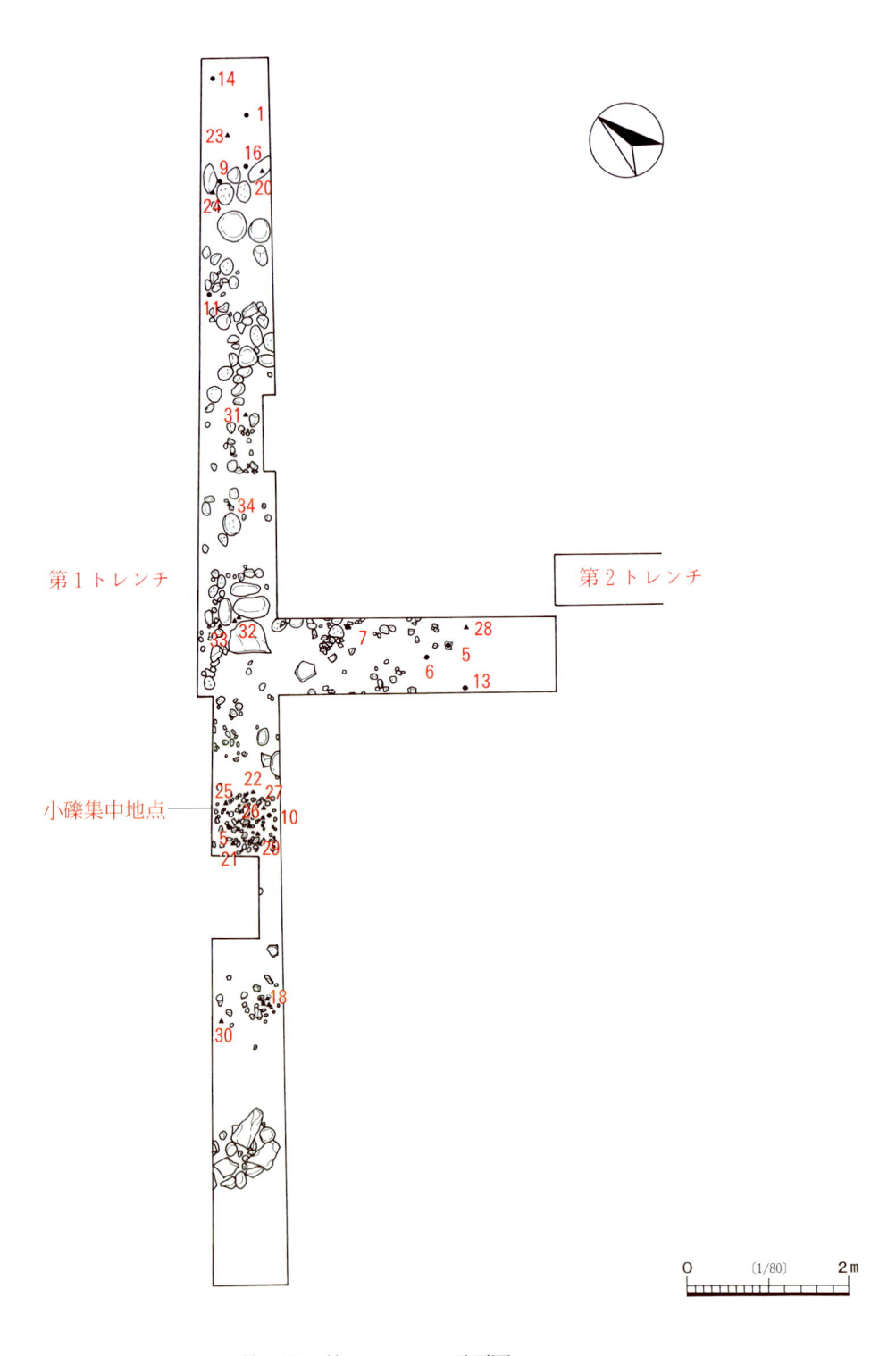

小礫集中地点

第58図　第1トレンチ平面図

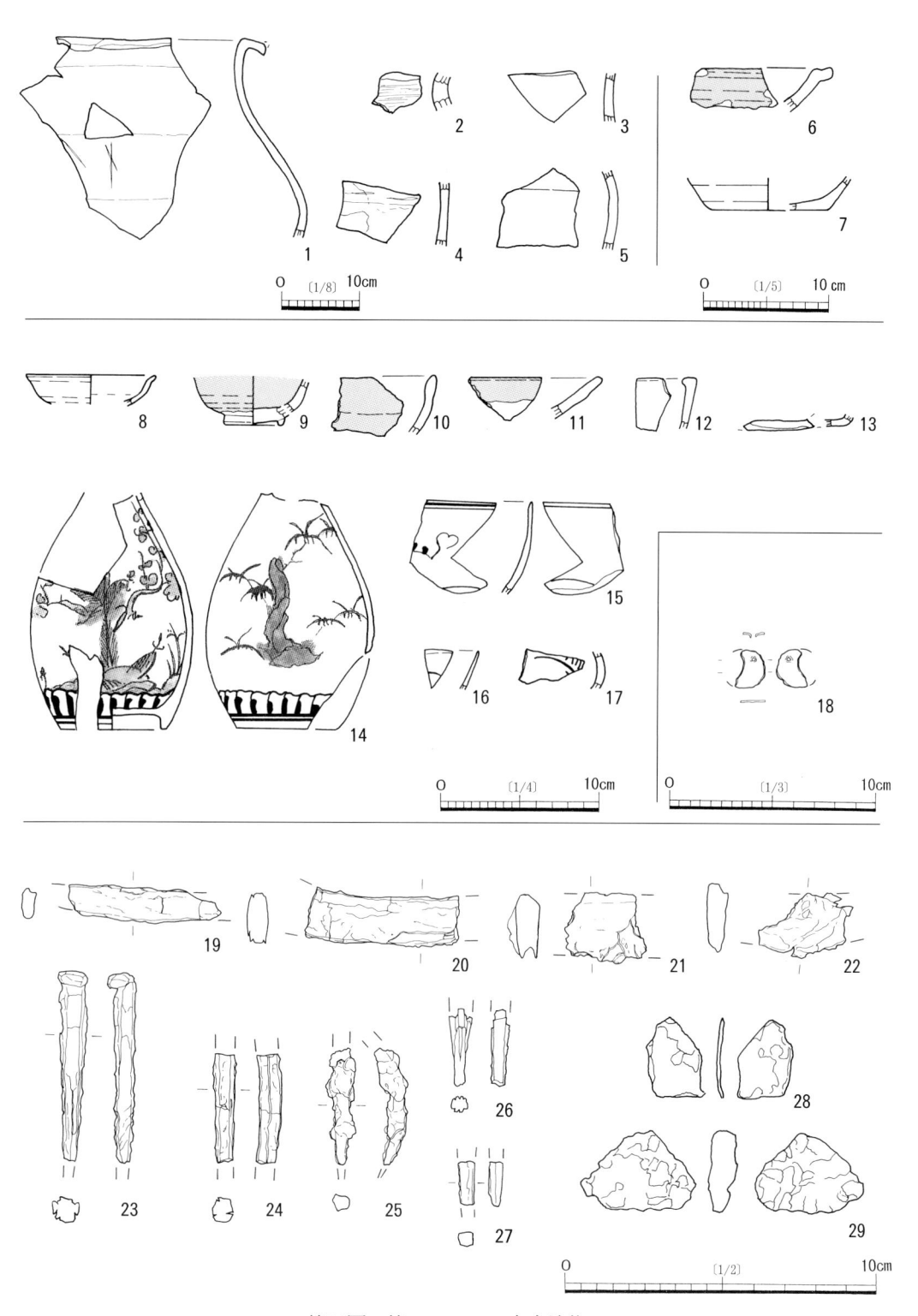

第59図　第1トレンチ出土遺物

第9表　第1トレンチ遺物観察表

図版番号	種類	観察事項
第59図1	甕	材質炻器　法量残高24.4cm　重量760.0ｇ　成形紐作り　形状口縁Ｎ字形　外面特徴指頭圧痕顕著　胎土・色調暗赤褐色　製作地常滑　製作年代13世紀後半　遺存2割
第59図2	甕	材質土師質　法量残高2.5cm　重量6.5ｇ　成形紐作り　外面特徴ハケメ顕著　内面特徴ハケメ顕著　胎土・色調明褐色　製作年代9世紀　遺存1割
第59図3	甕	材質炻器　法量残高6.2cm　重量71.2ｇ　成形紐作り　外面特徴ハケメ顕著　内面特徴ハケメ顕著　胎土・色調暗黄褐色　製作地常滑　遺存1割
第59図4	甕	材質炻器　法量残高10.7cm　重量200.0ｇ　成形紐作り　外面特徴一部沈線・ハケメ顕著　胎土・色調赤褐色　製作地常滑　製作年代13世紀　遺存1割
第59図5	甕	材質炻器　法量残高9.8cm　重量168.3ｇ　成形紐作り　胎土・色調暗黄褐色　製作地常滑　遺存1割
第59図6	盤	材質陶器　法量残高3.1cm　重量39.9ｇ　成形紐作り　形状折縁形　釉薬灰釉（黄釉）　外面特徴ロクロ目顕著　胎土・色調白黄色　製作地瀬戸　製作年代15世紀　遺存1割
第59図7	壺	材質陶器　法量底径9.4cm　残高2.5cm　重量51.6ｇ　成形ロクロ　外面特徴底部回転糸切痕　胎土・色調赤褐色　遺存1割
第59図8	坏	材質須恵器　法量口径8.2cm　残高1.8cm　重量4.1ｇ　成形ロクロ　形状端反形　胎土・色調灰色　製作年代古代　遺存2割
第59図9	碗	材質陶器　法量底径3.6cm　残高2.8cm　重量44.1ｇ　成形ロクロ　形状腰張形・付高台　釉薬灰釉（白濁釉）　胎土・色調白黄色　製作地瀬戸　製作年代17世紀後半～18世紀前半　遺存3割
第59図10	碗	材質陶器　法量残高3.35cm　重量13.1ｇ　成形ロクロ　形状天目形　釉薬鉄釉　胎土・色調暗白黄色　製作地瀬戸・美濃　遺存1割
第59図11	小皿	材質陶器　法量残高2.5cm　重量12.0ｇ　成形ロクロ　形状平形　釉薬灰釉　胎土・色調黄褐色　製作地瀬戸　製作年代15世紀　遺存1割
第59図12	甕	材質土師質　法量残高3.1cm　重量5.7ｇ　形状口縁内折形　胎土・色調赤褐色　遺存1割
第59図13	焙烙	材質土師質　法量残高0.7cm　重量5.7ｇ　成形ロクロ　外面特徴加熱による黒変　胎土・色調暗橙色　製作年代近世　遺存1割（底部片）
第59図14	瓶	材質磁器　法量底径6.8cm　残高14.7cm　重量350.0ｇ　成形ロクロ　形状辣韮形・碁筒底高台　絵付染付　釉薬透明釉　外面特徴松竹梅樹紋　胎土・色調灰白色　製作地肥前　製作年代17世紀前半　遺存8割
第59図15	碗	材質磁器　法量残高5.8cm　重量17.0ｇ　成形ロクロ　形状丸形　絵付染付　釉薬透明釉　外面特徴口縁直下三重圏線紋・草花紋　内面特徴口縁直下圏線紋・見込二重圏線紋　胎土・色調白色　製作地肥前　製作年代18世紀　遺存3割
第59図16	碗	材質磁器　法量残高2.4cm　重量1.3ｇ　成形ロクロ　絵付染付　釉薬透明釉　外面特徴草花紋　胎土・色調白色　製作地肥前　遺存1割
第59図17	瓶	材質磁器　法量残高2.2cm　重量3.0ｇ　成形ロクロ　形状辣韮形　絵付染付　釉薬透明釉　外面特徴草葉紋　胎土・色調白色　製作地肥前　製作年代18世紀　遺存1割
第59図18	双孔儀鏡	材質銅　法量直径2.0cm　厚0.1cm　重量0.6ｇ　形状円形　規格小　孔の形状三角形　穿孔方法鋲打ち片側穿孔　遺存6割
第59図19	刀子	材質鉄　法量長4.8cm　幅1.0cm　厚0.4cm　重量5.7ｇ　形状刀型　遺存部位胴部
第59図20	刀子	材質鉄　法量長4.8cm　幅1.5cm　厚0.6cm　重量13.1ｇ　形状刀型　遺存部位胴部
第59図21	刀子	材質鉄　法量長2.5cm　幅2.0cm　厚0.7cm　重量7.3ｇ　形状刀型　遺存部位胴部
第59図22	刀子	材質鉄　法量長3.0cm　幅2.1cm　厚0.7cm　重量4.1ｇ　形状刀型　遺存部位胴部

図版番号	種類	観察事項
第59図 23	釘	材質鉄　法量長5.9cm　幅0.8cm　厚0.7cm　重量7.0ｇ　遺存部位ほぼ完形
第59図 24	釘	材質鉄　法量長3.6cm　幅0.6cm　厚0.8cm　重量4.1ｇ　遺存部位胴部
第59図 25	釘	材質鉄　法量長3.6cm　幅0.5cm　厚0.6cm　重量3.2ｇ　遺存部位胴〜先端部
第59図 26	釘	材質鉄　法量長2.4cm　幅0.5cm　厚0.5cm　重量1.2ｇ　遺存部位胴部
第59図 27	釘	材質鉄　法量長1.4cm　幅0.4cm　厚0.4cm　重量0.7ｇ　遺存部位ほぼ完形
第59図 28	鉄片	材質鉄　法量長2.4cm　幅1.9cm　厚0.1cm　重量1.1ｇ
第59図 29	鉄片	材質鉄　法量長2.5cm　幅3.6cm　厚0.9cm　重量7.1ｇ
30	銭貨	材質銅　銭貨名不明　重量2.5ｇ　備考模鋳銭？・無文
31	銭貨	材質銅　銭貨名至道元寶　初鋳年995　重量1.6ｇ
32	銭貨	材質銅　銭貨名寛永通寶古　書体Ｋ　初鋳年1636　重量2.2ｇ
33	銭貨	材質銅　銭貨名皇宋通寶　書体Ｔ　初鋳年1038　重量1.6ｇ　備考裏面凹凸ナシ・模鋳？
34	銭貨	材質銅　銭貨名洪武通寶　書体Ｋ　初鋳年1368　重量2.8ｇ
35	銭貨	材質銅　銭貨名熙寧元寶　書体Ｋ　初鋳年1068　重量2.4ｇ
36	銭貨	材質銅　銭貨名元祐通寶　書体Ｇ　初鋳年1086　重量3.5ｇ

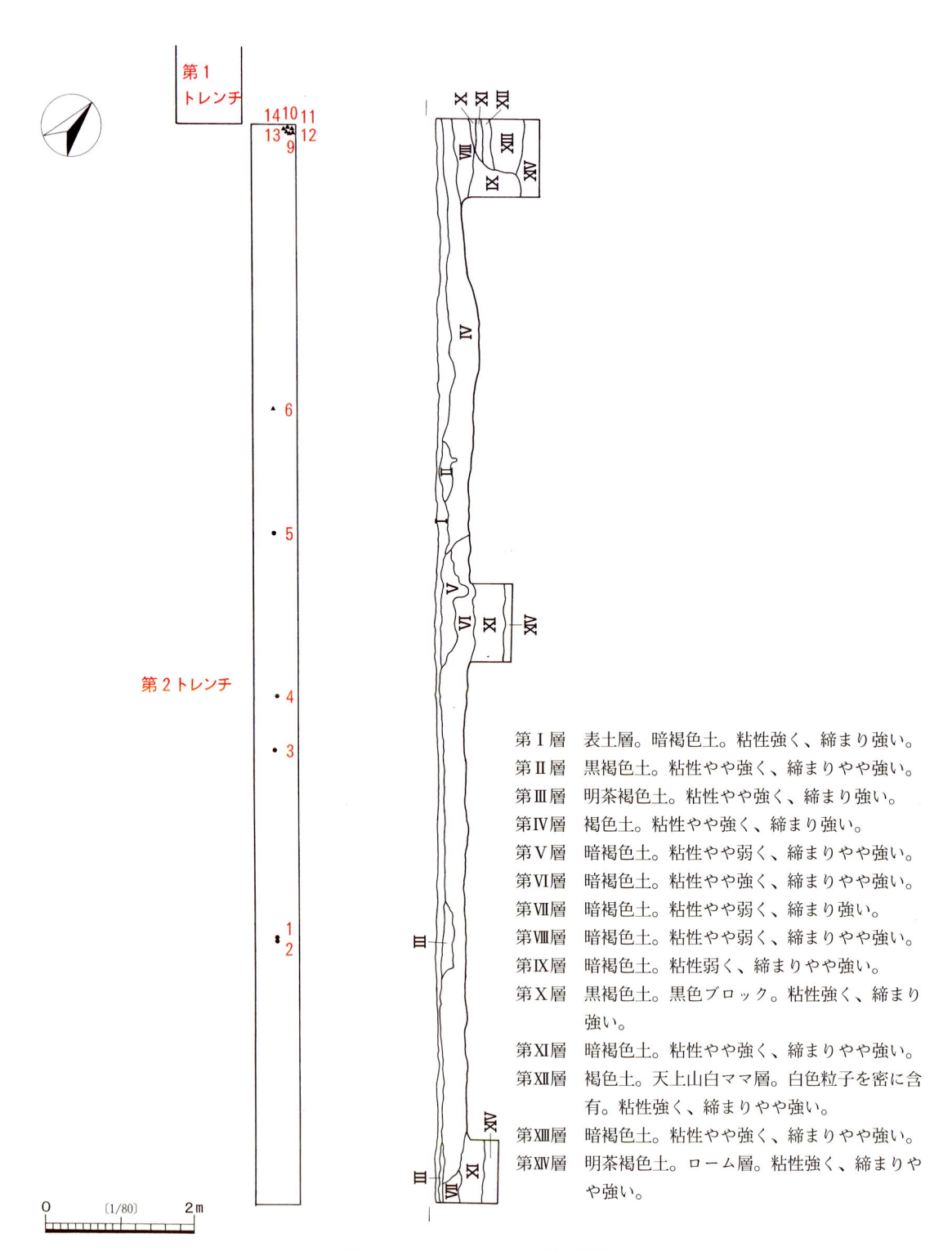

第Ⅰ層　表土層。暗褐色土。粘性強く、締まり強い。
第Ⅱ層　黒褐色土。粘性やや強く、締まりやや強い。
第Ⅲ層　明茶褐色土。粘性やや強く、締まり強い。
第Ⅳ層　褐色土。粘性やや強く、締まり強い。
第Ⅴ層　暗褐色土。粘性やや弱く、締まりやや強い。
第Ⅵ層　暗褐色土。粘性やや強く、締まりやや強い。
第Ⅶ層　暗褐色土。粘性やや弱く、締まり強い。
第Ⅷ層　暗褐色土。粘性やや弱く、締まりやや強い。
第Ⅸ層　暗褐色土。粘性弱く、締まりやや強い。
第Ⅹ層　黒褐色土。黒色ブロック。粘性強く、締まり強い。
第Ⅺ層　暗褐色土。粘性やや強く、締まりやや強い。
第Ⅻ層　褐色土。天上山白ママ層。白色粒子を密に含有。粘性強く、締まりやや強い。
第ⅩⅢ層　暗褐色土。粘性やや強く、締まりやや強い。
第ⅩⅣ層　明茶褐色土。ローム層。粘性強く、締まりやや強い。

第60図　第2トレンチ平面図・土層図

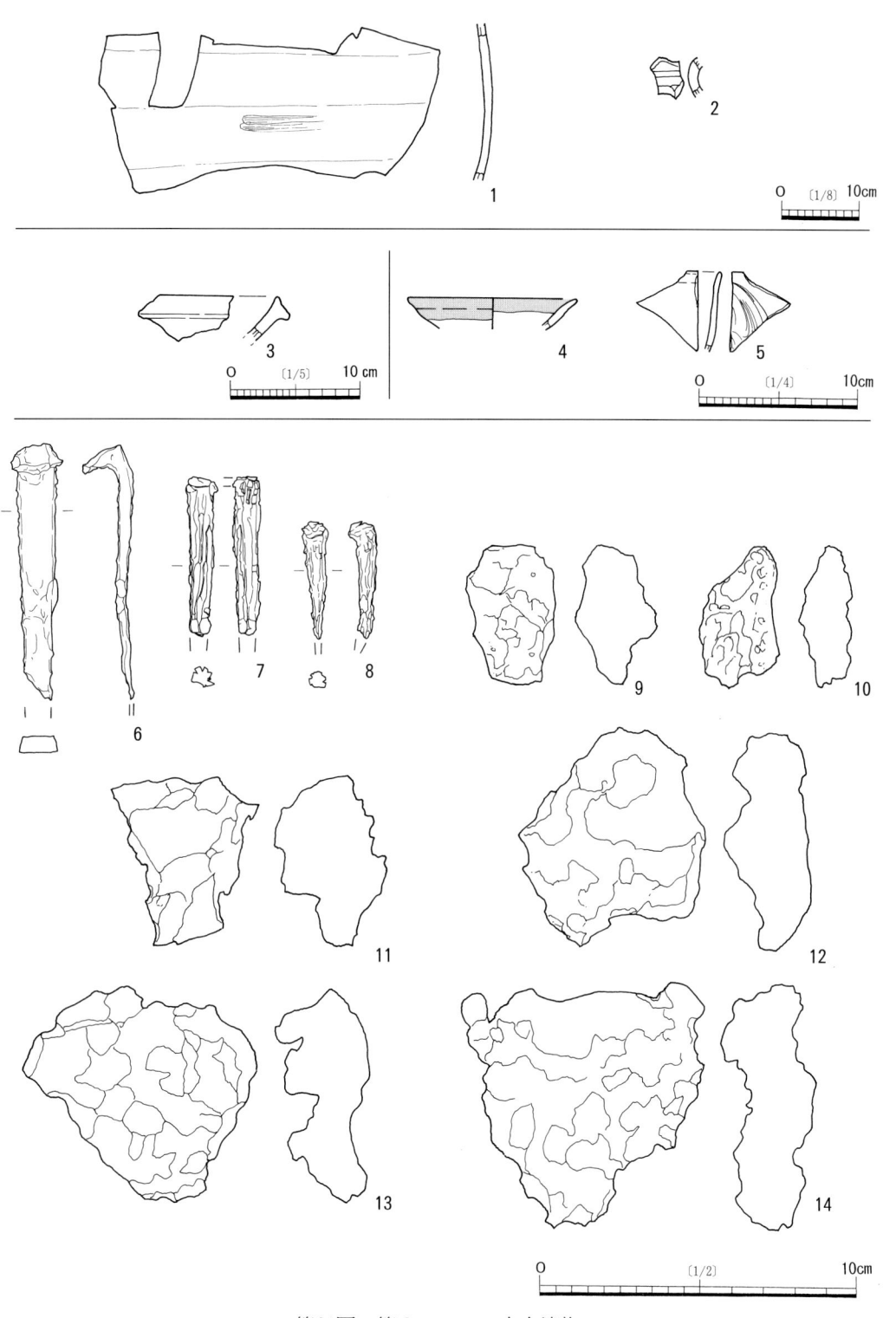

第61図 第2トレンチ出土遺物

第10表　第2トレンチ遺物観察表

図版番号	種類	観察事項
第61図 1	甕	材質炻器　法量残高19.3cm　重量1290.0g　成形紐作り　釉薬内外鉄サビ　内面特徴指頭圧痕　胎土・色調赤褐色　製作地常滑　製作年代17世紀前半　遺存1割
第61図 2	甕	材質炻器　法量残高4.9cm　重量32.3g　成形紐作り　形状口縁広口形　胎土・色調暗灰色　製作地渥美　製作年代12世紀後半　遺存1割（頸部片）
第61図 3	擂鉢	材質炻器　法量残高3.5cm　重量34.8g　成形紐作り　形状口縁外帯形　釉薬鉄サビ　胎土・色調灰色　製作地瀬戸　製作年代16世紀　遺存1割
第61図 4	小皿	材質陶器　法量口径10.6cm　残高1.9cm　重量9.8g　成形ロクロ　形状平形　釉薬灰釉　胎土・色調暗褐色　製作地瀬戸　製作年代15世紀　遺存3割
第61図 5	碗	材質磁器　法量残高4.9cm　重量7.6g　成形ロクロ　形状端反り形　釉薬青磁釉　胎土・色調灰白色　製作地龍泉窯　製作年代12世紀　遺存2割
第61図 6	釘	材質鉄　法量長7.9cm　幅1.2cm　厚0.4cm　重量18.5g　遺存部位頭〜胴部
第61図 7	釘	材質鉄　法量長4.8cm　幅0.7cm　厚0.6cm　重量5.4g　遺存部位頭〜胴部
第61図 8	釘	材質鉄　法量長3.6cm　幅0.6cm　厚0.5cm　重量2.1g　遺存部位ほぼ完形
第61図 9	鉄屑	材質鉄　法量長4.3cm　幅2.6cm　厚2.6cm　重量33.3g
第61図 10	鉄屑	材質鉄　法量長4.3cm　幅2.5cm　厚2.2cm　重量22.6g
第61図 11	鉄屑	材質鉄　法量長5.1cm　幅4.6cm　厚3.5cm　重量56.5g
第61図 12	鉄屑	材質鉄　法量長6.7cm　幅5.9cm　厚2.6cm　重量106.4g
第61図 13	鉄屑	材質鉄　法量長6.6cm　幅7.3cm　厚2.9cm　重量124.8g
第61図 14	鉄屑	材質鉄　法量長7.4cm　幅7.6cm　厚2.9cm　重量125.2g

第V章　まとめ

第1節　積石遺構の変遷

　拝殿南側より検出された積石遺構は、中世から一部近代に至る非常に長期的な祭祀遺構であることが発掘調査によって判明した。本節では積石遺構の数百年間に互る変遷を明らかにすることで、本地点に於ける祭祀の一側面を検討していきたい。

　積石遺構第Ⅰ期は板石による積石部並びに小祠群の構築が開始された時期で、共に12～13世紀代の同時期に造成されたことが判明している。積石部は長軸9ｍ×短軸2ｍ×高さ50㎝程の長方の石壇で、東西2大分・5単位に区画して構築されている。積石中からは甕が数基出土しているが、他の遺物が少ない。小祠は内陣様部分とテラス状張出部から構成される。内陣様部分は鏡或いは御幣などの神格の高い祭器が安置される空間、テラス部は双孔儀鏡・銭貨・釘などが供献される供物台で、第Ⅰ期の出土遺物は小祠周辺、特にテラス部に集中している。以上を総合すると、第Ⅰ期に於ける祭礼行為は主に小祠前で執行されていたことが分かる。積石部は小祠の後背に位置することから、祭祀の直接的行為空間ではなく、信仰の対象・神域であったと判断されよう。出土遺物が少ない理由はそのためである。阿豆佐和気命神社本宮に所在する神の墓所では中心に甕が据えられ、また下上神社の神域（ミアナ）でも壺が据えられている[注1]。利島の民俗例では甕・壺などの大型器物が特に神器として奉られることから、小祠群ではなく積石部に東播系などの大甕が埋設されていたことは積石部の神域性の証ともいえる。ただし、この積石部＝石壇が何を象徴したものかについては今後の検討が必要である。小祠群の性格に関しては、5基という数の多さと位置が注目される。現在の本殿神域内には左右に多数の境内社が建ち並んでいるが、小祠群と基数や配列が近似している。そこから類推するに、小祠群もおそらく境内社的な存在であったと考えられる。更に小祠群を境内社と見做すならば、第1トレンチにて検出された集石遺構は中世に於ける神社本殿に関係する遺構であった可能性もある。

　また、積石部及び小祠群の主軸が南西を向いていることは重要である。この方角には阿豆佐和気命神社本宮が位置していることから、積石遺構と本宮との強い関係性が窺われる。

　第Ⅰ期遺構面からは渥美窯製品や関西系製品が多く出土しているが、これに関しては渥美窯を管理下に置き、太平洋岸に勢力を誇った伊勢の影響が考えられる。祭祀場の造成と守を担ったのは遺構の長期性・日常性から利島村民であることに間違いはないが、第Ⅲ期に至るまでの鏡類・刀装具などの潤沢な供献品からは、島外の有力勢力の存在を想定しなければならない。前述の伊勢は太平洋沿岸の宗教・経済活動に関与する神人を擁する勢力であることから、本遺構の祭祀に関与していた可能性は高い。

　以上の様相を呈する第Ⅰ期は、16世紀前葉に何らかの理由で廃絶することとなる。第Ⅱ期に於いても同様の祭祀が継続されていることから、人為的理由による破壊ではなく、傾斜地特有の自然埋没が度々重なったためと考えたい。

　積石遺構第Ⅱ期は、第Ⅰ期で構築された小祠群が半埋没し、玉石が徐々に敷設され始

る段階である。第Ⅰ期の廃絶時期が16世紀前葉であることから、16世紀前葉〜中葉の短期間の年代に収束する遺構面と認識される。以上の年代観は第Ⅱ期出土遺物の盛期が15世紀にあたることと矛盾するが、これは本地点に於ける祭祀の特徴でもある。即ち金属製品は例外として、器類などは長年使用した日常品を供献していることに起因している。そのために遺物の生産年代に比べて出土年代がかなり遅れるのである。

　遺物の出土傾向及び組成は第Ⅰ期とほぼ同様である。このことから、小祠群は半埋没しても機能しており、祭礼の意義・所作は変質していないと考えられる。ただし鏡3面が積石部近辺より出土している点に関しては、第Ⅲ期に於ける積石部への鏡の奉納が第Ⅱ期より始まっていた可能性が指摘される。また銭貨が第Ⅰ期より増加しており、利島に於いても本州同様に賽銭の習俗が流入・日常化したことを示唆している。

　積石遺構第Ⅲ期では遺構の形状・性質が変容する。小祠群は埋没し、玉石が敷設された広場状の平面的空間へと変化する。玉石は積石部にも積まれるようになるが、大小無規格となり積み方も乱雑となる。いわば積むことに意味が見出される様相を呈する。

　遺物の出土傾向としては第1・2号遺物集中が注目される。出土遺物から推定する形成時期としては、第1号遺物集中が17世紀前葉、第2号遺物集中が16世紀後葉と、第2号遺物集中が時期的にやや先行する。第2号遺物集中では鏡3面は積石部に重ね置かれていたと推測され、その直下より甕・鉢・水注などを祭器とした祭祀跡が検出されている。第1号遺物集中では16面もの鏡を銭貨と共に積石の隙間に奉納し、その直下・直上に壺・鉢・瓶・碗・刀子などを供献している。これら遺物集中として検出された祭祀が、積石部にて執行されていたことは特筆すべき点である。即ち、第Ⅰ〜Ⅱ期では積石部は神域且つ信仰対象で小祠がその祭壇を兼ねていたが、第Ⅲ期に至り小祠群が埋没すると、祭祀・供献行為は神域である積石部へと侵犯せざるを得なくなり、積石部が祭壇へと変容したことを示しているのである。第Ⅲ期に於いては、積石の増築が乱雑になる点、供献品の種類・量は一時激増するものの甕・壺・鉢・鏡という利島の信仰に於いて重要な器物だけでなく多様な雑器が混在するようになる点、鏡の奉献が無造作な点、祭器である双孔儀鏡が消えて日常性の強い刀子・銭貨が多くなる点など、祭祀の内容が拡散・混沌化し、停滞化していく様相を呈している。積石部の祭壇化、言い換えれば積石部の神域性・禁忌性の希薄化という現象も、第Ⅲ期に於ける祭祀総体の衰退現象の一つとして捉えることが出来る。本祭祀場は16世紀後葉から17世紀前葉にかけて非常な盛期を迎えているが、その反面で祭祀が無規則化し、祭祀本来の意義が失われていったために、以後は急速に沈静化していくのである。

　中世より続いた祭祀は、明治初頭に終焉を迎える。廃仏毀釈の際に廃棄された仏教遺物や鏡片などが第Ⅱ層付近より出土しており、以後の祭祀の痕跡は見受けられない。祭礼が鈍化し自然に埋没していく中、最後には廃仏毀釈思想の犠牲となって、本遺構はその役割を終える。

（須藤友章）

註1　水越正義　1899年11月「伊豆国利島の住人」『東京人類学雑誌』164号

第2節　遺物

本遺跡からは57種792点の多種多数の遺物が出土している（第11表）。本節では特に重要性が高い、陶磁器・鏡・双孔儀鏡・刀装具・刀子・銭貨に関して考察を進める。

第11表　阿豆佐和気命神社境内祭祀遺跡遺物組成表

材質	種類	出土点数
炻器・陶器・瓦質 （189点）	甕	48
	壺	15
	鉢	60
	盤	4
	碗	17
	皿	1
	卸し皿	2
	小皿	10
	灯明皿	2
	水注	6
	片口注ぎ	1
	小壺	5
	蓋	1
	花瓶	1
	瓶	10
	小瓶	1
	油壺	1
	鳶口	1
	香炉	2
	狛犬	1
須恵器（1点）	坏	1
土師質（2点）	焙烙	1
	かわらけ	1
磁器（59点）	蓋付壺	2
	花瓶	1
	瓶	16
	小瓶	20
	小坏	1
	碗	7

材質	種類	出土点数
磁器	碗	7
	仏飯器	8
	燭台	1
	蓋	1
	合子	1
	香炉	1
金属（540点）	鏡	34
	双孔儀鏡	75
	刀子	54
	釘	95
	鎌	6
	懐刀	1
	小柄金具	1
	笄	2
	錠	1
	釣具	1
	鰐口	1
	仏飯具	23
	鈴	2
	錺金具	15
	鉄鍋	1
	五徳	1
	鉄製品	3
	銅製品	1
	鉄片	2
	鉄屑	6
	銭貨	214
その他	碁石	1
合計		792

(1) 陶磁器

　陶磁器は、12～20世紀の各期に亙って検出されているが、その大半は12～17世紀に集約され、中世では15世紀に、近世では17世紀にピークが求められる（第12表・グラフ参照）。各時期の器種構成について概略を述べる。

　積石遺構Ⅰ期段階の陶磁器は、第14～17図に示したとおり、総数35点を数え、器種は、甕14・大壺1・片口鉢21である。小祠に伴う陶磁器の年代幅は、12～16世紀に亙るが、共伴する和鏡の年代から構築初期の遺構に伴う資料は、12世紀後半～13世紀前半の資料である。14～16世紀に帰属する13点の陶磁器は、遺構の報告で詳述するが、宗教施設であるが故の遺構の継続性あるいは、第Ⅱ期段階での遺構への混入とみて大過なかろう。12世紀に帰属する器種のうち、甕の産地は渥美窯（第14図1）、常滑窯（第14図2）で、片口鉢は渥美（第15図16・17、第16図18～23）が多く認められる。13世紀も甕と片口鉢の器種構成で、常滑が多い。第14図3は、東播系の甕で13世紀前半に帰属する。関東地方での出土例は極めて少なく、東西の海路の往来を物語る物証として重要な資料である。

　積石遺構Ⅱ期段階の陶磁器は、第24～26図に示したとおり、総数22点を数え、器種は、甕6・広口壺1・長頸壺1・片口鉢6・盤1・碗3・小皿1・水注1・瓶2である。第Ⅱ期は第Ⅰ期の小祠遺構廃絶後、第Ⅲ期に移行する段階のステージで13世紀～17世紀遺物が混在する。15世紀に帰属する陶磁器が最も多く、10点を数える。常滑窯の甕（第24図2・4・5）、片口鉢（第25図11～15）、瀬戸系盤（第25図16）である。渥美・常滑に、瀬戸の製品が加わる。

　積石遺構第Ⅲ期段階の陶磁器は、第34～45図に示したとおり、総数174点を数え、器種構成は甕22・壺10・片口鉢30・捏鉢2・盤2・仏花瓶1・瓶9・油壺1・鳶口1・香炉2・片口1・水注5・双耳小壺1・小壺5・蓋2・碗16・皿1・小皿7・卸し皿2・かわらけ1・灯明皿2・狛犬1・蓋付壺2・青磁花生1・瓶14・小瓶20・小坏1・仏飯器8・燭台1・合子1である。陶磁器の年代的には12～20世紀まで混在するが、そのピークは15～17

第12表　陶磁器類材質別出土点数・年代表

材質	古代	9C	10C	11C	12C	13C	14C	15C	16C	17C	18C	19C	20C	近世	不明	合計
須恵器	1	0	0	0	0	0	0	0	0	0	0	0	0	0	0	1
土師質	0	1	0	0	0	0	0	1	0	0	0	0	0	1	1	4
瓦質	0	0	0	0	0	0	0	1	0	0	0	0	0	0	0	1
炻器	0	0	0	0	21	21	11	43	15	1	1	1	0	0	7	121
陶器	0	0	0	0	0	0	1	22	12	15	5	0	0	0	9	64
磁器	0	0	0	0	1	0	0	0	0	43	8	4	1	0	6	63
合計	1	1	0	0	22	21	12	67	27	59	14	5	1	1	23	254

世紀で、第Ⅲ期の遺物全体の70％以上を占める。器種的には、壺・甕・捏鉢の三器種で全体の約30％を占める。16世紀後半には、瀬戸・美濃の製品（第41～43図）が、多様な器種構成を見せ、小型の水注（第41図82～第42図86）や小壺（第42図87～89）、天目（第42図97～100）などがあげられる。17世紀以降の遺物で特徴的な位置を占めるのは、同一規格の初期伊万里の小瓶（第45図135～150）で総数15点を数える。初期伊万里の燭台（第45図169）や仁清の鳥形合子（第45図171　1～3）なども希少遺物である。　　　　　　　　（内川隆志）

第13表　積石遺構第Ⅰ～Ⅲ期の陶磁器類年代表

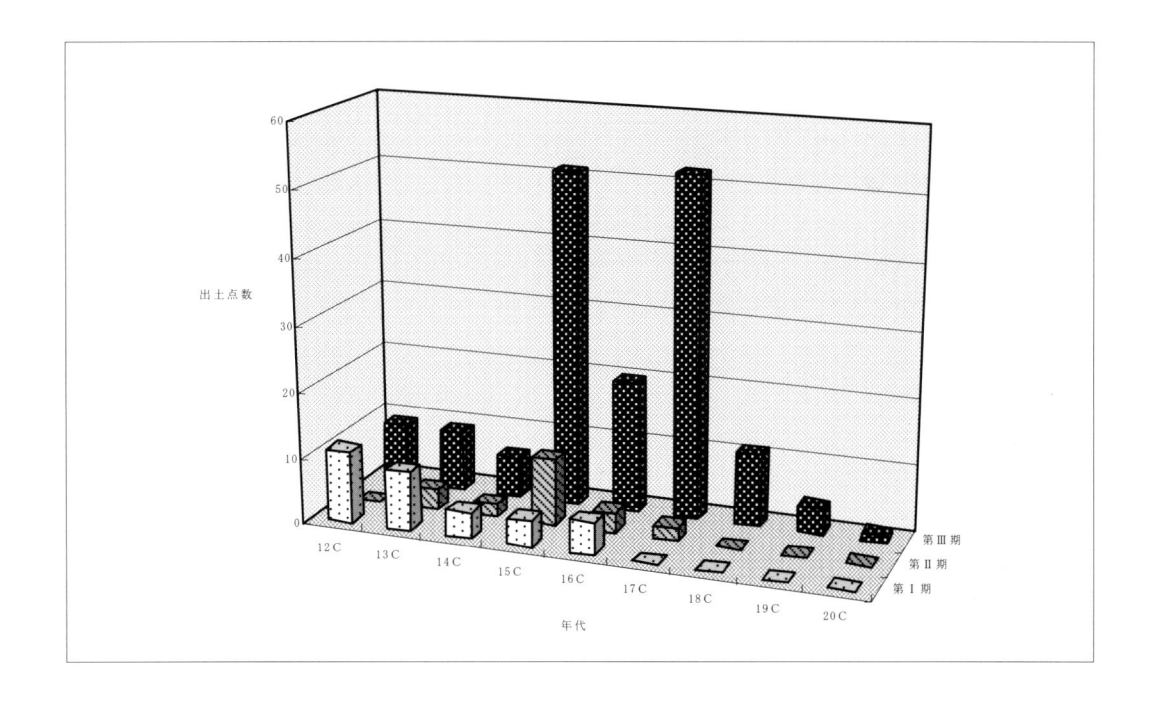

積石遺構各期	年　代										合　計
	12Ｃ	13Ｃ	14Ｃ	15Ｃ	16Ｃ	17Ｃ	18Ｃ	19Ｃ	20Ｃ	不明	
第Ⅰ期	11	9	4	4	5	0	0	0	0	3	36
第Ⅱ期	0	3	2	10	3	2	0	0	0	3	23
第Ⅲ期	9	9	6	51	20	52	11	4	1	8	171
合　計	20	21	12	65	28	54	11	4	1	14	230

（2）和鏡

　和鏡は総数34面検出されており、特に平成10年（1998）に検出された16面の一括資料は特筆すべきものである。さらに層位的に下部の玉石面と小祠群の中間層（Ⅱ期）、小祠構築面（Ⅰ期）などにおいてまとまりをもって検出されている。

Ⅰ期　（第17図37～第18図46）

　小祠群に伴出する和鏡群は、第17図37～第18図46の10面で、12世紀～13世紀にかけての資料である。和鏡の年代からすれば小祠継続年代の下限を13世紀代とすることが可能であり、12世紀中頃に遡る資料も認められるが、その始まりは概ね12世紀後半に置くことができる。第17図37は山吹散双雀鏡で鏡胎は薄く脆弱である。点描による山吹の描写と細線による鳥の表現は単純稚拙であるも箆使いは巧緻である。鈕は形骸化しておりその機能は失われ、縁は僅かに盛上る程度で、鏡の本来的な用途は失われ祭祀の幣としての儀鏡である可能性が高い。12世紀前半～中頃に比定できる。第17図38～40の3面は所謂儀鏡に属する。本遺跡では銅板を鋳造あるいは切り整えた双孔儀鏡が多数検出されているが、本儀鏡群は面経8cm前後で僅かに単圏を巡らせたもので、第17図38には、草文のごとき文様の一部が認められるが、総じて単圏のみが僅かに残存する。第18図42は檜垣秋草双雀鏡で、やや変形し一部欠損している。箆使いは繊細である。12世紀後半。第18図43は秋草野兎蝶鳥鏡で、花蕊中隆鈕の下に胴部の間延びした兎を描写する。該期の和鏡の画題としては極めて希有なものである。縁はやや外反し鏡胎は薄い。12世紀後半。第18図41は菊枝双雀鏡で内区には対峙する双雀と四つの菊枝を布置する。12世紀後半に比定される。第18図44は菊花双雀鏡で　内区右から延びる菊枝に満花菊を描く。12世紀後半～13世紀初頭。第18図45は、洲浜秋草双雀鏡で内区中央に大きく拡がる秋草と飛遊する双雀を描写する。縁はやや外反し鏡胎は薄い。12世紀後半。第18図46は、秋草双雀鏡で内区右から左にかけて秋草を描写する。直角式中縁で13世紀中頃に比定される。

Ⅱ期　（第26図24～26）

　第26図24は菊花散双雀鏡で瑞花中隆鈕の上方に羽を閉じて対峙する双鳥を描く、鳥の形状は雀というより鸚鵡か鸚哥に近い。14世紀前半の所産であろう。26は浮線稜紋散蝶鳥鏡で鈕を中心に大きく三方に浮線稜紋を布置し飛遊する双雀を描く。12世紀後半に比定される。25は蓬莱鏡で画面右側に巌、洲浜で遊ぶ双鶴の左上から藤花がたなびく構図をとる。15世紀中頃に比定される。

Ⅲ期　（第46図～49図）

　玉石面に構築された積石遺構から一括で検出された和鏡で、年代的には12世紀から16世紀末までの年代幅がある。最も新しい資料は、第48図188の五階松文柄鏡で16世紀末の年代が与えられる。周辺に散布する陶磁器類も凡そ16世紀末から17世紀初頭の資料が多いこ

とから、16面の和鏡を一括して供献した時期は該期にあたる。何れの鏡も金質の変化から永年土中していたものであることは明らかであり、偶発的に発見された12世紀以降の和鏡群を発見からさほど時間を置かずに再度供献したものであろうことが推定される。その供献方法は、ただ重ね置いた状況であって祭祀の正式な作法に則ったものではないことは検出状況から判断できるものである。出土状況を推定すれば境内地を拡げ、境内外の境に玉石垣を積む際に結果的に玉石面と4号、5号小祠の一部を壊し出土した可能性が高く、特に第46図173の網代双鳥鏡や第46図174の山吹双雀鏡など12世紀代の鏡は、元々小祠に伴ったものであろうことが推定される。第46図175は、菊枝蝶鳥鏡で金質、鋳成共に非常に精美なものである。13世紀前半に比定される。第46図176は、流水文鴛鴦鏡で箆使いが巧緻で鴛鴦の画材も希覯な資料である。縁は1.0cmとやや高く微妙に外反する。13世紀中頃に比定される。第46図177・178は、蓬莱鏡で巌と松樹、波濤、双雀の画題によって構成される。何れも15世紀前半に比定される。第47図179・180は、菊花散双雀鏡で14世紀〜15世紀に比定される。鏡胎は比較的厚く菊花は同心円状に整然と配列される。第47図181〜第47図184は、擬漢式鏡に一括される。第47図181は牡丹双鳳鏡で、内区には和洋化の進んだ牡丹を配置し上方に相対する鳳凰を配置する。界圏によって3区画された内側には蕊状文帯をそれぞれ巡らせる。縁内側は緩やかに傾斜し重厚感を与えている。14世紀前半に比定される。第47図182は菊花散双雀鏡で六稜形界圏を有し連珠文帯を挟んで簾状文を施す。14世紀中頃に比定される。第47図183は千鳥双雀鏡で、五稜形界圏を有し断続連珠文を挟んで簾状文を施す。15世紀中頃に比定される。第47図184は、鳥居双雀鏡で六稜形界圏を有し断続連珠文を挟んで密なる簾状文を施す。内区には右手に鳥居、上方に満月をし、下方から左手にかけて常緑の竹と松を配置する。15世紀中頃に比定される。第48図185は、梅花浮線稜文双鶴鏡で亀鈕上方に双鶴を布置し、内外区に梅花浮線稜文を散らす。鏡胎は厚く重厚な鏡である。15世紀前半に比定される。第48図186は、亀甲地文双鶴鏡で亀鈕上方に飛遊する双雀を配置する。15世紀前半に比定される。第48図187は菊花散双雀鏡で、亀鈕と双雀が接嘴する構図をとる。二重界圏をなす。16世紀前半に比定される。　　　　　（内川隆志）

第14表　積石遺構第Ⅰ〜Ⅲ期の鏡製作年代表

積石遺構各期	年代										合計
	12C	13C	14C	15C	16C	17C	18C	19C	20C	不明	
第Ⅰ期	7	3	0	0	0	0	0	0	0	0	10
第Ⅱ期	1	0	1	1	0	0	0	0	0	0	3
第Ⅲ期	2	2	4	11	0	1	1	0	0	0	21
合　計	10	5	5	12	0	1	1	0	0	0	34

（3）双孔儀鏡

　双孔儀鏡とは、双孔を穿った銅製小型円盤を示す。鋳型に銅を0.3mm～2.5mmの厚みで流し入れ、表裏周縁を研磨・鏨切りなどして製作するものである。形態及び機能的所見から鏡を模した儀鏡であることが指摘されている[註1]。

　本遺跡からは計170面が出土しているがほとんどは微細薄片であり、本稿では図化可能な75面を抽出した。

　形態としては円形と方形に大別され、更に円形（42面）・耳鈕付円形（13面）・上切円形（5面）・縦楕円形（2面）・横楕円形（1面）・隅丸方形（3面）・隅切方形（2面）の7型式に細分される（第62図）。また直径を抽出したデータ（第16表）を参照すると、規格に関して大・中・小型製品の分類があったことが窺える。大型製品は直径8.0cm～5.0cm、中型製品は直径5.0cm～2.5cm、小型製品は直径2.5cm～1.8cmの範囲に収束する。これら大～小の規格は、型式と密接に関係していることが判明している（第15表）。円形は小～大型まで全ての規格を揃えているが、大型製品の比率が圧倒的に高い。耳鈕付円形・上切円形・楕円形等も大型製品が多い。対して、隅丸方形・隅切方形等の方形形式は小型製品が多い。円形形式の製品は大型が、方形形式の製品は小型が志向されていたことが判断される。この作り分けに何らかの意味差が存在したことが推測されるが、現時点では不明である。

　双孔は鏨打ちによる片側穿孔と錐状工具による回転穿孔の2種が認められる。双孔儀鏡の表裏面は、穿孔方向によって決定した。穿孔を施す面が表面である。孔形に関しては、錐状工具による回転穿孔では丸形となるが、鏨打ちでは三角形・四角形・不整方形となる。

　出土量傾向としては、積石遺構第Ⅰ期では計33面、第Ⅱ期では計32面、第Ⅲ期では計9面が出土しており、双孔儀鏡の盛期は積石遺構第Ⅰ～Ⅱ期であったことが確認される。以上から類推するに、双孔儀鏡の製作年代は中世前葉～中葉と推定されよう。

　出土地点としては、積石遺構では小祠のテラス状張出部に集中している。本鏡の様に小祠の内部に安置される程の神格の高い神器ではなく、祭礼行為で度重ねて使用する類のものであったことが窺われる。

　機能的問題としては、双孔が釘の径に合うものではないことから紐通しの孔と考えられ、榊などの木に吊るす、或いは御幣に垂らすといった使用法が想定される。元来は金色の銅製である点や薄手の作りである点などから、使用時の揺れによる演出効果を前提とする非常に視覚的な祭器であったといえる。

　　　　　　　　　　　　　　　　　　　　　　　　　　　　　　　　　　（須藤友章）

註1　内川隆志　1993「銅製双孔儀鏡について」『堂ノ山神社境内祭祀遺跡学術調査報告書』
　　海洋信仰研究会堂ノ山神社境内祭祀遺跡学術調査団

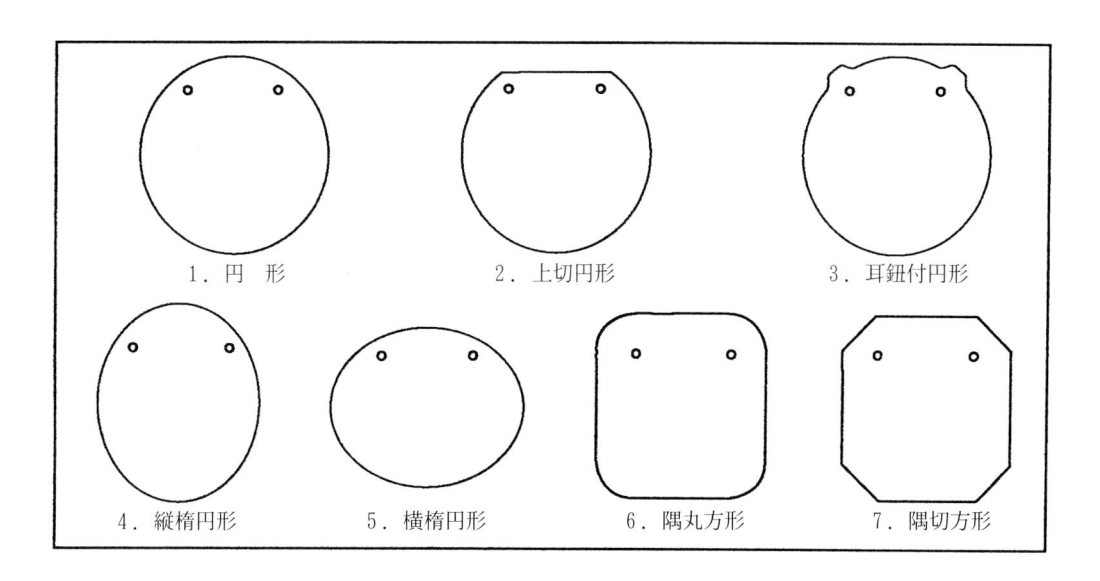

第62図　双孔儀鏡形式模式図

第15表　双孔儀鏡形式・規格対応関係表

型式＼規格	小型（面）	中型（面）	大型（面）	合　計
円形	4	8	30	42
耳鈕付円形	―	2	11	13
上切円形	―	1	4	5
縦楕円形	―	―	2	2
横楕円形	―	1	―	1
隅丸方形	2	1	―	3
隅切方形	2	―	―	2
形状不明	―	―	―	7
合　　計	8	13	47	75

第16表　双孔儀鏡面径別出土点数表・グラフ

面積(cm)	1.5	1.6	1.7	1.8	1.9	2.0	2.1	2.2	2.3	2.4	2.5	2.6	2.7	2.8	2.9
面数	0	1	0	2	0	2	0	1	1	1	0	0	2	0	0

面積(cm)	3.0	3.1	3.2	3.3	3.4	3.5	3.6	3.7	3.8	3.9	4.0	4.1	4.2	4.3	4.4
面数	1	0	3	0	1	3	0	0	0	0	0	1	1	0	1

面積(cm)	4.5	4.6	4.7	4.8	4.9	5.0	5.1	5.2	5.3	5.4	5.5	5.6	5.7	5.8	5.9
面数	0	0	0	0	0	0	0	0	0	0	2	2	0	3	0

面積(cm)	6.0	6.1	6.2	6.3	6.4	6.5	6.6	6.7	6.8	6.9	7.0	7.1	7.2	7.3	7.4
面数	13	2	6	3	0	2	4	0	2	1	5	0	0	0	1

面積(cm)	7.5	7.6	7.7	7.8	7.9	8.0
面数	0	0	0	0	0	1

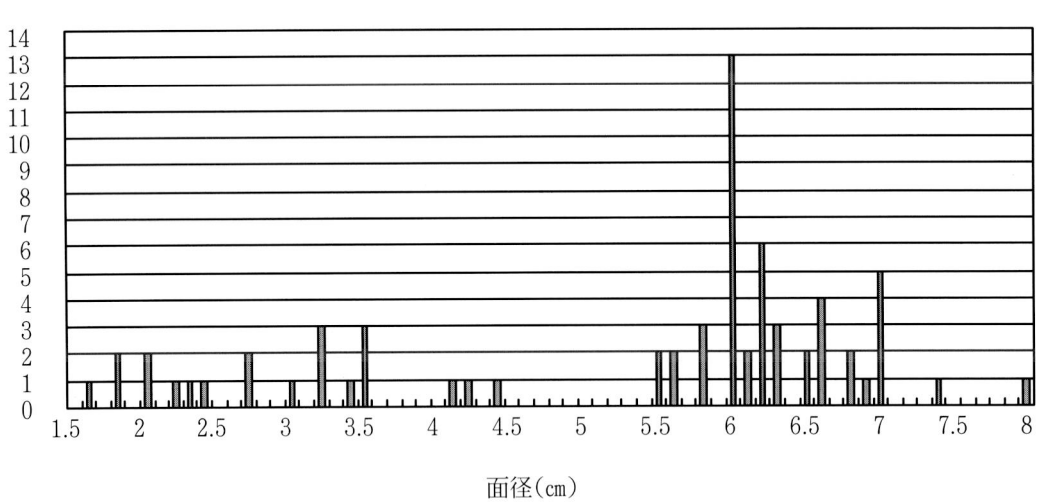

（4）刀装具（懐刀・笄・小柄金具）

短刀（第52図246）は、刃部が20cmと短い懐刀に分類されるもので、身幅、厚みのある平造りで、茎の先端は欠損する。変形するが青銅製の鎺が残存する。16世紀～17世紀に遡るものであろう。

青銅製小柄金具（第52図247）は、棟方前方が割れ、地板の腐食も激しく時代判定の困難な資料であるが16世紀～17世紀のものであろう。

笄は2点検出されている。第53図248は、穂先の長いやや大振りの笄で、板に魚々子を施し中央に二連の亀甲花菱紋を置く。16世紀後半～17世紀代。第53図249は、全体に薄造りで地板に魚々子を施し、六連花菱紋を鏨打ちするもので、肩部はやや撫肩で穂先は短い。14世紀後半～15世紀前半に遡る。

（内川隆志）

（5）刀子

本遺跡から出土した刀子は、計54点を数える。微細なものも含めて全て抽出・図化した。

出土刀子は第Ⅰ～Ⅲ種の3型式に分類される。第Ⅰ種は刀型。刀身から切先にかけて幅がほとんど変わらず、緩やかに反る。出土点数は47点。刀型に関しては茎の有無によって更に細別され、茎の有るものは8点、無いものは39点出土している。本遺跡出土刀子に於ける最多型式である。第Ⅱ種は薙刀型。刀身は直線形を呈し、切先は幅広のまま大きく反返る。所謂、巴型に近似する。茎を持つものは無い。出土量は3点で、典型例としては第52図239が挙げられる。第Ⅲ種は湾曲型。刀身から茎にかけて半月形に大きく外反し、茎は無い。ほとんどが小型製品である。出土量は4点で、典型例としては第52図242・243が挙げられる。第Ⅱ・Ⅲ種は第Ⅰ種に比較して出土数が極端に少ない。

出土傾向としては、積石遺構第Ⅰ期からは2点、積石遺構第Ⅱ期からは5点、積石遺構第Ⅲ期からは43点、第1トレンチからは4点出土している（第17表）。出土数の傾向からは、刀子供献の盛期は積石遺構第Ⅲ期の中世末葉から近世にかけてであったことが分かる。また薙刀型や湾曲型など、各種型式が確認されるのも積石遺構第Ⅲ期からであり、質量共に画期であることが注目される。

第17表　刀子型式別出土点数表

出土地点 型式	積石遺構 第Ⅰ期面	積石遺構 第Ⅱ期面	積石遺構 第Ⅲ期面	第1トレンチ	第2トレンチ	合　計
刀子(刀型茎有り)	―	1	7	―		8点
刀子(刀型)	2	4	29	4	―	39点
刀子(薙刀型)	―	―	3	―		3点
刀子(湾曲型)	―	―	4	―		4点
合　計	2	5	43	4	―	54点

供献された刀子には、実用品に加え祭器として製作されたものが混在していると考えられる。第Ⅱ種・薙刀型に関しては刃部が鋭利ではなく祭祀の為の模造品であったと推測され、また第Ⅲ種・湾曲型に関しても実用品が度重なる使用・研磨によって小型化したものと捉えるには外反角度が大きく、当初から小型・湾曲型のスタイルで製作されたと考えられる。以上から、これら2型式は実用品として捉えるよりは祭祀用に特別に製作された刀子と考えるのが妥当であろう。　　　　　　　　　　　　　　　　　（須藤友章）

（6）銭貨

　出土銭貨の総数は、1998年度から2003年度までの6年度調査分で36種類213枚であった。豆板銀銭を含めると37種類214枚である。種類毎の拓本を図63～64に、出土銭貨の銭種比率、枚数組成を第18表・19表において示した。国、王朝別に見ると、本出土銭は唐、北宋、南宋、金、明、日本の銭貨によって構成されていた。

　銭貨の年代、内容は中世渡来銭から近世寛永通寳波銭まで幅広く、最も鋳造年代が新しいのは寛永通寳波銭で1768年という年代をもつ。また明の永楽通寳から近世の寛永通寳に移り変わるまでの年代を持つ銭貨がみられない。なお豆板銀銭は側面に○、①状の刻印が一つあるが、他には表裏ともに刻印がなく、重量は3.7gであり、古豆板銀銭と考えられる。

　特殊なもので銭貨銘のみられない無文銭を1枚検出した。これは模鋳銭の研究からすると、鋳返しの結果無文となった鋳型で鋳造されたものと、最初から無文を意図して作られたものとの二つがあると考えられ、本出土銭からは後者の1枚が検出でき、前者のものは判別不明なものに含め、5枚あった。また前者の場合、鋳返しが進みリング状の輪銭となる場合があるが（嶋谷2004）、今回出土のものはその特徴を持たない。少なくとも方孔円形の形状を有する程度は必要とされたと考えられる。

　裏面の凹凸が少ない、表面の銭貨銘が不鮮明であるなど、模鋳銭と考えられる特徴を有するものは、判別不明なものを含めて22枚あった。総量が214枚であるから、大雑把に言って10％は模鋳銭に近い粗雑なものが混入していたと言える。加えて模鋳銭とまでは言えないまでも、銭貨が折れ曲がっていたり、銭銘が不鮮明だったりする外観上作りの悪いものも70枚程度あった。全体に比して少なくない枚数である。なお模鋳銭に近いとした判断基準は銭貨銘が鮮明なもの（正規銭）に比して銅質が赤茶けていたり（鉛や錫の含有量が少ないとなる）、鋳返しの粗雑さをみせるといった点においた。

　また全体に比して数は多くないものの、孔を星形や丸形に細工したり、銭貨に穴を四つあけたもの、半裁したもの、裏面凹凸がないものがあった。これらは本州における一括大量出土銭においてもよく見られるものである（府中市2001など）。無文銭の鋳造場所は確定できないが、少なくとも近世に銭貨模鋳が行われた大阪府堺環濠都市出土のものより中世における青森県根城・浪岡城出土のもの（嶋谷2004）に外観が似ていることから、中世本州で鋳造されたものが利島に流入してきた結果と考えたい。

銭貨の出土位置はほぼバラバラにまいたような状態であったが、祠や鏡の周辺から出土した銭貨は全て渡来銭であり、賽銭行為が中世から行なわれたと考えると示唆的である。

　さて銭貨の年代についてであるが、第20〜22表において東京都下の一括大量出土銭と本出土銭を時期別に比較した。近世寛永通寶を除いた銭貨組成比率をみると、15世紀前半の資料に比率がよく似ていることがわかる。先述のように明の永楽通寶から近世の寛永通寶に移り変わるまでの年代を持つ銭貨がみられず、寛永通寶を除いた渡来銭の中で最も新しい鋳造年代を持つ銭貨は永楽通寶（1408年）であり、一括大量出土銭の時期区分では4期（15世紀第2四半期〜第3四半期）となる（鈴木1999）。本遺跡出土銭は総数が少なく、遺跡の性格も異なる為、一括大量出土銭と同様な比較は困難であるが、この4期或いは少なくともその次の時期（15世紀第4四半期）までには、利島の本遺跡では一旦銭貨流入が滞り、近世初期から渡来銭を含まない寛永通寶を主体とする銭貨が再度流入してきたものと捉えられる。

　上記のことは中国、日本における一括大量出土銭の銭貨諸相との相関においても示しうる。第18・19表において銭種毎の比率組成を比較したが、近世の貨幣である寛永通寶を除いたグラフは特に第23表の18種の比率（開元通寶・至道元寶・咸平元寶・景徳元寶・祥符元寶・祥符通寶・天禧通寶・天聖元寶・皇宗通寶・嘉祐通寶・治平元寶・熙寧元寶・元豊通寶・元祐通寶・紹聖元寶・元符通寶・聖宋元寶・政和通寶）を比較すると、中世日本、中国での大量出土銭の比率（三宅2005）に良く似ていることがわかる。また豆板銀銭にある刻印は両替商によるものと思われ、通用貨幣としての位置付けができる。これは利島が中国を含めた東シナ海交易の範囲内であったことを物語る。本州において中世末期、近世の出土銭には清朝の銭貨や、黎朝（ベトナム）銭、明の宣徳通寶・弘治通寶などがよくみられるが（鈴木1999、永井編1997）、本遺跡からは出土していない。つまり近世に至って中国大陸から本州へ渡来する銭貨が入っていないということは、本州と切り離された銭貨の様相がわかる。しかし日本近世銭貨の象徴である寛永通寶が古寛永、文銭、新銭、波銭あわせて29枚という比較的多数出土していることから、銭貨流入は本州との独自の関係ではたされたと考えられる。寛永通寶が発行されて以降、すぐに渡来銭の流通を禁止する施策が江戸幕府によってとられたが、本出土銭からみれば、寛永通寶波銭が発行される1768年時点でも、渡来銭は島嶼地方では市中に出回っていた可能性もある。賽銭目的のみで銭貨が本州から利島にまで入ってきたとは考えにくく、第20〜22表からも、本遺跡出土銭の比率がそのまま利島に出回っていた銭貨の様相を示しうるといってよいだろう。また単純に考えて、本遺跡における賽銭行為は少なくとも1768年までは続いたといえる。

　しかしさらに検討が必要なのは、陶磁器における年代との相関関係である。銭貨としては年代が途切れる15世紀末から16世紀という時代の陶磁器が連綿と検出されている。利島という離島へのモノの流入の仕方として、陶磁器などのモノと銭貨は船により同時に運ばれてきたはずであり、結果的に遺物となった時の年代の差は、遺跡地としての性格の変化によるものであろう。そこから考えるならば、本遺跡の画期はこの（15世紀末〜）16世紀

第18表　阿豆佐和気命神社境内祭祀遺跡出土銭銭種別数量

銭種名	比率	枚数	初鋳年	時代
開元通寶	7.94%	17	621	唐
開元通寶紀地銭	0.93%	2	845	唐
至道元寶	1.40%	3	995	北宋
咸平元寶	0.93%	2	998	北宋
景徳元寶	0.47%	1	1004	北宋
祥符元寶	1.87%	4	1008	北宋
祥符通寶	0.93%	2	1008	北宋
天禧通寶	0.47%	1	1017	北宋
天聖元寶	3.27%	7	1023	北宋
景祐元寶	0.93%	2	1034	北宋
皇宋通寶	11.68%	25	1038	北宋
至和元寶	0.47%	1	1054	北宋
嘉祐元寶	1.40%	3	1056	北宋
嘉祐通寶	0.93%	2	1056	北宋
治平元寶	0.47%	1	1064	北宋
熙寧元寶	6.07%	13	1068	北宋
元豊通寶	7.01%	15	1078	北宋
元豊通寶折二銭	0.47%	1	1078	北宋
元祐通寶	10.28%	22	1086	北宋

銭種名	比率	枚数	初鋳年	時代
紹聖元寶	2.34%	5	1094	北宋
元符通寶	0.93%	2	1098	北宋
聖宋元寶	2.80%	6	1101	北宋
大観通寶	4.21%	9	1107	北宋
政和通寶	3.74%	8	1111	北宋
慶元通寶	0.47%	1	1195	南宋
嘉定通寶	0.93%	2	1208	南宋
皇宋元寶	0.47%	1	1253	南宋
正隆元寶	0.47%	1	1157	金
洪武通寶	0.93%	2	1368	明
永楽通寶	2.34%	5	1408	明
不明	7.94%	17		
無文銭	0.47%	1		
寛永通寶古	7.94%	17	1636	江戸
寛永通寶文	4.21%	9	1668	江戸
寛永通寶新	0.93%	2	1697	江戸
寛永通寶波銭	0.47%	1	1768	江戸
古豆板銀	0.47%	1		江戸
全37	100.00%	214		

第19表　阿豆佐和気命神社境内祭祀遺跡出土銭銭種別比率

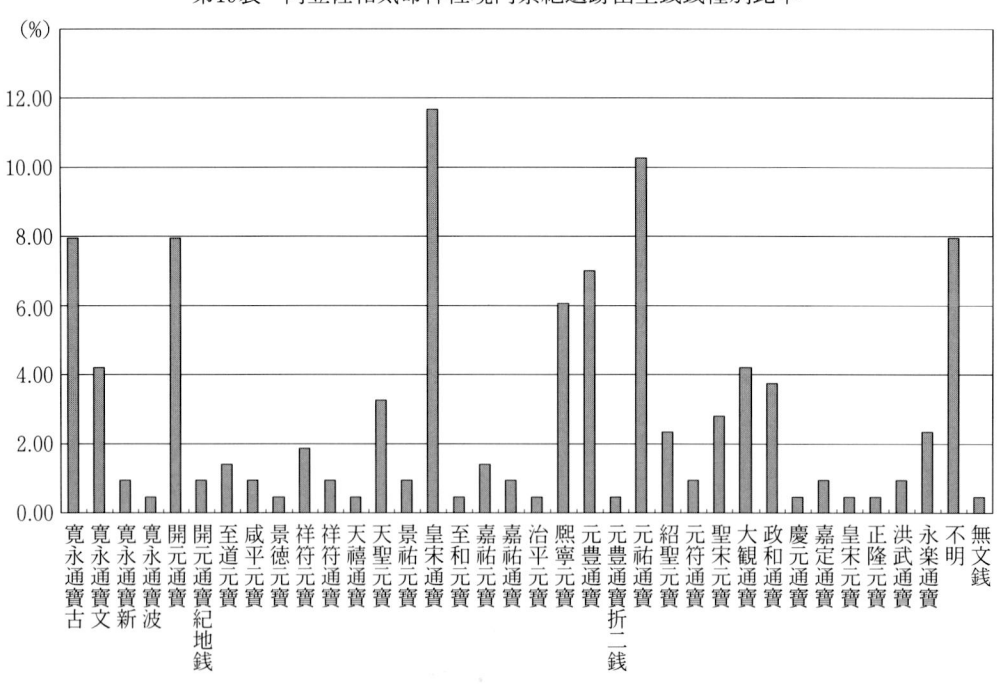

代にあるといえる。

　銭貨の内容から祭祀的なものを直接読み取ることは難しいものの、本遺跡が神社遺跡であり、出土の仕方がバラバラにまいた様な在り方を鑑みれば、本出土銭も賽銭を示すものと考えてよいだろう。しかもその賽銭行為は一時期停滞しながらも中世初頭から近世中頃にかけて続いたと考えられ、現在も阿豆佐和気神社として存在するように、周辺地域が神域として人々の意識に捉えられ続けたと言える。また特に中世前半の島嶼地方での遺構を伴う賽銭の実態を示す例は他になく、賽銭の例としては奈良県大峰山寺本堂、笙ノ窟出土銭、神奈川県鎌倉市長谷寺池出土銭、栃木県日光男体山山頂出土銭など少数である。その点からみても本出土銭の特殊性は興味深い。

（石崎悠文）

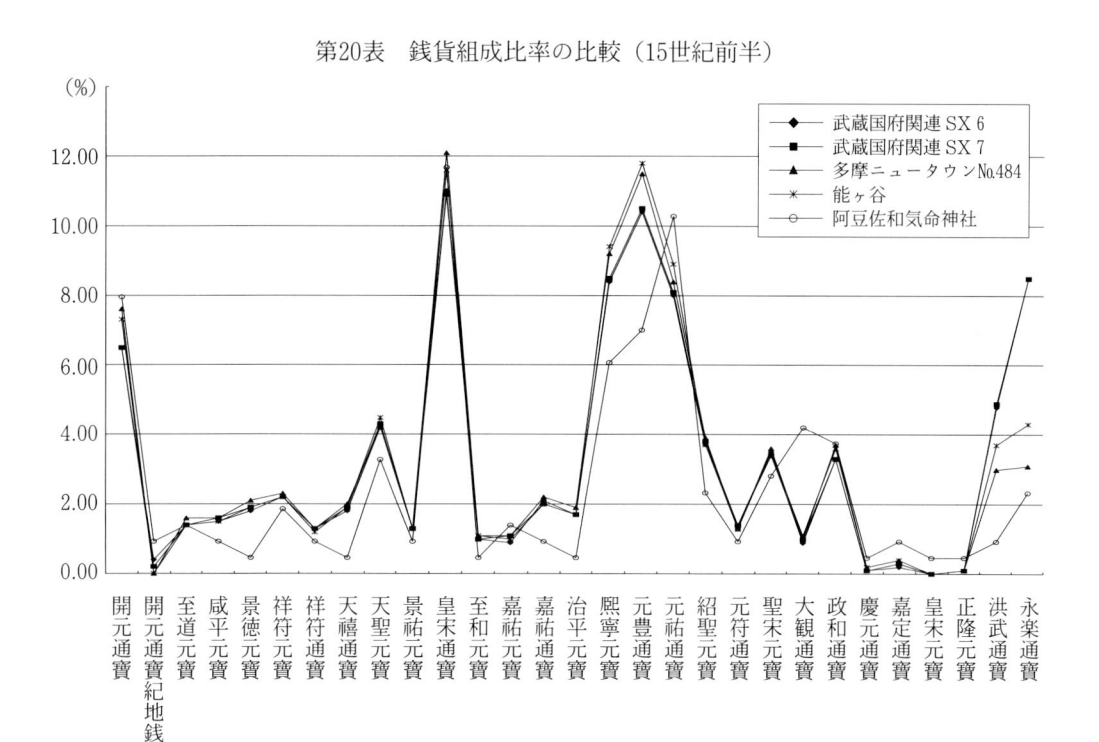

第20表　銭貨組成比率の比較（15世紀前半）

第21表 銭貨組成比率の比較（15世紀後半）

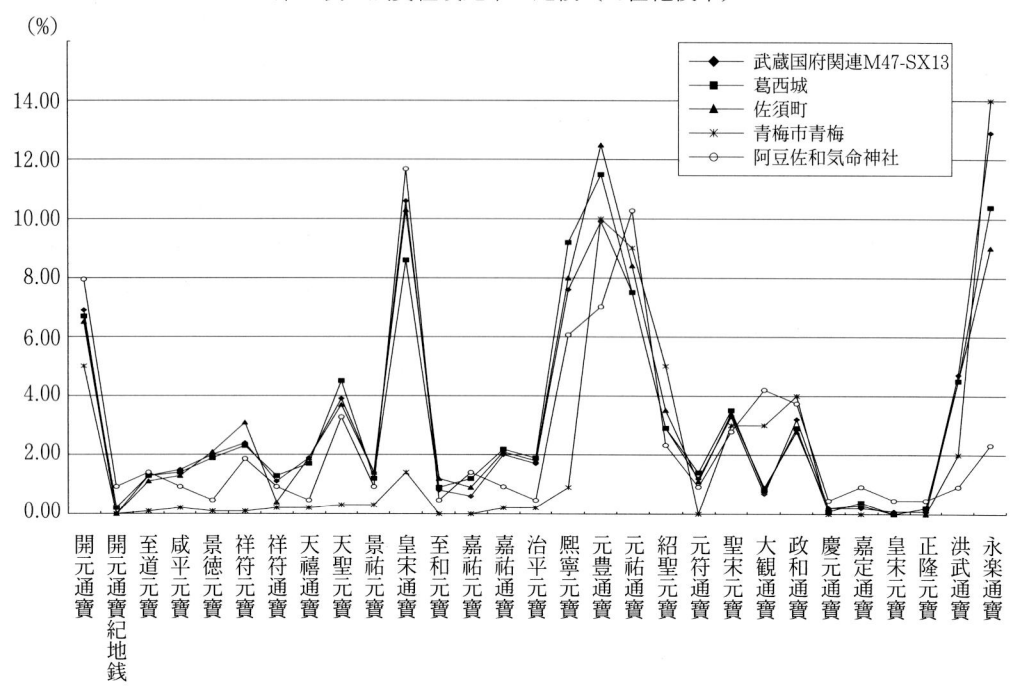

第22表 銭貨組成比率の比較（16世紀前半）

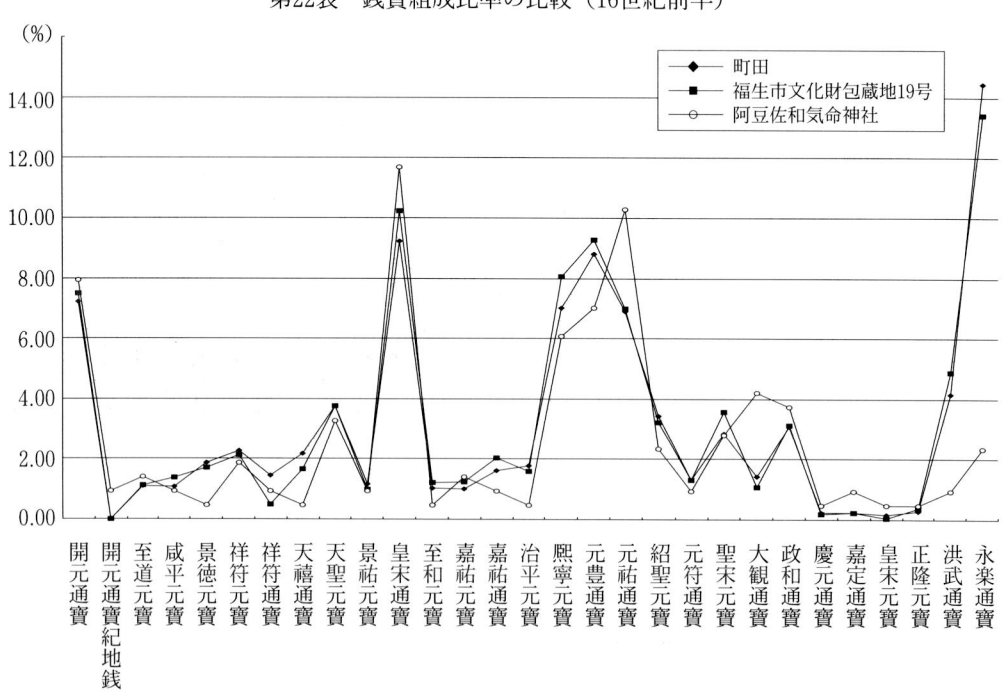

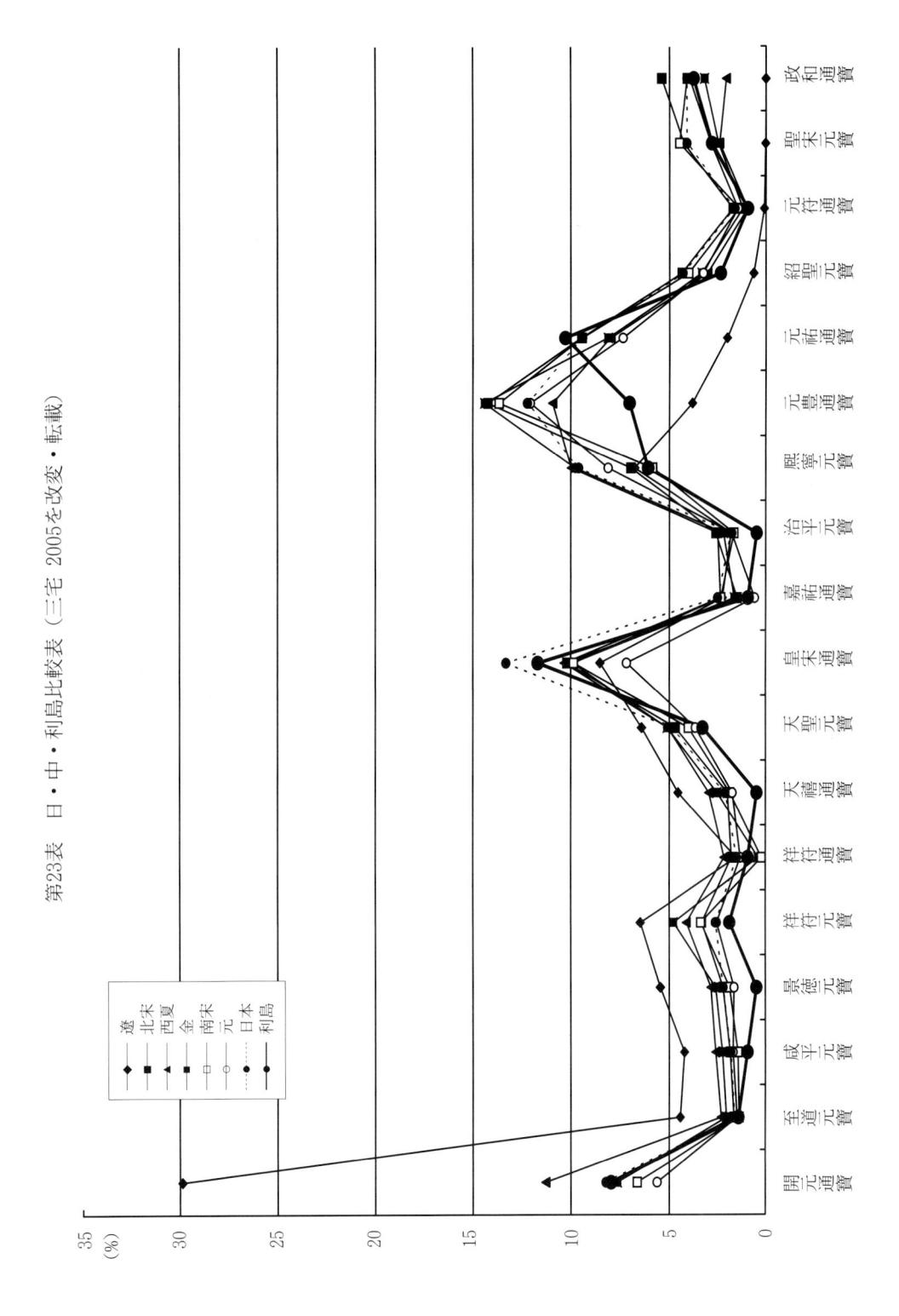

第23表　日・中・利島比較表（三宅 2005を改変・転載）

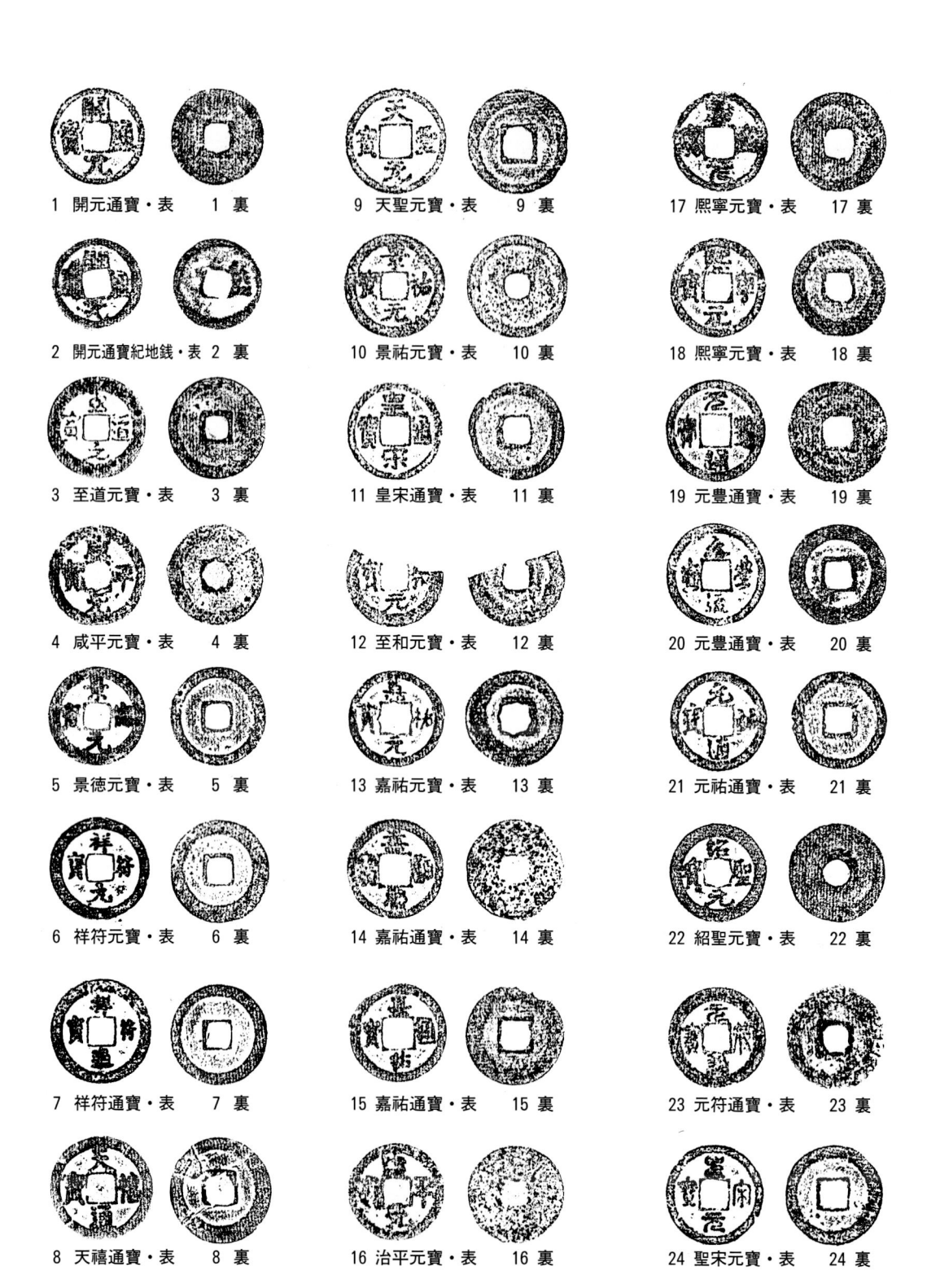

1 開元通寳・表　　1 裏	9 天聖元寳・表　　9 裏	17 熙寧元寳・表　　17 裏
2 開元通寳紀地銭・表 2 裏	10 景祐元寳・表　　10 裏	18 熙寧元寳・表　　18 裏
3 至道元寳・表　　3 裏	11 皇宋通寳・表　　11 裏	19 元豊通寳・表　　19 裏
4 咸平元寳・表　　4 裏	12 至和元寳・表　　12 裏	20 元豊通寳・表　　20 裏
5 景德元寳・表　　5 裏	13 嘉祐元寳・表　　13 裏	21 元祐通寳・表　　21 裏
6 祥符元寳・表　　6 裏	14 嘉祐通寳・表　　14 裏	22 紹聖元寳・表　　22 裏
7 祥符通寳・表　　7 裏	15 嘉祐通寳・表　　15 裏	23 元符通寳・表　　23 裏
8 天禧通寳・表　　8 裏	16 治平元寳・表　　16 裏	24 聖宋元寳・表　　24 裏

第63図　銭貨拓本図（1）

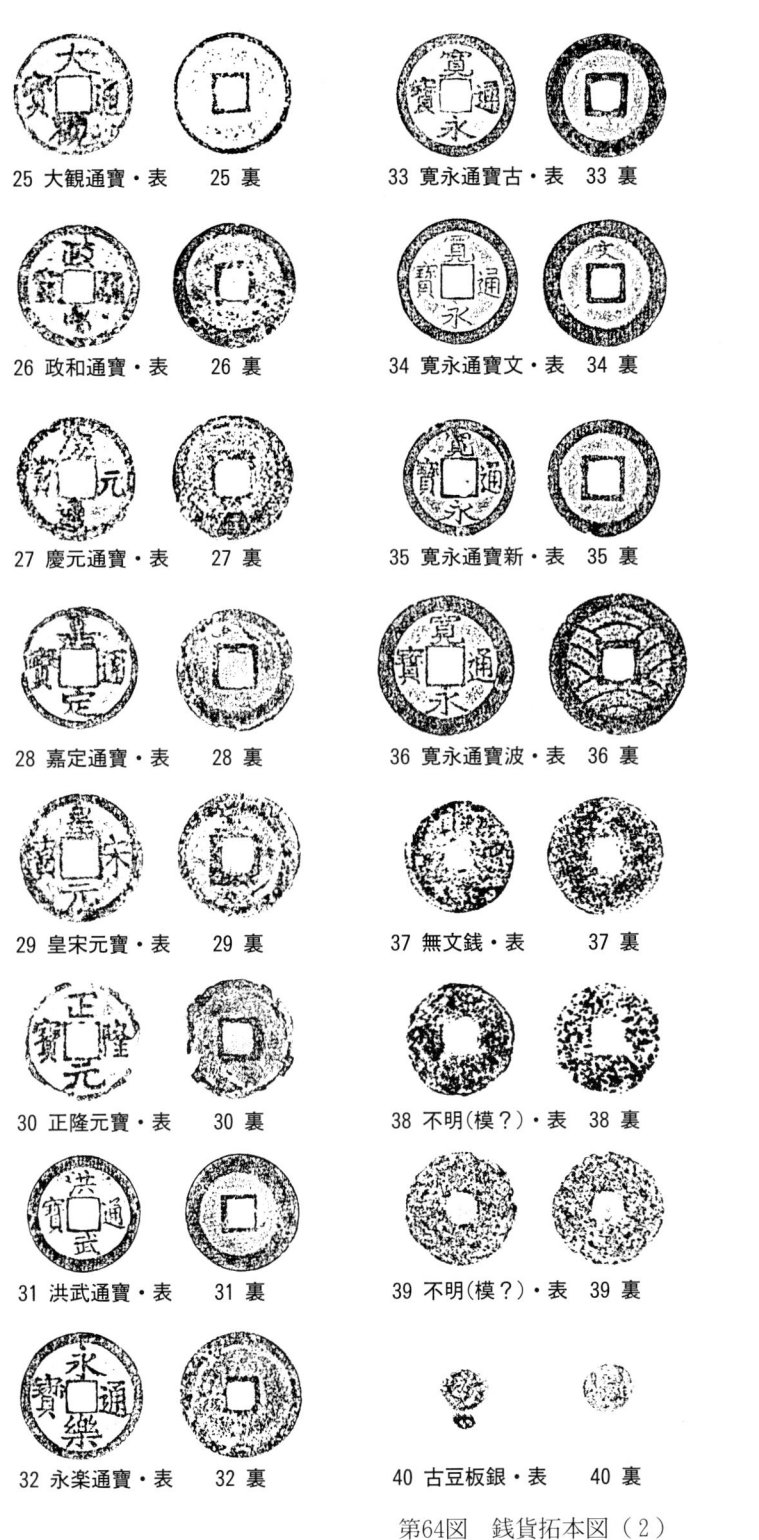

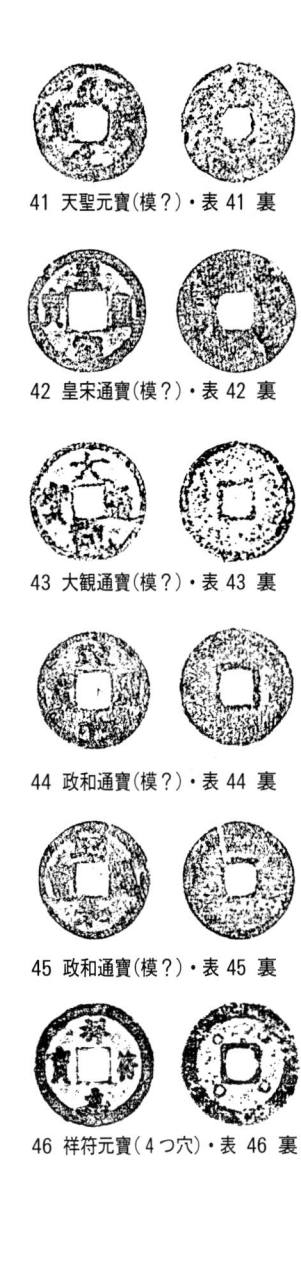

25 大観通寳・表　25 裏	33 寛永通寳古・表　33 裏	41 天聖元寳(模?)・表 41 裏
26 政和通寳・表　26 裏	34 寛永通寳文・表　34 裏	42 皇宋通寳(模?)・表 42 裏
27 慶元通寳・表　27 裏	35 寛永通寳新・表　35 裏	43 大観通寳(模?)・表 43 裏
28 嘉定通寳・表　28 裏	36 寛永通寳波・表　36 裏	44 政和通寳(模?)・表 44 裏
29 皇宋元寳・表　29 裏	37 無文銭・表　37 裏	45 政和通寳(模?)・表 45 裏
30 正隆元寳・表　30 裏	38 不明(模?)・表　38 裏	46 祥符元寳(4つ穴)・表 46 裏
31 洪武通寳・表　31 裏	39 不明(模?)・表　39 裏	
32 永楽通寳・表　32 裏	40 古豆板銀・表　40 裏	

第64図　銭貨拓本図（2）

第V章　結語

　以上、報告してきたとおり、本遺跡は12世紀後半に遡る大規模な祭祀遺跡であることが判明した。そして、積石遺構の変遷で述べたとおり、その祭祀行為は12世紀から少なくとも18世紀まで継続していたことが明らかとなった。宗教施設であるが故の長期間におよぶ継続性であるといえよう。

　この祭祀遺跡の特徴について今一度明らかにすれば、祭祀空間は基壇状の積石部と石製小祠部に大きく分けられるという構造が認められたが、調査は境内全域にいたっておらず、祭祀遺構の全体構造を詳らかにすることは不可能でる。トレンチ調査では、遺物の分布は現境内全体に拡がり、さらに小祠の配列は現在の境内社の配置に近似することからしても旧本殿の位置は現本殿に重なっていたことも充分予想されるところである。このような調査結果から判断して、阿豆佐和気命本宮から里宮への遷座も500年前という伝承を大きく遡って12世紀後半となる可能性を示唆するものであろう。小祠の上段に位置する積石遺構については、多数の甕・鉢などの遺物集中が認められることから祭祀行為の中心的（本殿的）施設であったことも旧境内の様相を推定するための重要な要素である。34面もの和鏡であるが、報告した通り12世紀～17世紀に及んでおり、祭祀遺構の構築年代である12世紀の和鏡が10面含まれる。検出状況から、鏡は御神体として小祠の内奥に納置されていたものではなく、小祠周辺に散布することから祭祀する神への幣帛として供されたものである。検出された和鏡は全てこのような状況下にあるもので、Ⅲ期において16面一括で発見されたものについても17世紀のある時期に積石の隙間にまとめて納置したものと判断した。利島島内における同様の和鏡の検出事例は、堂ノ山神社[註1]、八幡神社[註2]に、認められる。全国に目を転ずれば、出羽三山神社御手洗池に代表される水中鏡、経塚出土鏡は別にして、式内社の境内地からまとまって鏡が発見された例として宮城県名取市熊野那智神社[註3]、長崎県対馬一宮海神神社[註4]や愛媛県今治市野間神社などが知られるが、海神神社の発掘事例以外何れも検出状況の詳細はあきらかではない。今一つ本遺跡を特徴付ける遺物は、170点に及ぶ双孔儀鏡である。形式的には7類型に分類され、大型円形の製品がⅠ期に伴う傾向にあり、時代が降るにつれて小型化し型式も多様化する。機能的には、双孔を穿つという特徴から紐で吊るし用いる祭具であることが推定される。該期の遺跡にあって、発掘調査での検出事例は極めて少ない遺物である。炻器、陶器の総数189点の内、甕48点、鉢60点と合計108点を数え、全体の57.2％を占める。特に積石遺構を中心に多数の甕、鉢が据え置かれている状況にある。第14図3の東播系の甕などは、積石遺構上面を堀窪め周りに石を込めて設置されているなど、多数を占める常滑系甕などとは別格に扱われている点も興味深い。鉢は穴が開くほど使用されたものが多数認められることも見逃せない。この状況は、神に奉献するために誂えたものではなく、日常の生活用具を捧げているという事実を物語る。

　さて、遺跡の本質的な性格について言及しなければならないが、祭祀の具体的記録とし

て伝存する史料は皆無であることから阿豆佐和気命を報賽する信仰遺跡であることは間違いのないものの、不明確な部分は数多い。社史によれば『文徳実録』の阿豆佐和気命神社に関する神階授与記録は、嘉祥3年（850）6月4日には従五位下、仁寿2年（852）12月15日と斉衡元年（854）6月26日には従五位上が授与され、都合3回に及んでいる[註5]ことから、祭祀自体の淵源は少なくとも9世紀の中頃である。10世紀の『延喜式神名帳』には、小社として阿豆佐和気命神社の名がある。報告したとおり、本遺跡の造営は12世紀後半であることから200年余りの空白を埋める祭祀遺物は島内のいずれからも発見されておらず、空白期の祭祀を具体的に示す物証はない。宮塚山中腹の本宮近くに所在する「コクラ」と呼ばれる玉石を円形に積上げた遺跡は、伝承によると神の御陵と見做されており、考古学的調査が叶えば該期の遺物が発見されることも期待できよう。何れにしても神の陵墓の存在は注目すべき遺構といえる。

　本遺跡の立地する伊豆近海は、古代より多くの船の往来があった航海の難所「走り水の海」として知られている。水流の速い黒潮の只中にあって、利島の島影は「見付けの島」と称された如く、まさに航海上の目印であって、海原より屹立するその山容は神の降臨する神奈備型の神体山そのものである。航海を生業とする海の人々にとって信仰の対象となったことは、自ずと頷けるところである。出土した遺物に東海、西日本の製品が少なからず含まれることも東西を往来した海の民がもたらした文物であることが予想される。

　中世に於ける太平洋航路の実態については、網野善彦氏によって伊勢地域から関東の伊勢神宮寺領への商業的海上交通機能が発達していたことが明らかにされ[註6]、永原慶二氏によって15世紀における紀州・伊勢と品川間の海上輸送の存在[註7]、近年では綿貫友子氏の研究[註8]によって学史が整理され、更に「武蔵国品河湊船帳」などの詳細な検討によって、その歴史的事実が明らかにされている。綿貫氏の研究から中世前期の太平洋航路に関する史実を抽出すると、『中右記』永久2年（1114）年2月の記事には、伊勢神宮への供祭物を狙って尾張・参河・遠江沿岸に海賊が多数出没している事実や『吾妻鏡』元暦2年（1185）正月6日条には源頼朝は、西国に転戦中の源氏方支援のために船を準備し兵糧米を輸送することを東国に命じたが準備は遅れ、伊豆国鯉名（現静岡県南伊豆町字湊）に用意された兵船32艘に対する解纜の命が下ったこと。『吾妻鏡』弘長3年（1263）8月10日条には伊豆沖で、「鎮西乃貢運送船六十二艘」が遭難した事実が記録されている。翌年の追加法では、築後から東国への買酒（東国沽酒）の禁令が出されるなどの事実から北部九州から瀬戸内、紀伊半島を経由し東海、関東に至る海運が既に中世前期に確立していたことなどが示されている。また、東京湾内に於いても文永年間（1264～1274）に伊豆走湯山を本所とする五十余艘の灯油料船の活動や14世紀以降、品河湊を窓口とする多数の船舶の往来が「湊船帳」や『太田文書』などに記録されていることなども東西を結ぶ海運が活況を呈し、15世紀後半には、伊勢湾岸を母港として活動した廻船のなかに、神宮から「神船」と呼称された船があり、伊勢神人（御師）が関与し関東渡海をはたしていたことが具体的に明らかにされている。

このように中世における東西を結ぶ船舶の往来の歴史と重なるが如く遺跡は形成され、様々な報賽の幣が齎されるのである。つまり、12世紀以降ますます盛んとなる太平洋航路の確立と相俟って、綿津見命を祀る伊勢の神島と同様、海路の安全祈願を主目的として主に東西の商人、武家などの階層が阿豆佐和気命を崇め奉った可能性は高い。（内川隆志）

註1　青木豊・内川隆志編　1994『堂ノ山神社境内祭祀遺跡』　利島村教育委員会
註2　早稲田大学谷川章雄教授によって整理中。
註3　椙山林継・青木豊・内川隆志　2000「関東・東北地方の神社奉納鏡―大形和鏡を中心として―」『國學院大學考古学資料館紀要』第16輯　國學院大學考古学資料館
註4　阿比留伴継　1994「対馬における中世の鏡について」『考古学ジャーナル376』　ニューサイエンス
註5　同じ神階が二度に亙って授与されるのは不自然であることから『特選神名牒』では仁寿2年（852）を採用している。
註6　網野善彦　1979「中世前期の海上交通について」『茨城県史研究』43
　　　網野善彦　1984「海民の諸身分とその様相」『日本中世の非農民と天皇』　岩波書店
　　　網野善彦　1992「太平洋の海上交通と紀伊半島」『伊勢と熊野の海』海と列島文化8　小学館　他
註7　永原慶二　1988『大系日本の歴史6　内乱と民衆の世紀』　小学館
註8　綿貫友子　1998『中世東国の太平洋海運』　東京大学出版会

附編　伊豆諸島出土の中世和鏡

　伊豆諸島は離島という自然条件も相俟って、本土と比較すると種々の面で文化の伝播や受容に特殊な事情があり、また同時にその残存性や個性化にも他地域と同列に扱うことはできない地域である。

　つまり、鏡文化もその顕著な一事例として捉えられるものである。中・近世に於いては、本土では既に鏡を用いる祭祀行為は時代の推移に伴って変容し、古代に一般的に認められるような鏡を伴い、遺構として残存するといった祭祀形態は湮滅し去ったのに対し、島嶼に於いては、中・近世に至っても依然脈々と鏡を用いた祭祀遺構が数多く築営されることや、民間信仰の中には今日まで鏡に対する信仰が連綿と続いているなど、鏡の信仰に顕著なものが認められる地域なのである。

　即ち、この現象は、鎌倉時代初頭以後、和鏡は弥生・古墳時代に一般的であった墓への副葬品としての一面が再度顕著となる。この点は、つまり一般的な世間情勢では、鏡の発生以来介在していた精神観念が薄れて、次第に化粧用具としての実利的性格の萌芽が普及するのに対して、しかし当該地域では中・近世においても鏡の実利面への移行よりも、基本的な精神観念を、あくまでも継承維持する傾向が著しいものであったといえよう。

　当該地域に於ける出土中世和鏡の現在までに確認されているその数は、総数150面あまりの多きを数える。この数量は改めて述べるまでもなく、我が国の他地域では決して認められない比類なき数量であることは、まさに驚くべき事実といわねばならない。

　島ごとに遺存する中世和鏡の点数は、三宅島が82面と他島を圧し最も多く、次いで利島の66面、新島の19面、御蔵島の8面、大島の6面、式根島の2面となり、八丈島はわずか1面が確認されている。

　ただし、八丈島の1面は、大賀郷に所在する宗福寺に遺存する室町時代に比定される亀甲地双雀鏡であるが、本鏡は出土鏡ではなく伝世鏡である。したがって、八丈島での中世出土和鏡は現在の時点では確認されていない。

　なお、八丈島の属島である八丈小島の宇津木・鳥打両遺跡からは、江戸期の柄鏡と明治以降のガラス鏡の出土が確認されたことにより（青木・内川他　1994『宇津木・鳥打遺跡調査報告書』）、近世・近代に至っても当該諸島域に於いては鏡を用いる祭祀が実行されていたという誠に信じ難い事象であるが、判然たる事実として明白になった。本事例、即ち古代より明治期に至る、将に永続とも表現出来得る鏡を伴う祭祀とその根底の鏡信仰の深さの明示は、とりもなおさず当該諸島域の歴史的特性である事を再度認識するものである。

　当島嶼域出土の180面を凌駕する和鏡の性格・歴史性が未だ不明瞭である最大の理由は、いずれも出土鏡であるのにもかかわらず、その出土状態がわずか35面（1994年、利島八幡神社境内で調査により6面検出されているが未報告なため除外）を除き他の多きは全て不明である点に起因する。

　つまり、調査により検出された和鏡は、昭和31年（1956）に後藤守一らによって実施さ

れた三宅島坪田第三積石遺構から検出された、鎌倉時代に比定される菊花双雀鏡1面と平成4年（1992）に國學院大学海洋信仰研究会によって学術調査が実施された利島の堂ノ山神社遺構からの、平安時代末期から鎌倉時代初頭に比定される山吹双雀鏡と松喰鶴鏡、それに室町時代に比定される水草双雀鏡と亀甲地文双雀鏡の5面と、本書で報告した30面（江戸初期の柄鏡1面含む）である。

　利島の堂ノ山神社・阿豆佐和気命神社出土鏡を除き、出土状態が不明である鏡が、つまり偶発的発見により、更に保存されてきた中世和鏡が150点も遺存することは、実際には更なる数の和鏡が発見されていたことも十分予想せねばならないことである。事実、かつては周知されながらも今日所在不明となっている和鏡も多数存在する。

　これだけ数多くの和鏡が発見されているということは、逆に少なからずこれらの和鏡の原位置、即ち遺存状態の一端を示唆するものとも理解できよう。

　つまり、後世において比較的簡単に発見されたのであろう事実は、少なくとも鏡は地中深くに埋納されたものではないことを明示するものと考えられる。事実、複数の発見者の証言・口伝も概ね前記事実に沿ったものであるし、さらに島嶼最初の和鏡発見の学術調査であった三宅島坪田第三積石遺構出土の和鏡も報告によれば、積石塚の表面を覆っていた草を除去した時点で検出され、積石の内外部ともに何ら特別な施設などは築営されていなかったと報文に記されているところからも、和鏡は積石塚内への埋納ではなく、積石の表面に置かれた状態で遺存していたものと予想される。

　また、堂ノ山神社での和鏡5面、阿豆佐和気命神社出土の30面も特別な埋納施設などは一切なく、堂ノ山神社の場合は遺構を形成する小礫上に、阿豆佐和気命神社では基壇上（基壇よりその直下に滑り落ちた状態も含めて）に納置された状態で確認されている。

　したがって、これらのことから島嶼における和鏡の祭祀での使用の形態は、基本的とも言える遺構上への奉納形態を呈するものと考えて大過ないものと思われる。

　次いで、和鏡を使用する祭祀の性格については、まず伊豆諸島を含む伊豆国は対馬、壱岐と並ぶ有力な卜部の居住する地域であると古来よりされてきた。『令集解』の職員令神祇官の条に引く古記には、「伊豆国嶋一口、卜部二口、厮三口」と卜部の存在が記され、平城京出土の天平18年（746）の木簡には、「伊豆国賀茂郡三島郷戸主占部久須理戸口占広庭調鹿堅魚拾一斤」とあり、占部が居住していたことが窺い知られる。

　更に、延喜式神祇三臨時祭には、伊豆五人、壱岐五人、対馬一〇人の都合二〇人の卜術者が出任するよう明確に規定されている。

　更に、修験道の開祖とされる大和葛城にいた呪術者役小角は、『続日本紀』によれば699年（文武天皇三）に大島に流されるなど、伊豆諸島は古代より中央政権にとって国家祭祀上要衝の地であり、一種独特な風土を呈する地域であったことが窺い知られる。その一要因としては、当該地域は黒潮の中に位置する離島であり、更に島の成因が火山島であることから、国内でも代表的な火山活動繁多地域であることなどが先ずあげられよう。

　事実、『扶桑略記』に宇多天皇仁和3年11月に、新島の向山の噴火の記録や、また『続

日本紀』に「去承和五年七月五日夜、出火津嶋左右海中焼、炎如野火、…（中略）…所々火飛、其間経旬、雨灰満部、仍召一一集諸祝刀祢刀卜求其祟云（後略）」とあり、噴火の際に鎮火のために卜求していることから噴火を神託と把え、国家祭祀上重要視していたものと考えられる。

例えば、三宅島では明治初期までに記録に残る噴火は11回を数え、噴火のたびに式内社が設置されてきたことは事実であり、式内社は12社と多きを数える。

以上の観点より、鏡を使用する祭祀の目的の一つは噴火に対するお山鎮めを目的とするものであったり、更にはそれより派生したとみられる三宅島に多見される積石遺構やジヌシサマといった地鎮の目的もあったものと予想される。

更に、利島に於いてはオッテグラもしくはオクダマサマと呼称する祖霊神を祭祀する屋敷北側の切り通し崖面に設営された小祀に、和鏡の供献を常とする祭祀への鏡使用事例が認められる（青木　豊　2001「オッテグラ出土の擬漢鏡―伊豆利島に於ける中世和鏡の一使用例―」）。本件は、地主神ではなく、祖霊神である。具体的には人が亡くなり、50年経過すると神となり、居住した家に戻って来られる。その際にお住まいになられるのが、屋敷の北の崖を穿って海から運びあげられた長方形を呈する転石で構築された、所謂小祀状の構築物である。したがって、従来より利島に遺存する出土伝世鏡の中には、オッテグラに伴った和鏡があることも予測せねばならない。

また、祭祀に於ける鏡の使用を考える場合、懸垂を目的とする双孔を有するものであることから、他の和鏡とは使用において異にするものとみられるが、事実利島の堂ノ山神社検出の和鏡を観た場合、6面中2面に双孔を穿つものが認められ、その出土状態に於いても穿孔なきものと同様であるところから、本鏡も従来は、社などの建造物の柱や梁に懸垂されていたものを転用した可能性が高いことが指摘できよう。あるいはまた、具体的な検証の術はないが、順当に内陣飾りとして使用されていたものかもしれない。

当該域の鏡使用の祭祀目的としては、まず、噴火に対するお山鎮めとしての祭祀行為は、大島自体が中世には火山活動が比較的安定期に入ることもあいまって、本目的の鏡を使用する祭祀行為は火山活動の活発な三宅島に移行したものと推定される。つまり、当該期の大島は島嶼域では居住の場であり、火山噴火に対する祭祀の場は三宅島に定着したと考えられる。この点は、新島の安定に伴う式根島での祭祀遺跡の消滅と同一傾向と考えられる。

一方、和鏡の出土量の多い利島は、発掘調査の結果から明確であるように、その祭祀内容は噴火を対象としたものではなく、「見付けの島」とも別称を持つところからも明確であるごとく、いわゆる神奈備型の優美な山容を呈するところから、航海上の目印から発生する海洋信仰と山岳信仰があいまって存続した結果と考えられる。

本稿は「伊豆諸島の和鏡」『大島町史　通史編』（2000　大島町）を加除筆したものである。
　　　　　　　　　　　　　　　　　　　　　　　　　　　　　（青木豊・内川隆志）

引用・参考文献

青木　豊　2001「オッテグラ出土の擬漢鏡－伊豆利島に於ける中世和鏡の一使用例－」
　　　　　『國學院大學考古学資料館研究紀要』第18輯　國學院大學考古学資料館
青木　豊　2003「和鏡の文化」『月刊考古学ジャーナル』507号　ニューサイエンス社
青木　豊　2004「島神の祭り－伊豆・阿豆佐和気命神社境内祭祀遺跡」『季刊考古学』第
　　　　　87号　雄山閣
青木　豊・内川隆志　2004「伊豆諸島における中世祭祀遺構の様相」『2003年度静岡考古
　　　　　学会シンポジウム資料集　中世の祭祀と信仰　－伊豆地域の祭祀・信仰とその
　　　　　時代－』　静岡県考古学会
井上喜久男　1992『尾張陶磁』　ニューサイエンス社
内川隆志　2003「和鏡の型式と変遷」『月刊考古学ジャーナル』507号　ニューサイエンス社
江戸遺跡研究会 編　2001『図説江戸考古学研究事典』　柏書房
小野正敏　編　2001『図解・日本の中世遺跡』　東京大学出版会
海洋信仰研究会堂ノ山神社境内祭祀遺跡学術調査団　1993『堂ノ山神社境内祭祀遺跡学術
　　　　　調査報告書』
海洋信仰研究会和鏡研究部会　1993「増補　伊豆諸島出土・伝世和鏡基礎集成」『國學院
　　　　　大學考古学資料館紀要』第9輯　國學院大學考古学資料館
永峯光一 代表　1993『海洋信仰の考古学的研究－伊豆諸島における鏡信仰を中心として－』
　　　　　平成4年度科学研究費補助金（総合研究A）研究成果報告書　國學院大學考古
　　　　　学資料館研究室
川崎房五郎　1981「第三編　歴史点描」『伊豆諸島東京移管百年史　上巻』　東京都島嶼町
　　　　　村会
川崎房五郎　1981「第三編　利島」『伊豆諸島東京移管百年史　下巻』　東京島嶼町村会
九州近世陶磁学会　2000『九州陶磁の編年－九州近世陶磁学会10周年記念－』
能ヶ谷出土銭調査団編　1996『能ヶ谷出土銭調査報告書』　能ヶ谷出土銭調査会・町田市
　　　　　教育委員会
桑原季雄　1990「山と神々の配置にみる利島の人々の空間認識と信仰」『伊豆七島におけ
　　　　　る島世界の民俗学・文化人類学的研究－空間（海・島・山）と儀礼をめぐって－』
　　　　　筑波大学
國學院大學海洋信仰研究会　2001「阿豆佐和気命神社境内祭祀遺跡学術調査概要」『國學
　　　　　院大學考古学資料館紀要』第18輯　國學院大學考古学資料館
國學院大學文学部考古学研究室　2004『物見処遺跡2004』　國學院大學大学院文学部考古
　　　　　学実習報告第39輯　國學院大學文学部考古学研究室
小林康幸　編　2002「かながわの中世～鎌倉から小田原へ～－土器様相を中心として－」
　　　　　神奈川県考古学会
財団法人瀬戸市埋蔵文化財センター　2001『戦国・織豊期の陶磁器流通と瀬戸・美濃大窯

製品−東アジア的視点から−資料集』

財団法人瀬戸市埋蔵文化財センター　2001『財団法人瀬戸市文化財センター設立10周年記念展図録　瀬戸大窯とその時代』

財団法人瀬戸市埋蔵文化財センター　2002『財団法人瀬戸市埋蔵文化財センター企画展図録　江戸時代の瀬戸窯』

財団法人瀬戸市埋蔵文化財センター　2003『財団法人瀬戸市埋蔵文化財センター企画展図録　江戸時代の美濃窯』

佐伯有清　1970「日本古代の別とその実態」『日本古代の政治と社会』　吉川弘文館

嶋谷和彦　2004年「無文銭の生産と全国分布」『中近世移行期の無文銭』　出土銭貨研究会

鈴木公雄　1999年『出土銭貨の研究』（p36〜46・p95 l 19〜24）　東京大学出版会

須藤友章　2003「伊豆諸島における鏡を用いる祭祀−利島の事例を中心に−」『月刊考古学ジャーナル』507号　ニューサインエス社

須藤友章　2004「東京都利島阿豆佐和気命神社境内祭祀遺跡の調査−伊豆島嶼部に於ける中世祭祀遺跡−」『祭祀考古』第25号　祭祀考古学会

竹尾　進 編　1984「多摩ニュータウン No484遺跡」『多摩ニュータウン遺跡　昭和58年度（3分冊）』（財）東京都埋蔵文化財センター

谷川章雄　1996「第Ⅱ章第2節　中世」『利島村史　通史編』　ぎょうせい

利島村　1996『利島村史　通史編』　㈱ぎょうせい

利島村　1996『利島村史　研究・資料編』　㈱ぎょうせい

永井久美男 編　1996『日本出土銭総覧』　兵庫埋蔵銭調査会

永井久美男　2002『新版　中世出土銭の分類図版』　高志書院

中野晴久　1995「生産地における編年について」『常滑焼と中世社会』　小学館

橋口尚武　1988『島の考古学−黒潮圏の伊豆諸島』　東京大学出版会

橋口尚武　2001『黒潮の考古学』　同成社

波多野　純　1996「Ⅶ　阿豆佐和気命神社旧本殿」『利島村史　研究編』　ぎょうせい

八幡神社境内祭祀遺跡学術調査団　1999「八幡神社境内祭祀遺跡学術調査報告書」『國學院大學考古学資料館紀要』第15輯　國學院大學考古学資料館

広瀬都巽　1974『和鏡の研究』　角川書店

府中市　2001『武蔵府中大量出土銭の調査概報−東京都府中市宮西町1−2出土−』　府中市教育委員会

水越正義　1899「伊豆国利島の住人」『東京人類学雑誌』164号

三宅俊彦　2005『中国の埋められた銭貨』（p194・195第26図）　同成社

写真図版

図版1

1．利島

2．村内西道（阿豆佐和気命神社前）

図版 2

1．阿豆佐和気命神社本宮

2．阿豆佐和気命神社本宮小祠

図版 3

1. 阿豆佐和気命神社拝殿

2. 阿豆佐和気命神社本殿及び境内社

図版 4

1. 積石遺構第Ⅰ期検出状況　　　　　　　　　　　　　　　　　　（北東上方より）

2. 積石遺構第Ⅰ期検出状況　　　　　　　　　　　　　　　　　　（北東正面より）

図版 5

1. 第1号小祠 (北東正面より)

2. 第2号小祠 (北東正面より)

図版 6

1. 第3号小祠 　　　　　　　　　　　　　　　　　　　　　　　　　（北東正面より）

2. 第4号小祠 　　　　　　　　　　　　　　　　　　　　　　　　　（北東正面より）

図版 7

1. 第5号小祠 (北東正面より)

2. 積石部東側側面 (西より)

図版8

1. 第2号小祠遺物出土状況 （南西上方より）

2. 第3号小祠遺物出土状況 （北東正面より）

図版 9

1. 積石部東側検出状況 　　　　　　　　　　　　　　　　　　　　（南より）

2. 積石部東播系甕出土状況

図版10

1．積石遺構第Ⅱ期検出状況 （北東上方より）

2．積石遺構第Ⅱ期鏡・鉢出土状況 （西より）

図版11

1．積石遺構第Ⅲ期検出状況　　　　　　　　　　　　　　　　　　　　　　（北東上方より）

2．積石遺構第Ⅲ期検出状況　　　　　　　　　　　　　　　　　　　　　　（北上方より）

図版12

1. 第1号遺物集中 (北より)

2. 第1号遺物集中 (北東より)

図版13

1．第1号遺物集中 (北より)

2．第1号遺物集中 (北より)

図版14

1．第1号遺物集中（鏡16面集中）

2．第2号遺物集中　　　　　　　　　　　　　　　　　　　　　　　（北東より）

図版15

1. 第1トレンチ検出状況 (南東より)

2. 第1トレンチ検出状況 (北東より)

図版16

1. 第2トレンチ検出状況 （北西より）

2. 調査風景

図版17　積石遺構第Ⅰ期出土遺物（1）

図版18　積石遺構第Ⅰ期出土遺物（2）

図版19　積石遺構第Ⅰ期出土遺物（3）

図版20　積石遺構第Ⅰ期出土遺物（4）

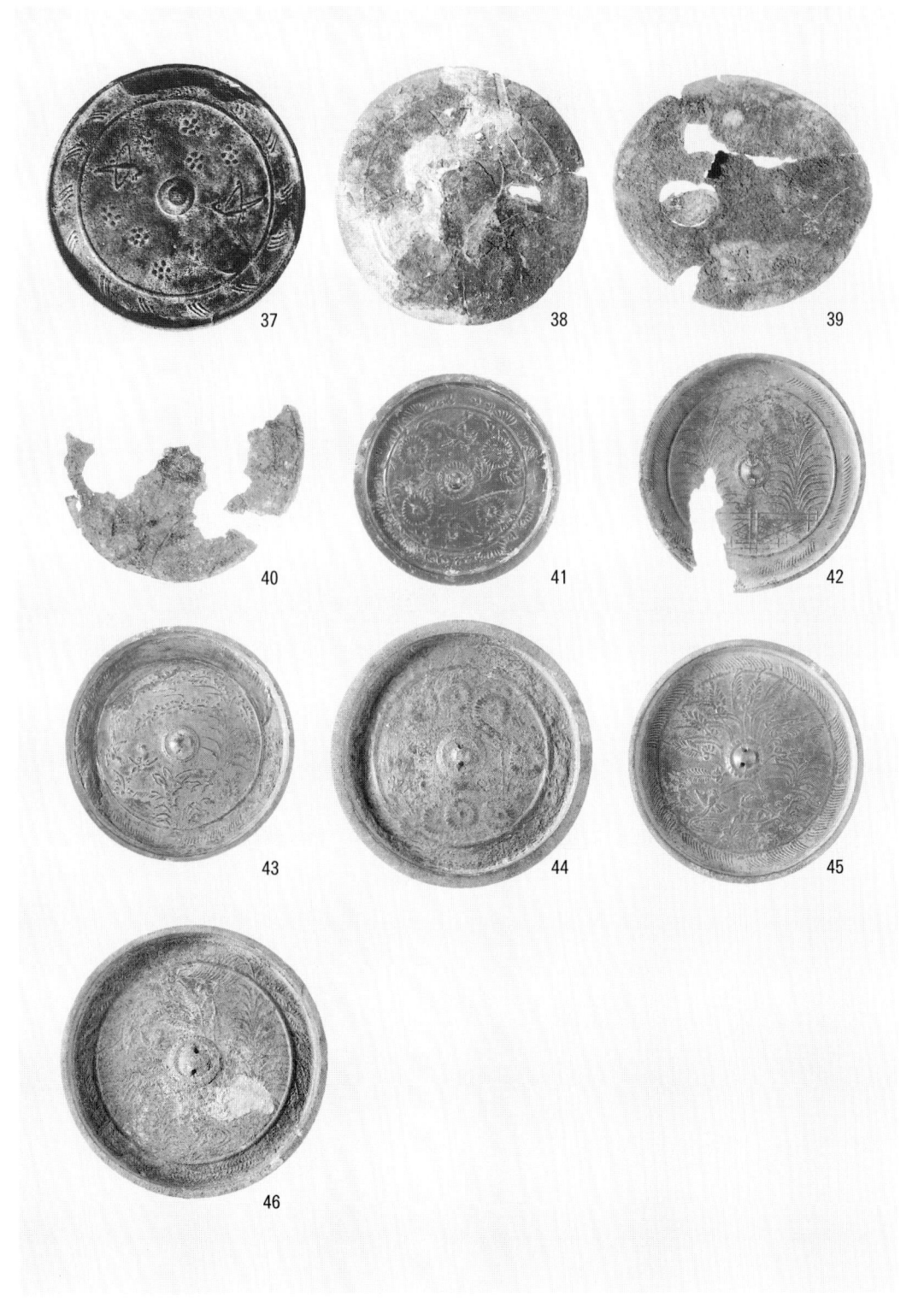

図版21　積石遺構第Ⅰ期出土遺物（5）

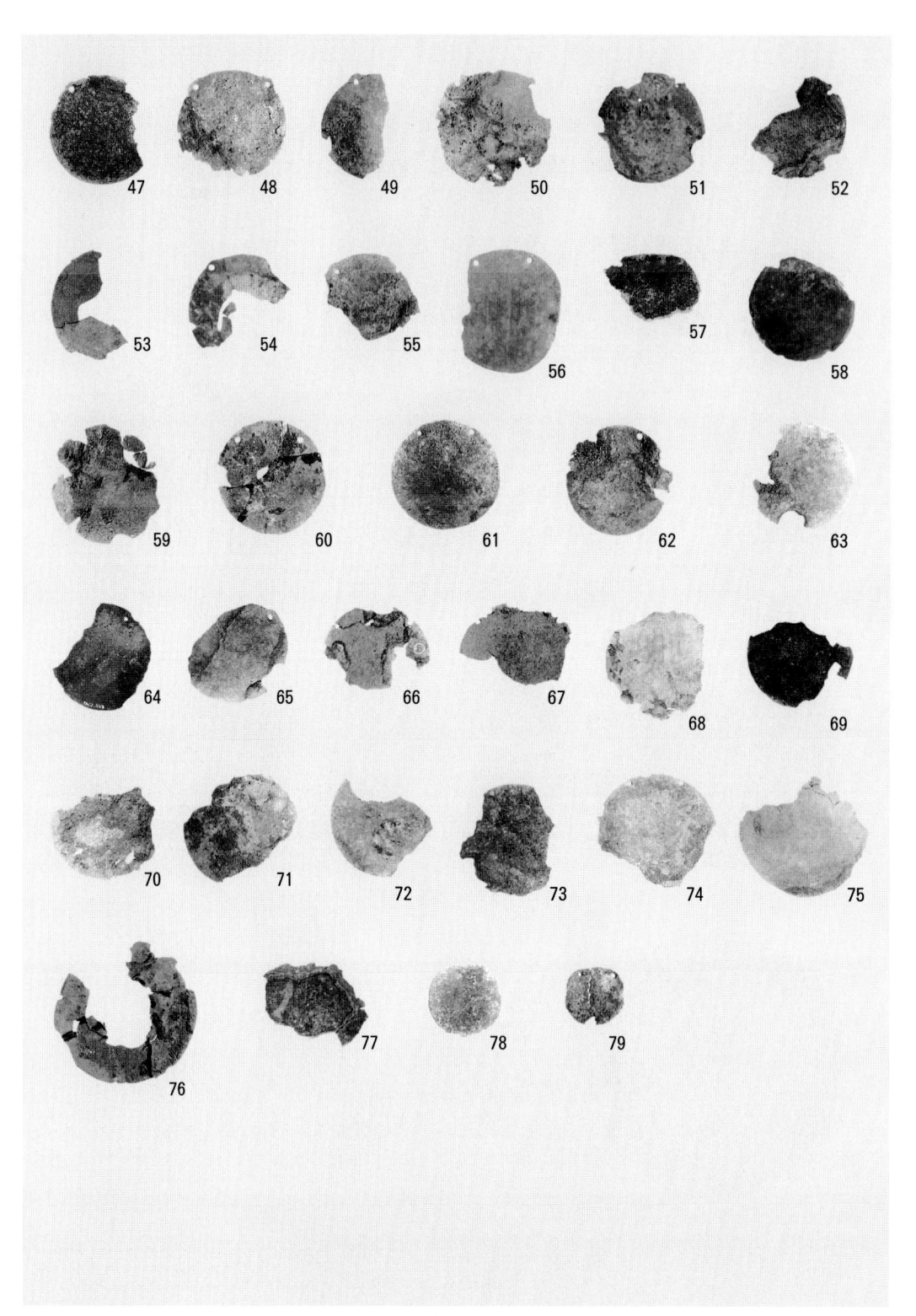

図版22　積石遺構第Ⅰ期出土遺物（6）

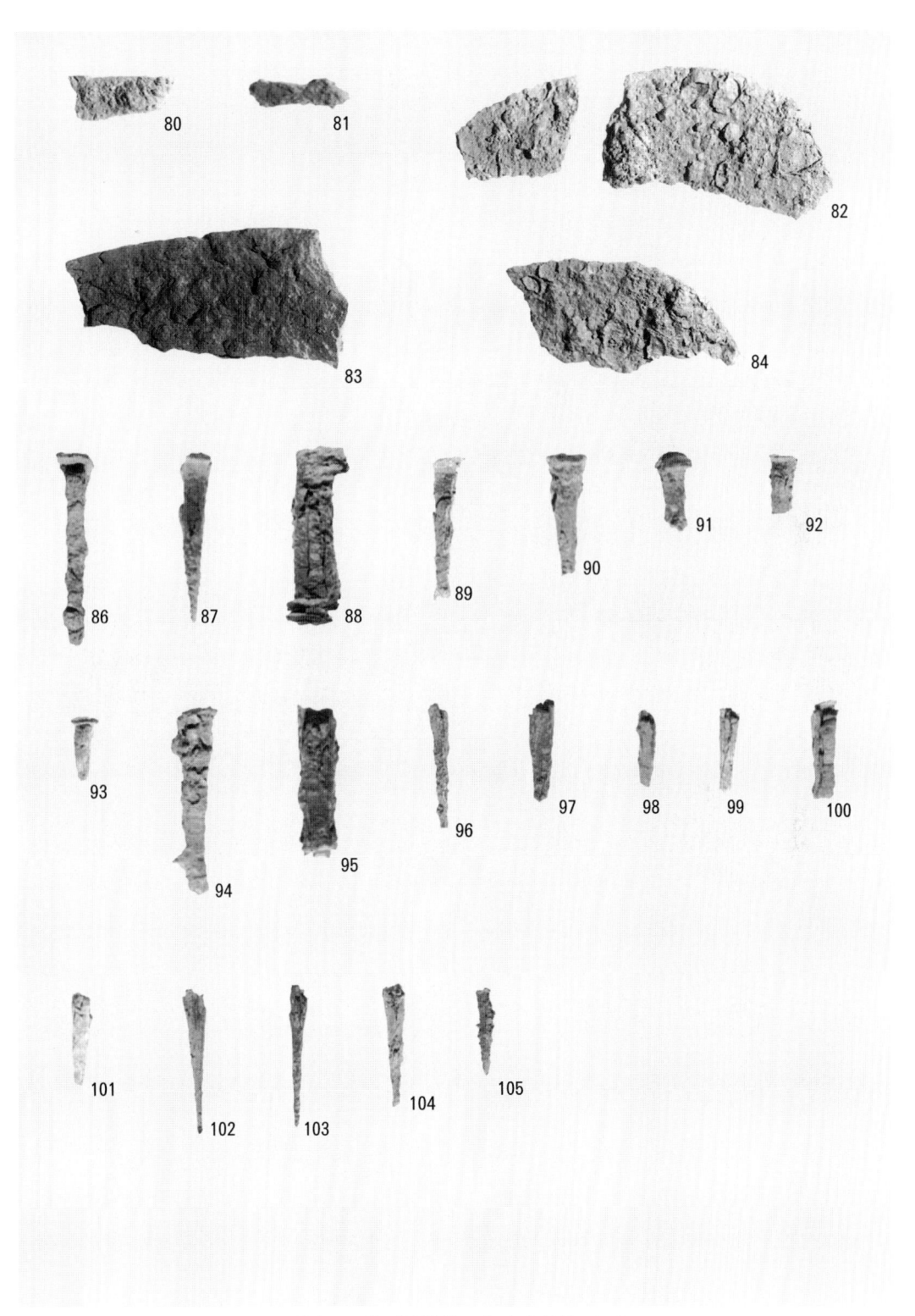

図版23　積石遺構第Ⅰ期出土遺物（7）

図版24　積石遺構第Ⅱ期出土遺物（1）

図版25　積石遺構第Ⅱ期出土遺物（2）

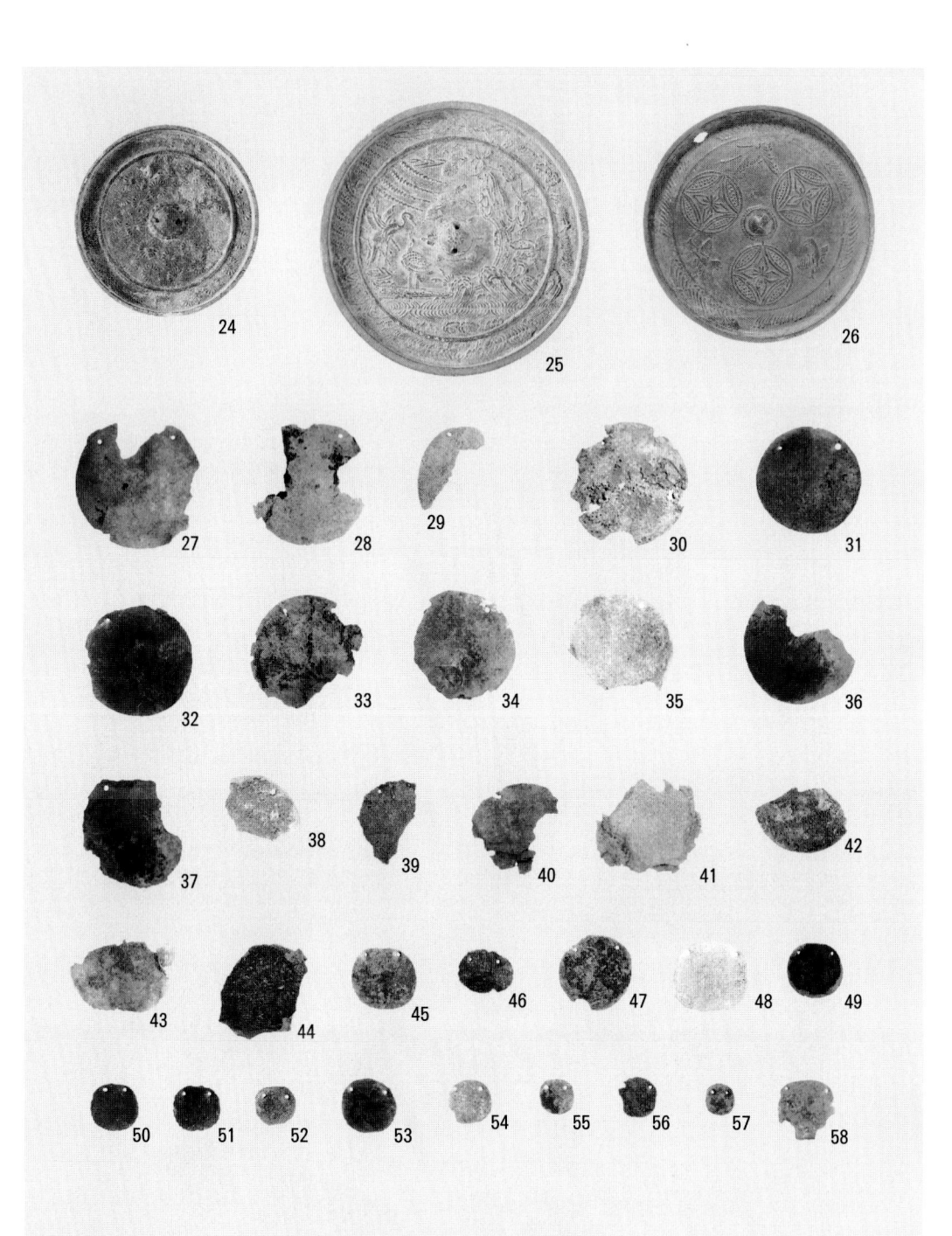

図版26　積石遺構第Ⅱ期出土遺物（3）

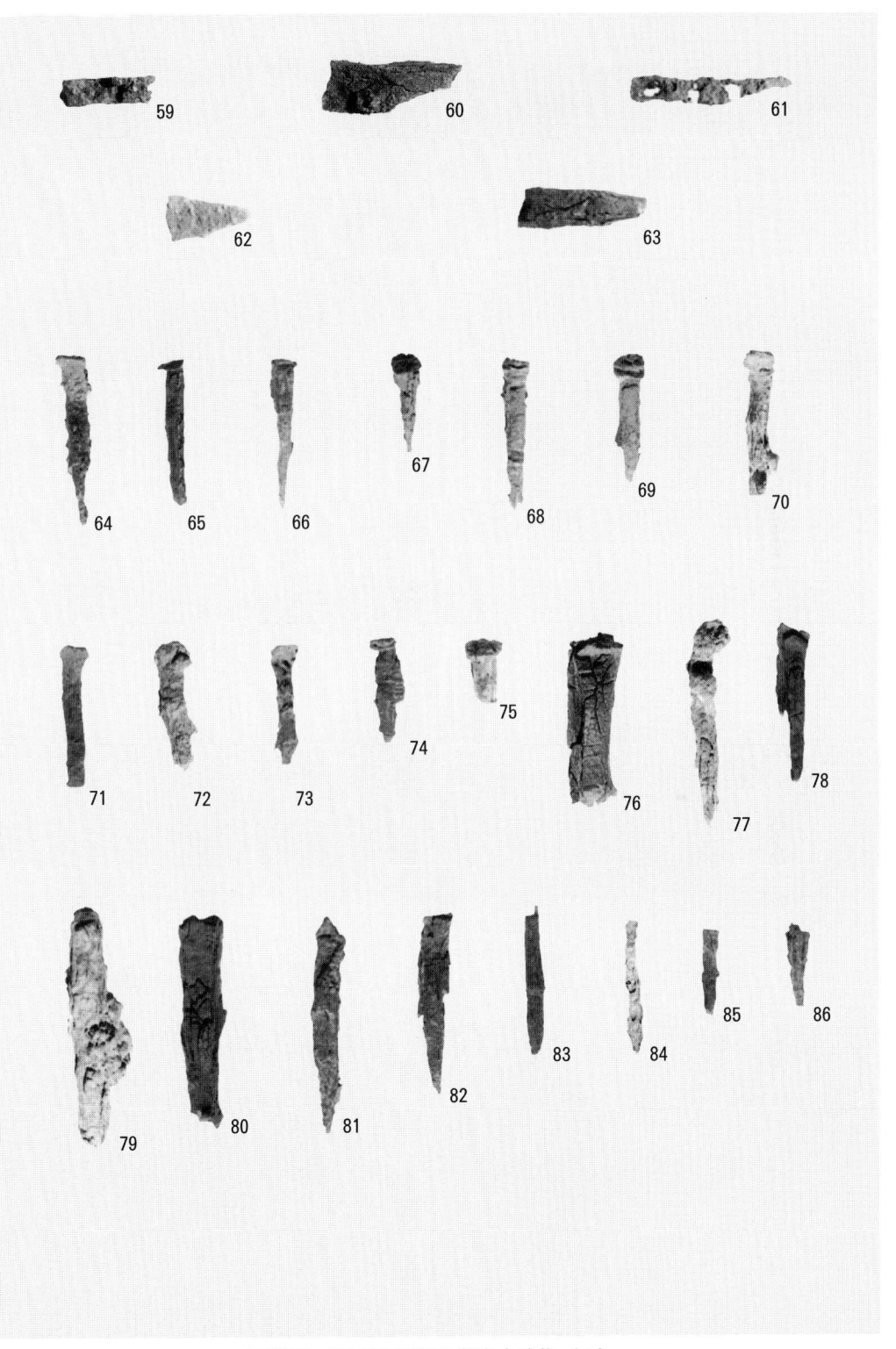

図版27　積石遺構第Ⅱ期出土遺物（4）

図版28　積石遺構第Ⅲ期出土遺物（1）

図版29　積石遺構第Ⅲ期出土遺物（2）

図版30　積石遺構第Ⅲ期出土遺物（3）

図版31　積石遺構第Ⅲ期出土遺物（4）

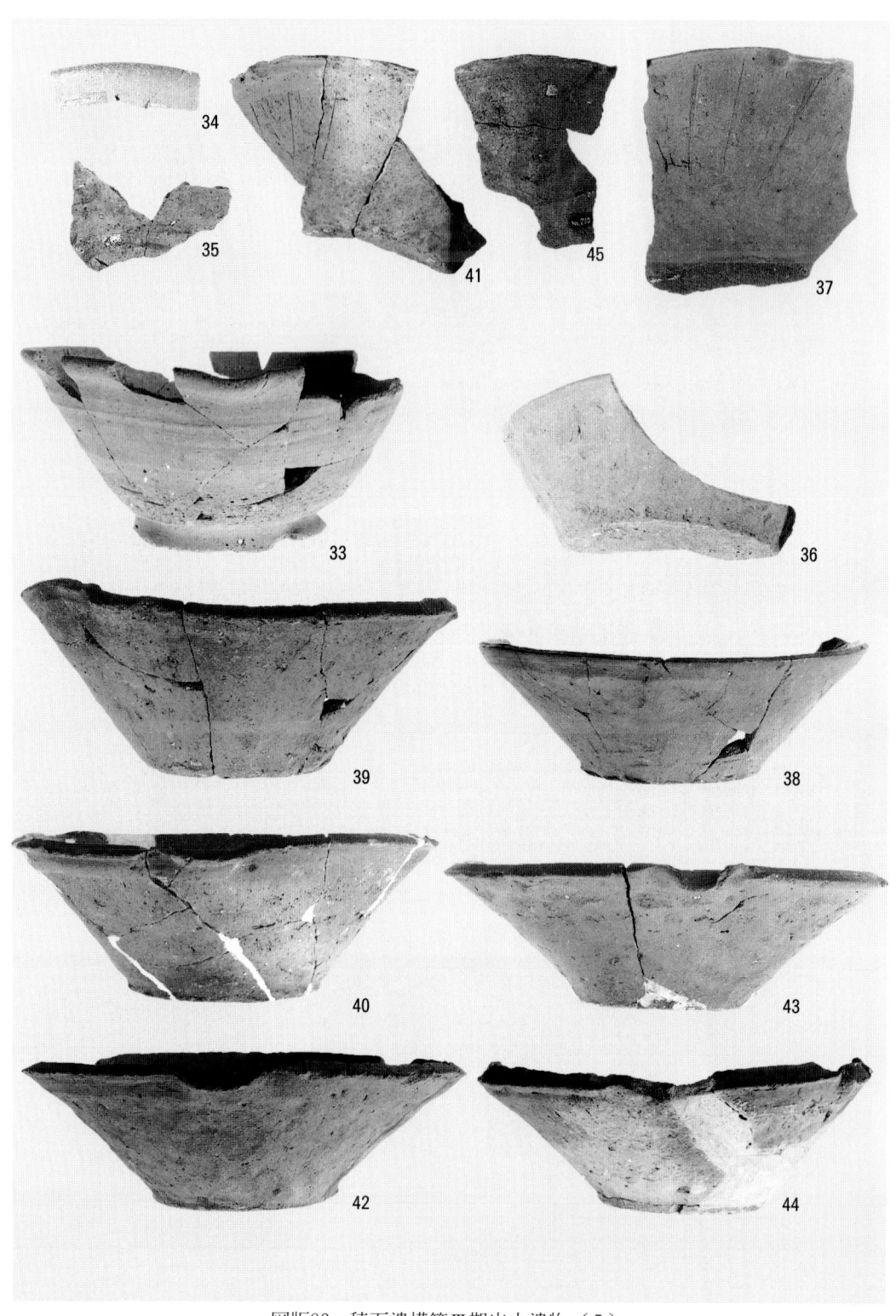

図版32 積石遺構第Ⅲ期出土遺物（5）

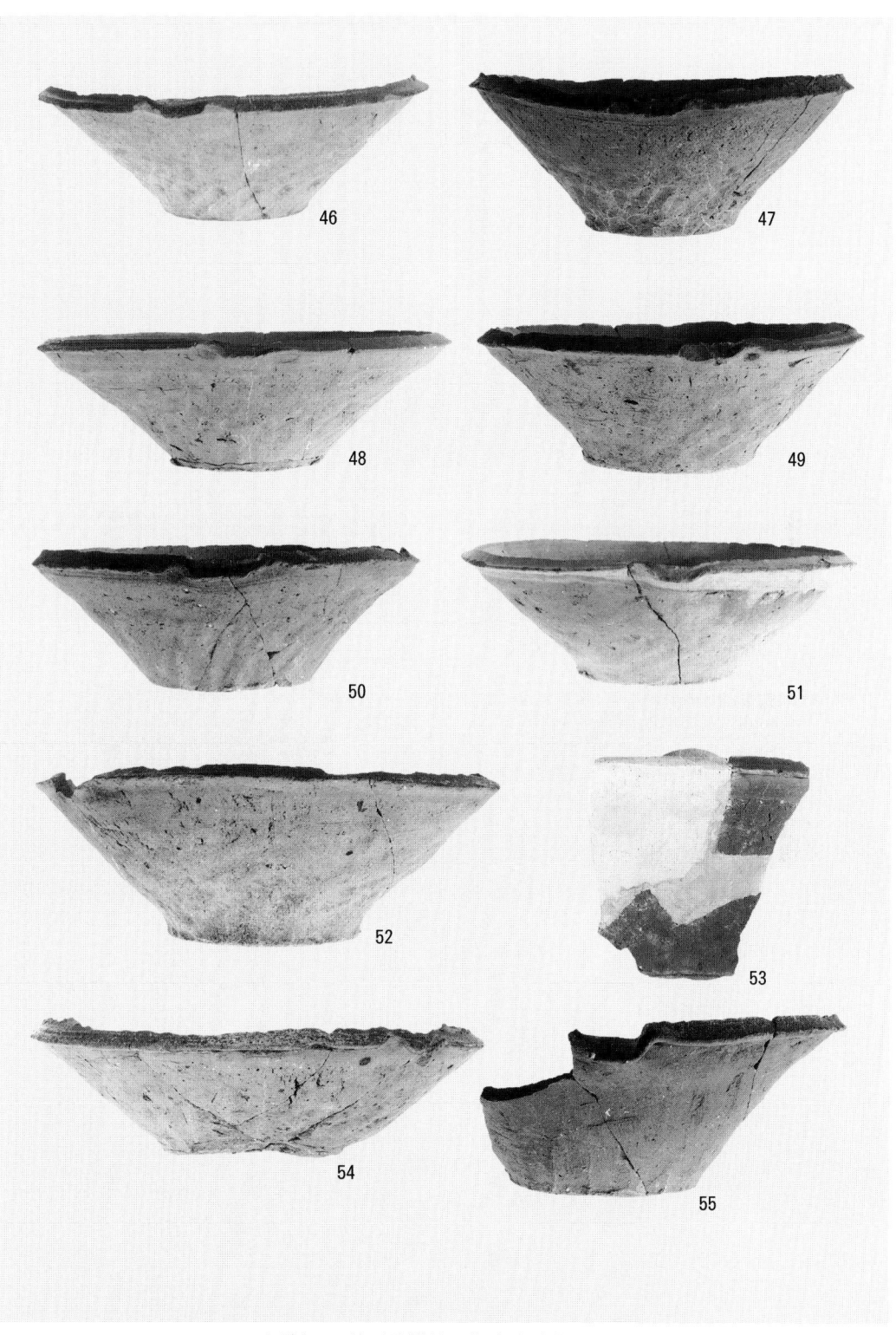

図版33　積石遺構第Ⅲ期出土遺物（6）

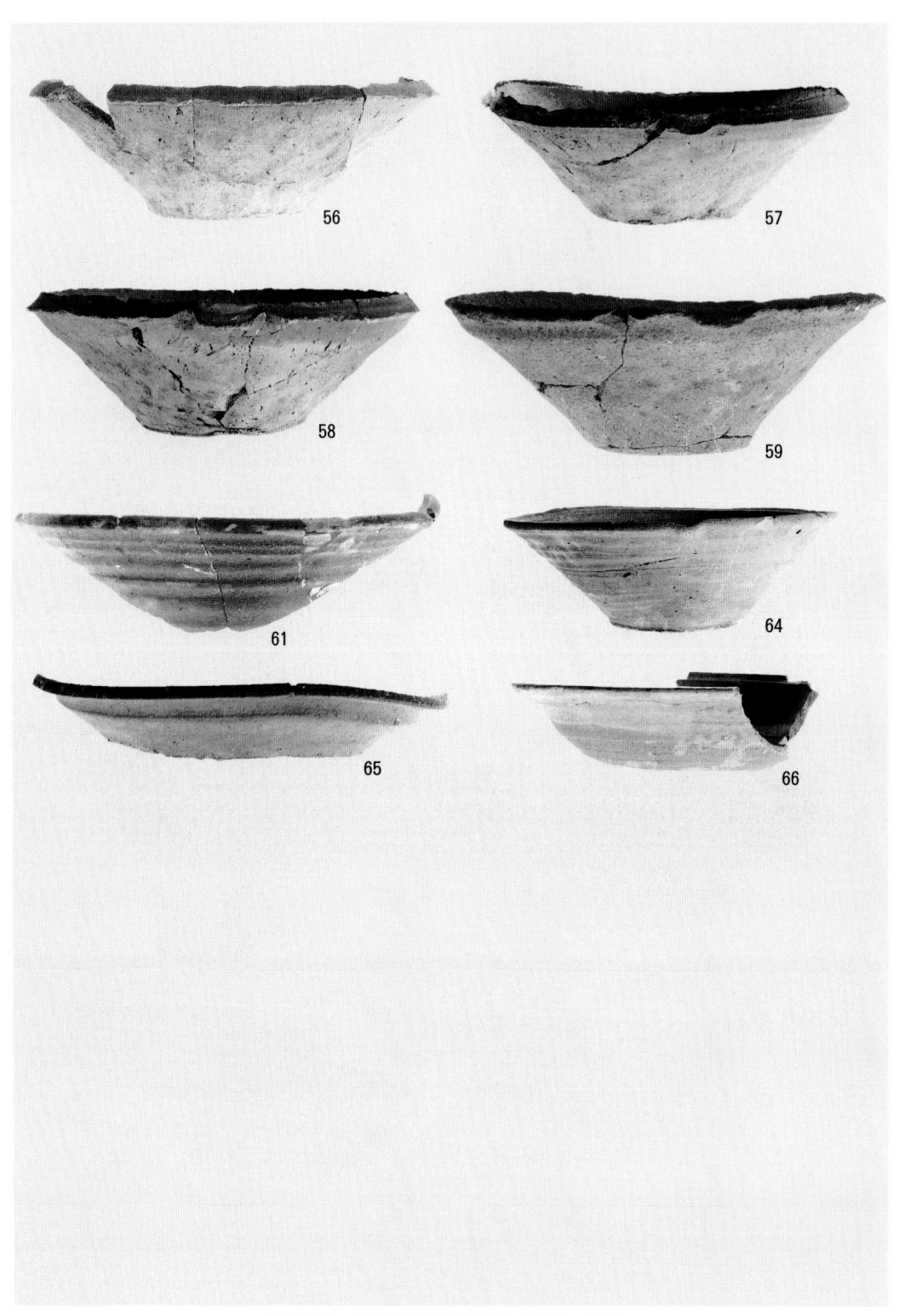

図版34　積石遺構第Ⅲ期出土遺物（7）

図版35　積石遺構第Ⅲ期出土遺物（8）

図版36　積石遺構第Ⅲ期出土遺物（9）

図版37　積石遺構第Ⅲ期出土遺物（10）

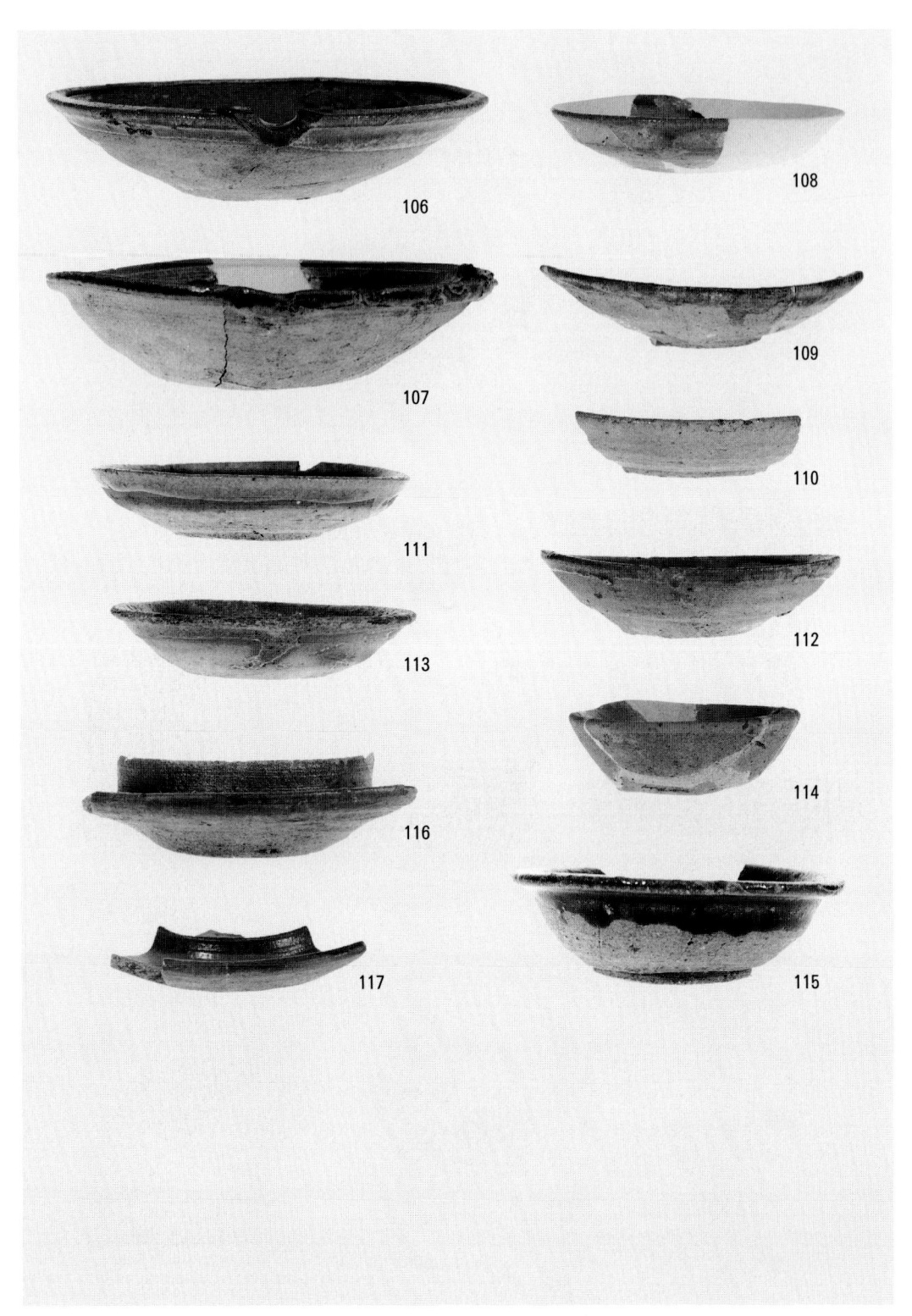

図版38 積石遺構第Ⅲ期出土遺物（11）

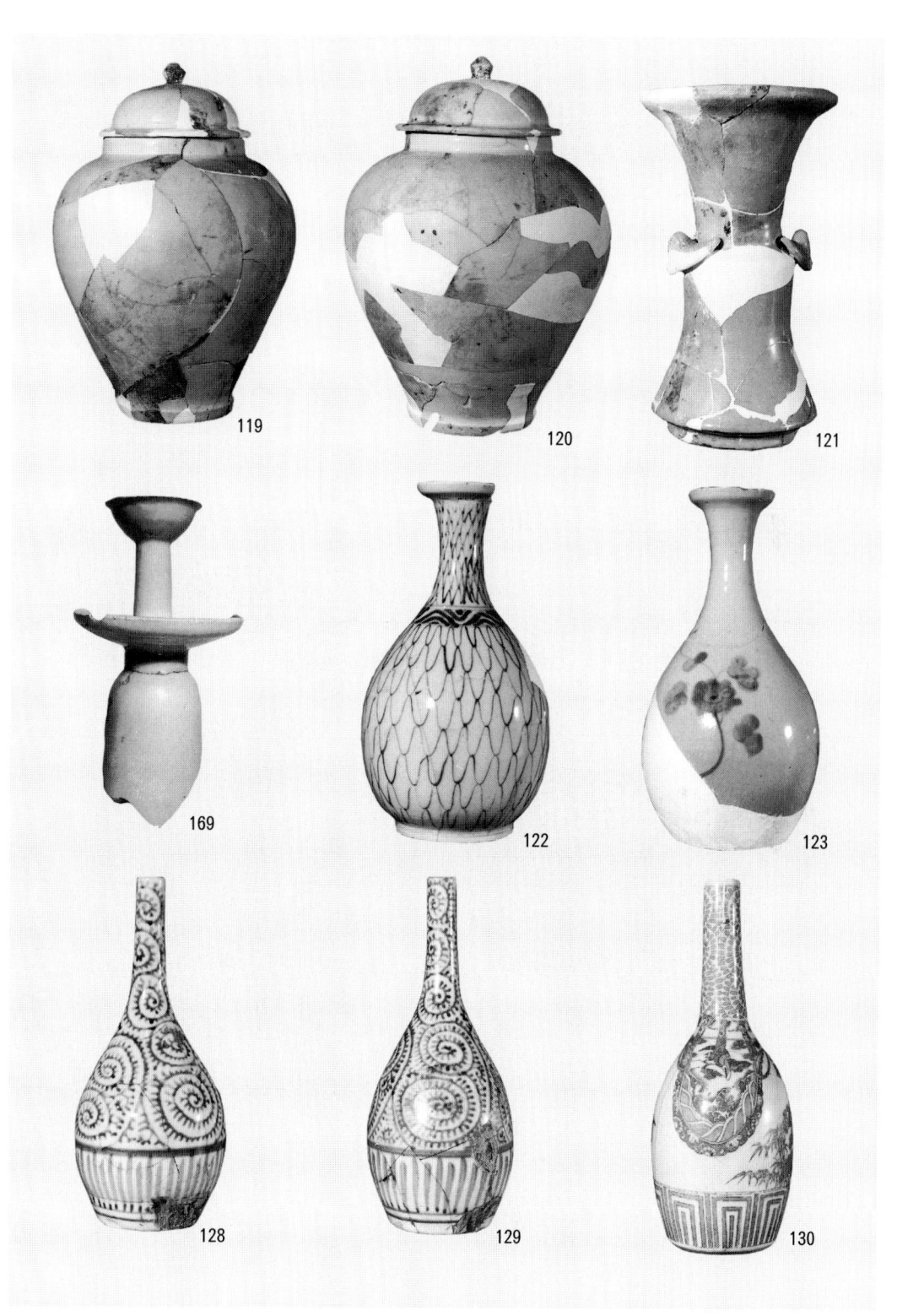

図版39　積石遺構第Ⅲ期出土遺物（12）

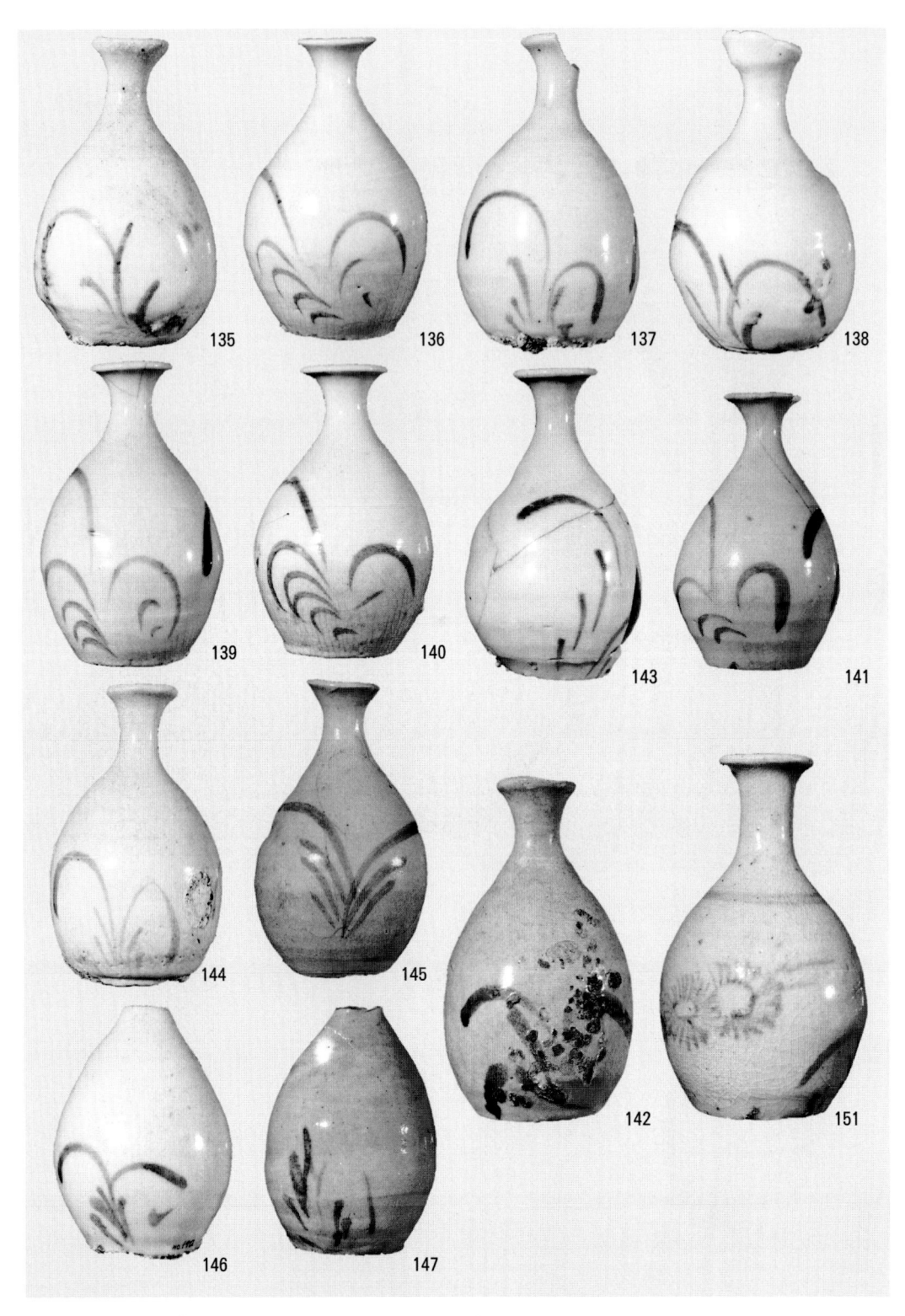

図版40　積石遺構第Ⅲ期出土遺物（13）

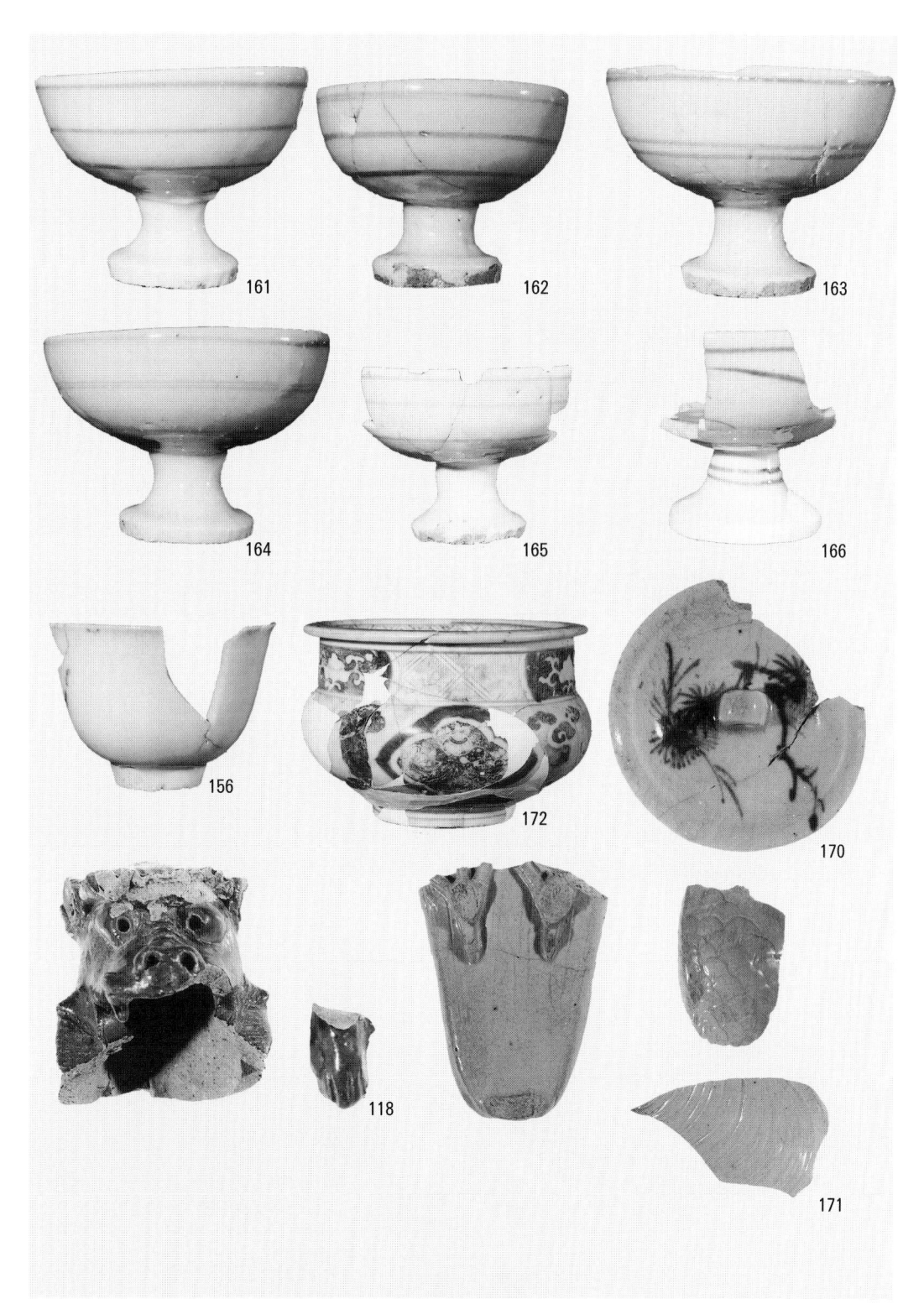

図版41　積石遺構第Ⅲ期出土遺物（14）

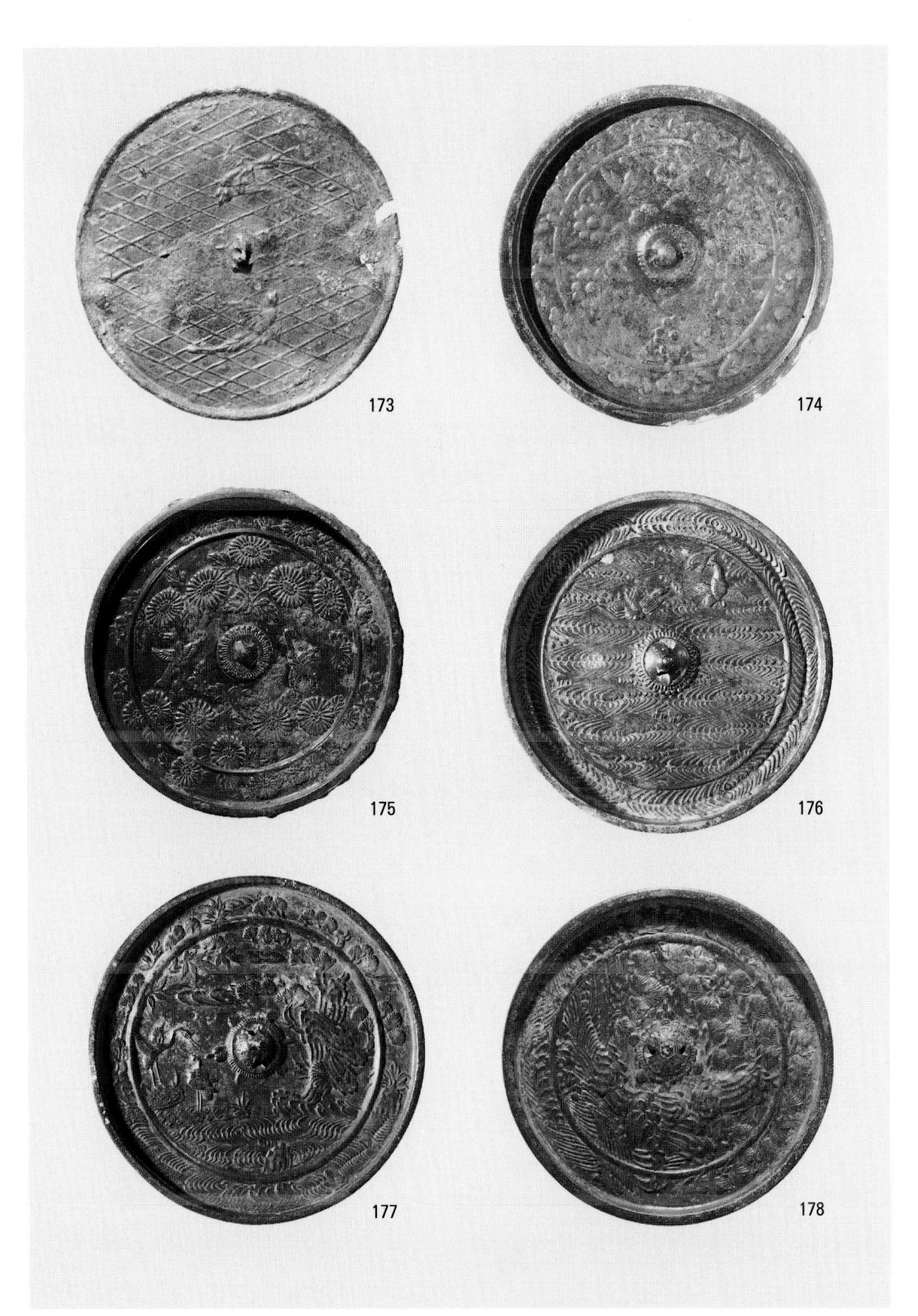

図版42　積石遺構第Ⅲ期出土遺物（15）

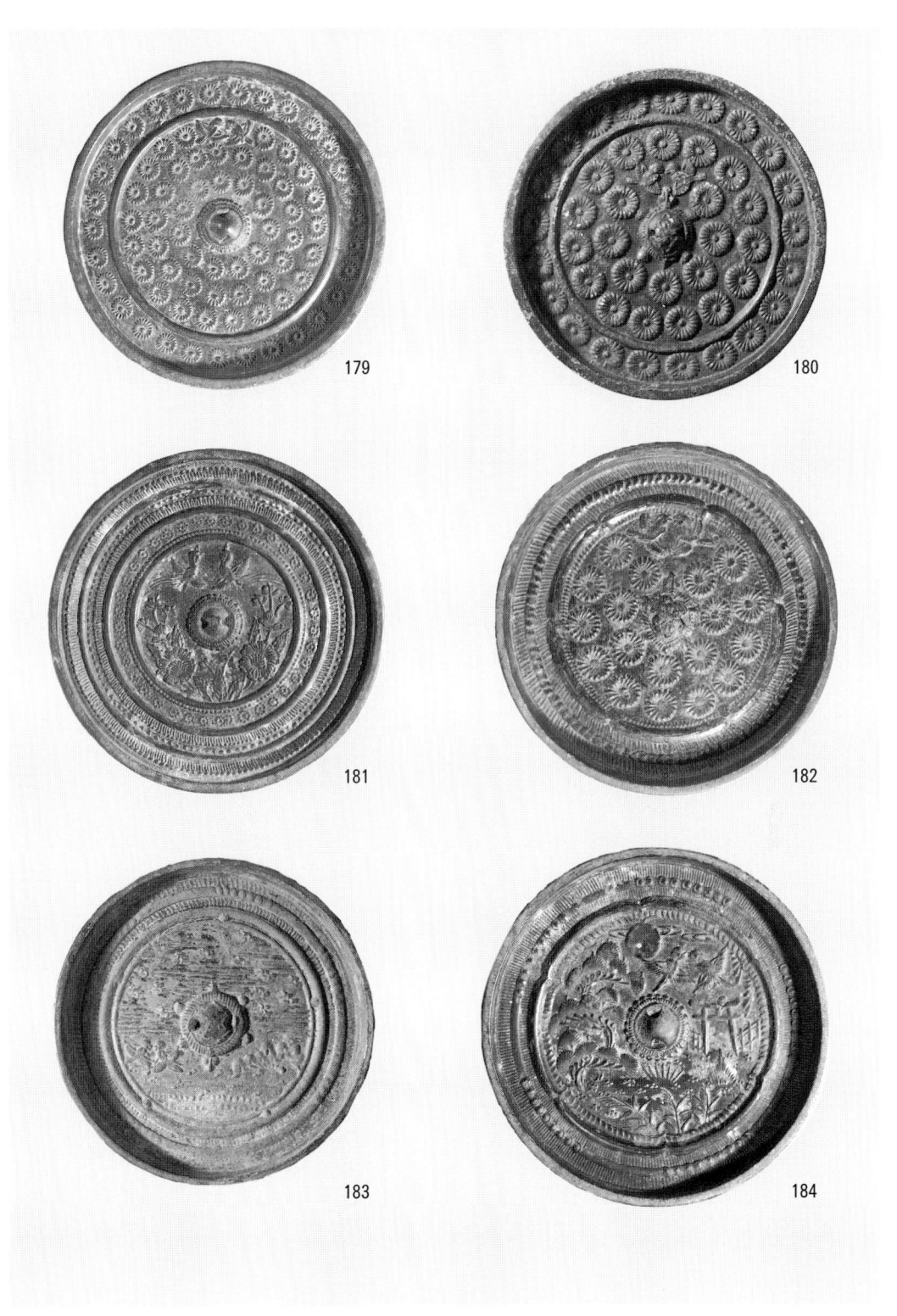

図版43　積石遺構第Ⅲ期出土遺物（16）

185

186

187

188

図版44　積石遺構第Ⅲ期出土遺物（17）

図版45　積石遺構第Ⅲ期出土遺物 (18)

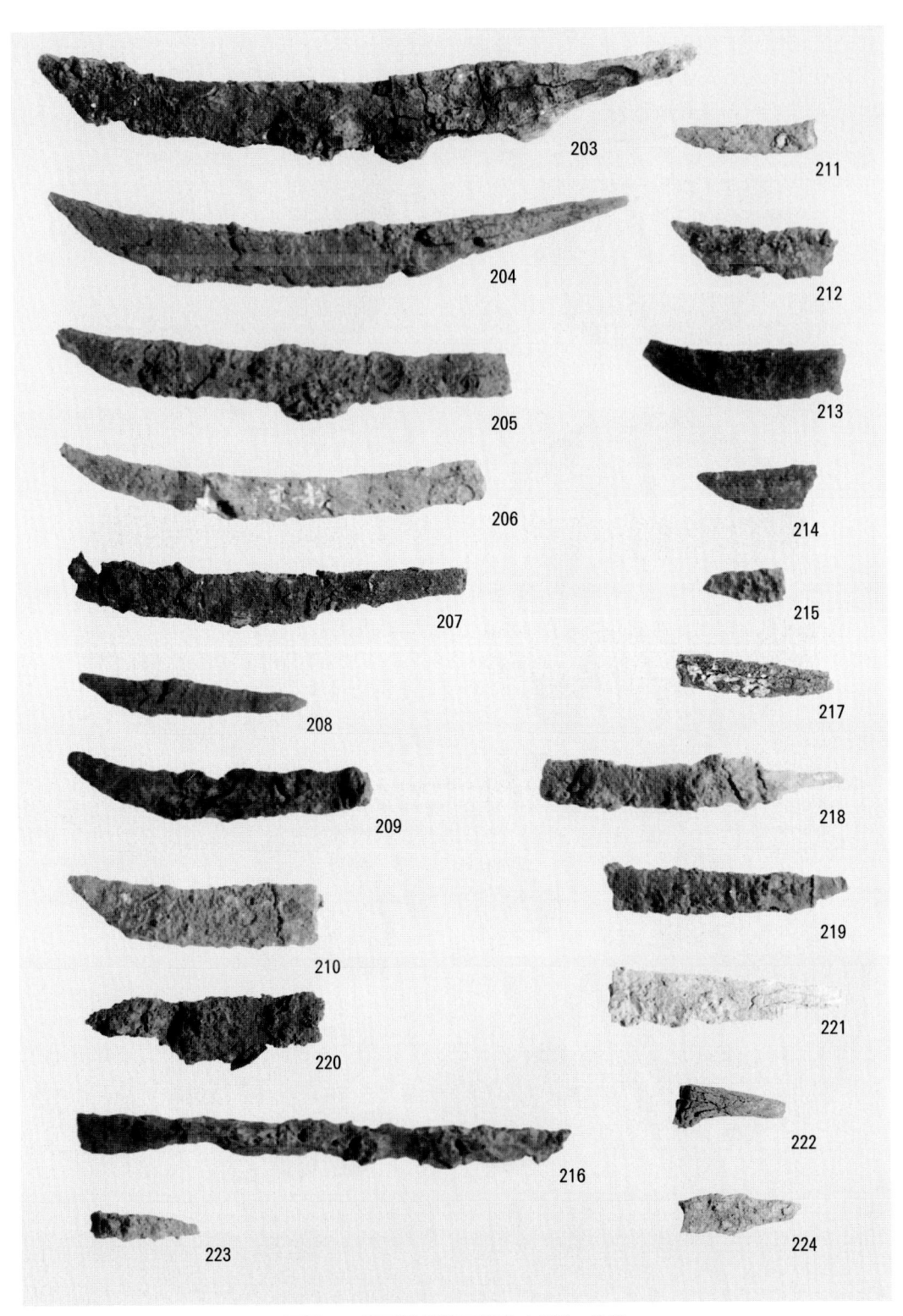

図版46　積石遺構第Ⅲ期出土遺物（19）

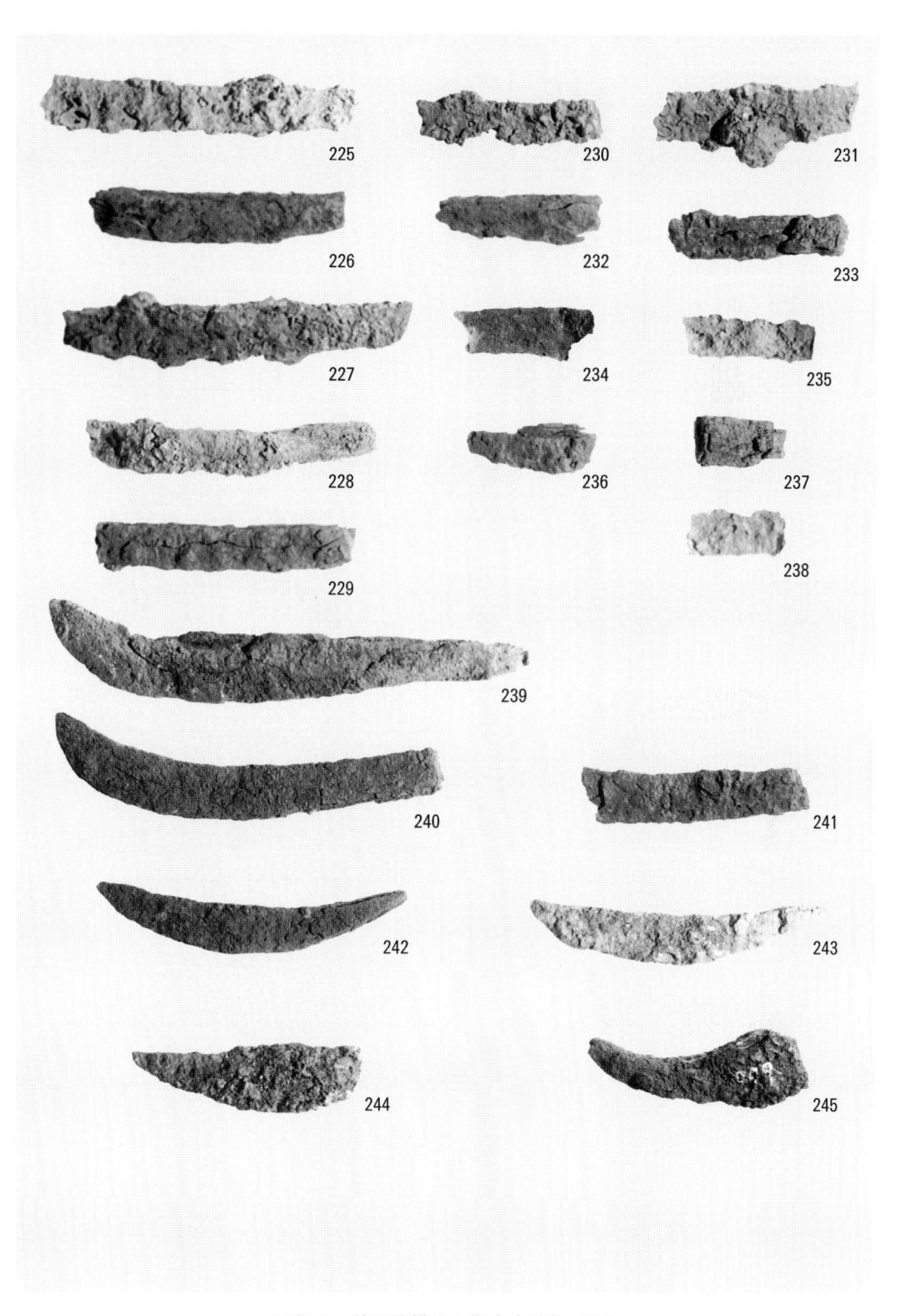

図版47　積石遺構第Ⅲ期出土遺物（20）

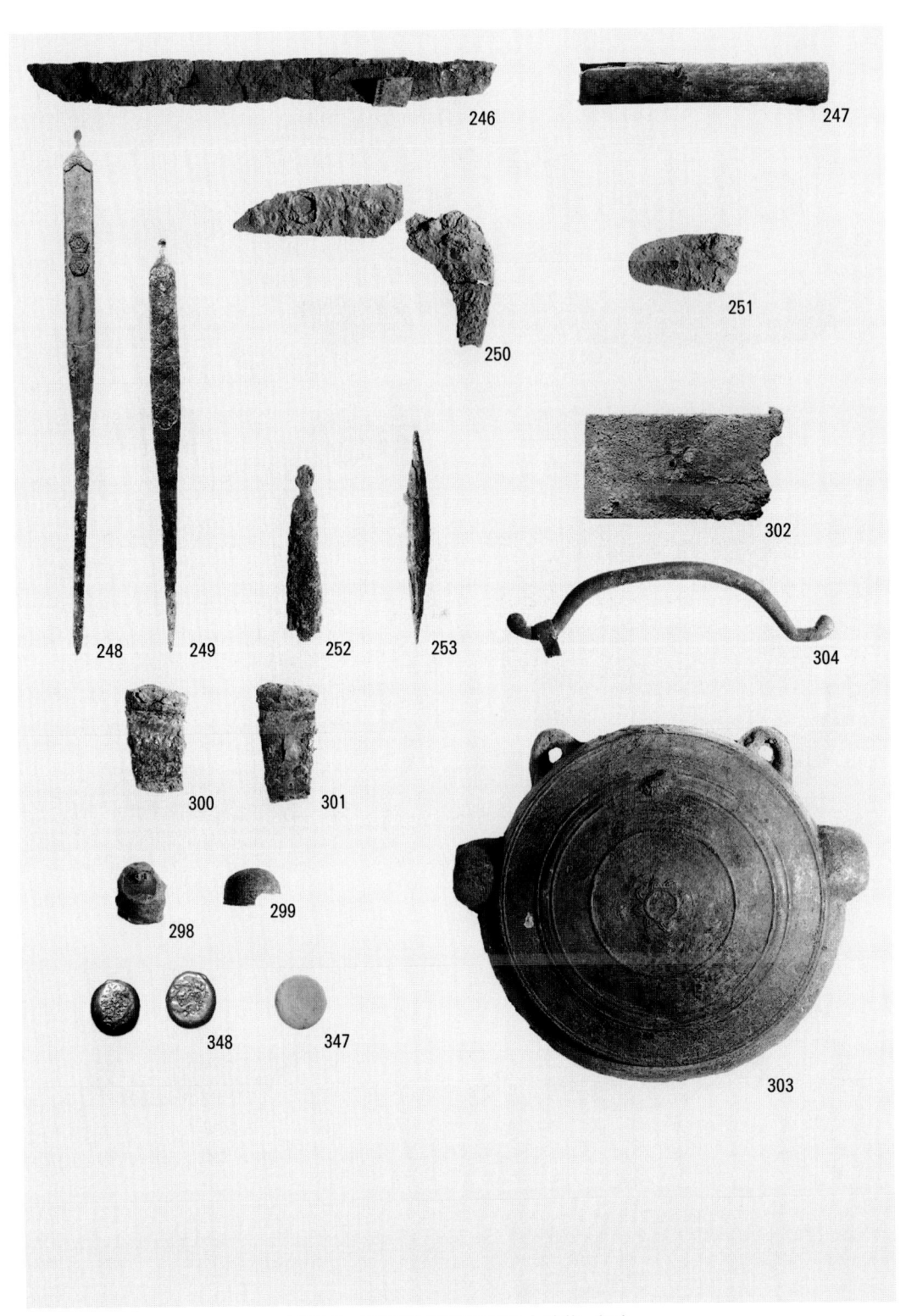

図版48　積石遺構第Ⅲ期出土遺物 (21)

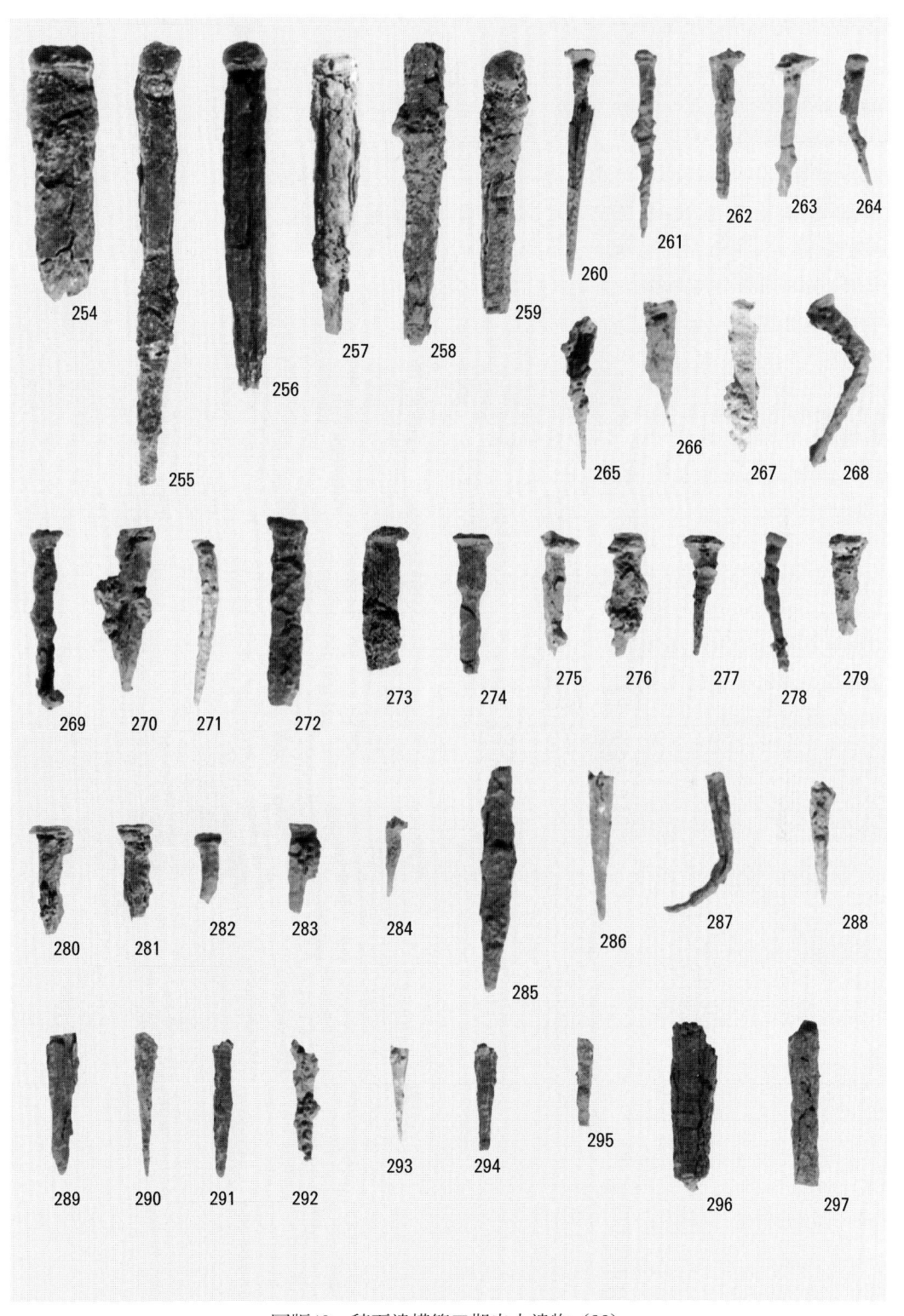

図版49 積石遺構第Ⅲ期出土遺物（22）

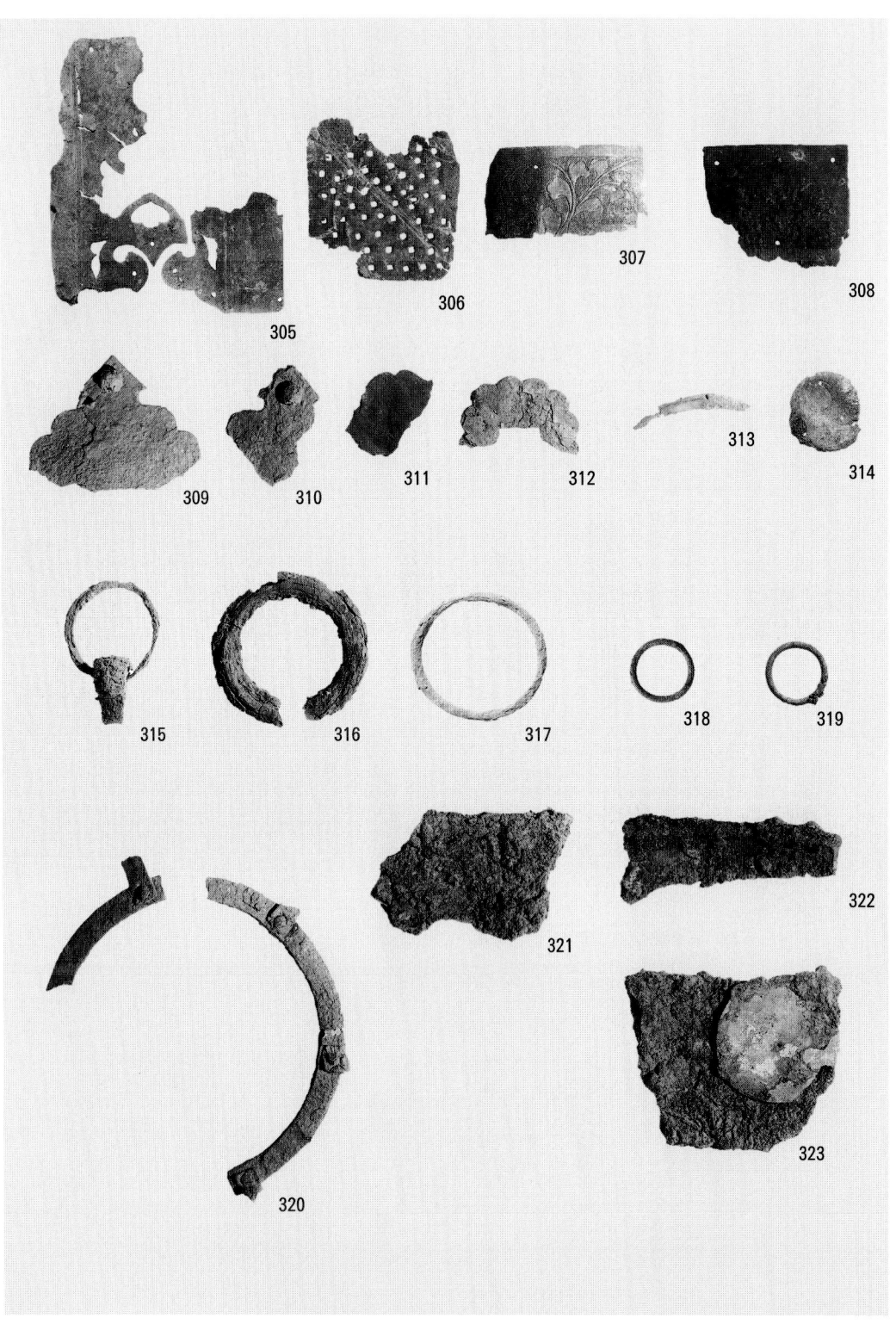

図版50　積石遺構第Ⅲ期出土遺物 (23)

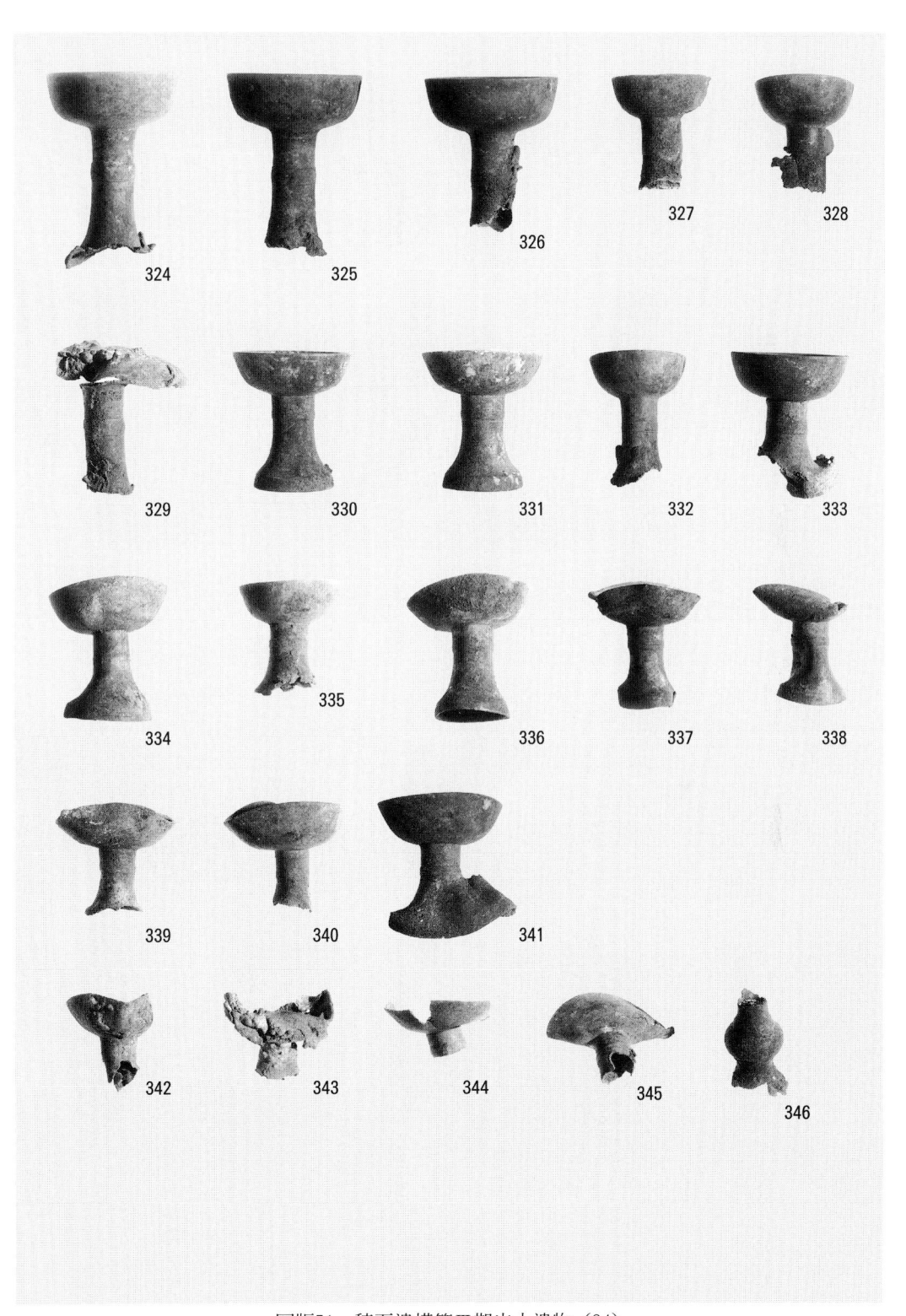

図版51　積石遺構第Ⅲ期出土遺物（24）

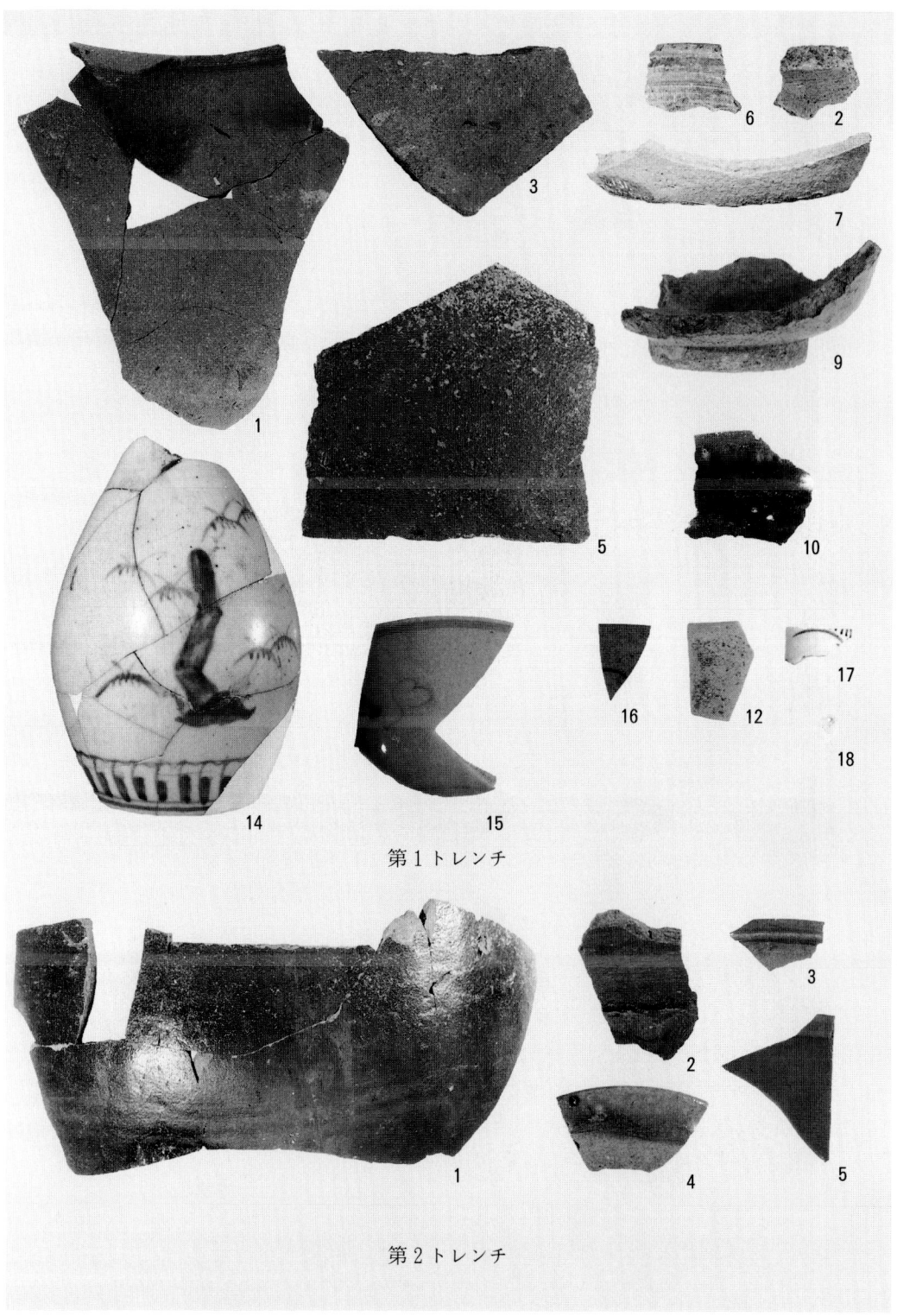

図版52　第1トレンチ・第2トレンチ　出土遺物（1）

第1トレンチ

第2トレンチ

図版53 第1トレンチ・第2トレンチ 出土遺物（2）

フリガナ	アズサワケノミコトジンジャケイダイサイシイセキ
書名	阿豆佐和気命神社境内祭祀遺跡
編集者名	青木　豊・内川隆志・須藤友章
編集機関	國學院大學海洋信仰研究会
所在地	〒150-8440　東京都渋谷区東4-10-28
発行年月日	2005（平成17）年3月31日

フリガナ 所収遺跡名	フリガナ 所在地	コード 市町村No.	コード 遺跡No.	北緯	東経	調査期間 （断続調査）	調査面積	調査原因
アズサワケノミコト ジンジャケイダイサイシイセキ 阿豆佐和気命神社境内祭祀遺跡	トウキョウト 東京都 トシマムラ　バンチ 利島村1番地	13362	13	34° 32′	139° 17′	1998年 ～2003年 （断続調査）	44.9㎡	学術調査

所収遺跡名	種別	時代	主要遺構	主要遺物	特記事項
阿豆佐和気命神社境内祭祀遺跡	祭祀跡	中世～近世	積石部 小祠5基 遺物集中2基	陶磁器 ・ 和鏡 ・ 双孔儀鏡 ・ 刀装具 ・ 仏具　など	規模9ｍ×2ｍ、高さ0.5～0.9ｍの石壇。板石・玉石により構築されている。 板石により構築された石祠。計5基が検出された。祭祀遺物を多数伴出する。 積石部に於ける祭祀跡。第1号からは鏡16面が、第2号からは鏡3面が出土している。 本遺跡の発掘によって、伊豆諸島に於ける鏡を用いた祭祀の具体的様相が検出された。

阿豆佐和気命神社境内祭祀遺跡

2005年8月10日　初版発行

編　者　國學院大學海洋信仰研究会

発行者　八木　環一

発行所　有限会社　六一書房

〒101-0064　東京都千代田区猿楽町1-7-1　高橋ビル1階
TEL　03-5281-6161　　　FAX　03-5281-6160
http://www.book61.co.jp　E-mail　info@book61.co.jp
振替　00160-7-35346

印　刷　株式会社　白峰社

ISBN 4-947743-31-X　C3021　　　　　　　　　　Printed in Japan